투자은행
사모펀드
핵심개념
101

투자은행 사모펀드 핵심개념 101

초판 1쇄 발행 2025년 11월 21일

지은이 안재형
펴낸이 장길수
펴낸곳 지식과감성#
출판등록 제2012-000081호

교정 이주연
디자인 윤혜성, 이현
편집 윤혜성
검수 주경민
마케팅 김윤길

주소 서울시 금천구 벚꽃로298 대륭포스트타워6차 1212호
전화 070-4651-3730~4
팩스 070-4325-7006
이메일 ksbookup@naver.com
홈페이지 www.knsbookup.com

ISBN 979-11-392-2930-1(03320)
값 25,000원

- 이 책의 판권은 지은이에게 있습니다.
- 이 책 내용의 전부 또는 일부를 재사용하려면 반드시 지은이의 서면 동의를 받아야 합니다.
- 잘못된 책은 구입하신 곳에서 바꾸어 드립니다.

지식과감성#
홈페이지 바로가기

저작권 및 면책 고지

© [2025] 더모델러스. All rights reserved.

본 출판물 및 모든 관련 자료(인쇄본, 전자책, 강의자료, 온라인 콘텐츠 등)는 「저작권법」의 보호를 받으며, 저작권자의 사전 서면 동의 없이 어떠한 형태나 방법(복사, 스캔, 사진 촬영, 녹음·녹화, 캡처, 전자적·기계적 전송 등)으로도 전부 또는 일부를 복제·배포·전송할 수 없습니다.
본 자료는 교육 및 정보 제공을 목적으로 제작되었습니다. 내용의 정확성과 유용성을 확보하기 위해 최선을 다하였으나,
더모델러스는 해당 정보의 완전성, 적용 가능성, 최신성에 대해 어떠한 보증도 하지 않으며, 자료 활용으로 인한 결과에 대해 법적 책임을 지지 않습니다.
면접 절차, 평가 기준, 선호 답변, 실무 적용 방식 등은 기업, 면접관, 직무, 시기, 시장 환경 등에 따라 달라질 수 있으며, 본 자료는 특정 상황에 대한 절대적인 지침이 아닙니다.
또한, 본 자료에 언급된 회사명, 제품명, 로고 등은 해당 소유자의 등록상표 또는 상표일 수 있으며, 무단 사용을 금합니다.

A PRIVATE EQUITY FUND OF AN INVESTMENT BANK

| 회계 | 재무 | Comps | DCF | M&A | LBO |

IB/PE 취업을 위한 필독서!
실무와 면접준비에서 반드시 필요한 필수 배경지식

안재형 지음

투자은행 사모펀드 핵심개념 101

- Technical Interview 준비
- Financial Modelling 배경지식

the-modellers.com에서 더 많은
관련 온라인 강의들을 만나보세요.

Contents

A — Accounting Concepts

01	Three Financial Statements	12
02	Income Statement	19
03	Receivables / Payables	27
04	Inventory	36
05	Working Capital	38
06	PP&E / Intangible Assets	49
07	Debt / Lease Accounting	62
08	Equity(Retained Earnings)	67
09	Accounting Concepts	73
10	Others	78

B — Valuation Concepts

01	Enterprise Value vs Equity Value	84

C — Comparable Valuations

01	Comps Concepts	94
02	Multiple Selection	101
03	Peer Selection	112
04	Trailing vs Forward	115

D — DCF Valuation

01	DCF Concepts	122
02	Free Cash Flow	129
03	Terminal Value	133
04	WACC - General	138
05	WACC – Cost of Equity	146
06	Others	160

E — Valuation Methodologies

01	Valuation Methodologies	162

F — Equity & EPS Calculation

01	Preferred Shares	174
02	Shares	176
03	EPS	183
04	Initial Public Offering	185
05	Others	187

G — Mergers & Acquisitions

01	M&A Concepts	192
02	Synergies	197
03	Transaction Process	198
04	Deal Structure	205
05	Takeovers & Defense Tactics	208
06	Payment Structure	211

H — Private Equity & LBO

01	Private Equity Overview	216
02	LBO Concepts	221
03	LBO Candidates	228
04	LBO Structure / Entry	231
05	Holding Period	241
06	Exit Strategy	244

Introduction

이 책은 누구를 위한 것인가요?

이 책은 투자은행, 사모펀드 등 금융권에 종사하고자 하는 분들 또는 기업 재무 분야의 실무 지식이 필요한 분들을 위해 제작되었습니다. 관련 직무에서 요구되는 핵심 배경지식들을 최대한 담았으며, 특히 테크니컬 인터뷰를 준비하는 분들이 바로 활용할 수 있도록 Q&A 형식으로 구성하였습니다. 학생이든, 커리어 전환을 준비하는 직장인이든, 혹은 이미 업계에서 근무 중인 분이든 이 책이 실질적이고 유용한 도움을 드릴 수 있을 것입니다.

이 책을 집필한 이유가 무엇인가요?

첫째, 시중에는 회계, 재무, M&A 등을 다룬 책들이 많지만, 대부분 지나치게 이론에 치우쳐 있거나 비전공자가 이해하기에는 난이도가 높은 경우가 많습니다. 실제로 이 분야의 지식은 매우 방대하지만, 재무 분석과 재무 모델링의 기초를 이해하는 데 필요한 내용은 그중 일부에 불과합니다. 저희는 이 책을 통해 꼭 필요한 핵심 내용만을 선별하여, 보다 효율적이고 실용적인 업계 지식을 전달하고자 했습니다.

또한, 수년간 투자은행 및 컨설팅 포지션의 면접을 지도해 온 경험을 통해, 테크니컬 인터뷰 준비가 얼마나 부담스럽게 느껴질 수 있는지 잘 알고 있습니다. 공식을 외우고, 답변 구조를 정리하며, 압박 면접 상황에서 침착함을 유지하는 일은 결코 쉽지 않습니다. 이 책은 단순한 정답 암기에 그치지 않고, 정답에 이르는 사고 과정을 함께 이해할 수 있도록 구성되었습니다.

이 책을 활용하는 방법

본 책에는 다음과 같은 내용이 담겨 있습니다.
- 실제 면접을 가정한 다양한 질문들과 모범 답안
- 답변의 논리를 한 단계씩 따라가는 명확한 보충 설명

면접을 급하게 준비하시는 분들의 경우, 요약된 모범 답안을 위주로 학습하시고, 그 외 분들은 보충 설명까지 차근차근 학습하시는 것을 권장드립니다. 또한, 내용을 더 깊이 이해하고 싶거나 전체적인 흐름을 영상으로 보고 싶다면, 저희의 온라인 강의 영상도 함께 확인해 보세요. 이 책과 완벽히 호환되며, 더 심화된 내용까지 다루고 있습니다.

The Modellers Online

재무 모델링(Financial Modelling)과의 시너지

아직 재무 모델링 Financial Modeling 을 공부하지 않으셨다면, 이 책을 읽기 전이나 후에 꼭 학습해 보시길 권해드립니다. 우리가 이러한 내용을 배우는 가장 큰 이유는 결국 올바른 투자의사결정을 내리기 위해서일 것입니다. 여러분이 투자하는 입장이든, 투자를 받는 입장이든, 자문을 제공하는 입장이든, 혹은 기업을 운영하는 입장이든 재무 모델링은 반드시 갖추어야 할 핵심 역량입니다. 특히 면접을 준비하시는 분들에게는 재무 모델링을 학습한 후의 답변과 그렇지 않은 답변이 면접관 입장에서 분명히 다르게 느껴질 수 있습니다. 이 책의 내용을 가장 효과적으로 활용할 수 있는 학습 방법이자, 가장 큰 시너지를 낼 수 있는 조합이 바로 재무 모델링일 것입니다.

시너지를 낼 수 있는 더모델러스의 온라인 강의들

본 책의 내용들에 대한 상세 설명 및 추가 가이드라인
- *Technical Interview Prep*

재무 모델링(Financial Modelling) 핵심 강의들
- *Financial Modelling 101~401*
- *Leveraged Buyout Modelling*
- *Venture Capital Modelling*
- *Biotech Pharma Modelling*
- *Real Estate Modelling*

기타 업계 필수 지식을 다루는 핵심 강의들
- *Accounting for Financial Pros(Free)*
- *Excel for Financial Pros(Free)*
- *PowerPoint for Financial Pros(Free)*
- *Pitchbook / Investment Memo Prep*

할인쿠폰 발급 안내

본 책을 구매해 주신 독자분에게는 저희 더모델러스의 온라인 강의를 할인해 드리겠습니다. 할인쿠폰을 발급받으시고, 더욱 저렴한 가격으로 다양한 강의들을 수강해 보세요. 필요하신 분들은 저희 카카오톡 채널로 문의 주시면 되겠습니다.

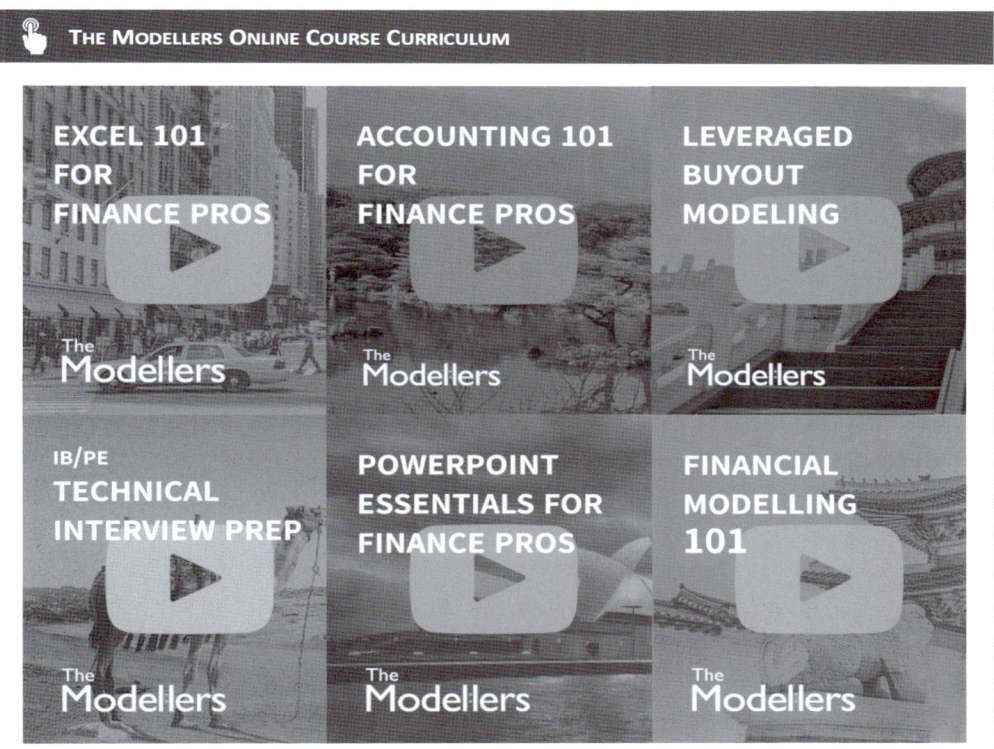

A

Accounting Concepts

A Accounting Concepts

01 Three Financial Statements

Q 손익계산서(Income Statement)란 무엇인가요?

손익계산서 Income Statement 는 일정 기간 동안 기업의 수익 Revenue, 비용 Expenses 그리고 이익 Profits 을 보고하여 수익성을 나타내는 재무제표입니다. 흔히 손익계산서 Profit and Loss, P&L 라고도 불리며, 일반적으로 분기 또는 연 단위로 기업의 재무성과를 보여 줍니다. 손익계산서는 상품이나 서비스 판매로 얻은 총수익인 매출 Revenue 또는 Sales 로 시작하며, 이후 매출원가 Cost of Goods Sold, COGS 를 차감하여 매출총이익 Gross Profit 을 계산합니다. 그다음 인건비, 임대료, 마케팅 비용 등 영업비용 Operating Expenses 을 차감하여 영업이익 Operating Income 또는 EBIT, Earnings Before Interest and Taxes 을 구하고, 여기에 이자비용 Interest Expense 과 법인세 Tax Expense 를 반영하여 최종적으로 기업의 전체적인 수익성을 나타내는 순이익 Net Income 을 산출합니다.

Q 재무상태표(Balance Sheet)란 무엇인가요?

재무상태표 Balance Sheet 는 특정 시점에 기업이 보유한 자산 Assets, 부채 Liabilities, 자본 Shareholders' Equity 을 보여 주는 재무제표로, 기업의 재무상태를 한눈에 파악할 수 있는 스냅샷과 같습니다. 재무상태표는 '자산 = 부채 + 자본'이라는 기본 원리에 따라 구성되며, 이는 기업이 가진 모든 자산이 부채나 자본을 통해 조달되었음을 의미합니다. 보통 재무상태표는 두 부분으로 나뉘는데, 왼쪽에는 기업이 보유하거나 투자한 자산이, 오른쪽에는 그 자산이 어떻게 마련되었는지를 나타내는 부채와 자본이 표시됩니다. 쉽게 말해, 오른쪽은 자금을 어디서 조달했는지, 왼쪽은 그 자금을 어디에 사용했는지를 보여 준다고 할 수 있습니다.

Q 재무상태표에서 자산(Assets), 부채(Liabilities), 자본(Shareholder's Equity)은 무엇을 의미하나요?

재무상태표 Balance Sheet 는 '자산 = 부채 + 자본'이라는 기본 공식을 통해 기업의 재무상태를 보여 줍니다. 자산 Assets 은 기업이 보유한 것으로, 유동자산(예: 현금, 재고)과 비유동자산(예: 설비, 무형자산)으로 나뉘며, 부채 Liabilities 는 기업이 외부에 갚아야 할 채무로, 유동부채와 비유동부채로 구분됩니다. 자본 Equity 은 부채를 제외한 소유주의 잔여 지분을 의미하며, 보통주 Common Stock, 이익잉여금 Retained Earnings, 자본잉여금 Additional Paid-in Capital 등이 포함됩니다.

추가 설명

재무상태표 Balance Sheet 는 특정 시점에 기업의 재무상태를 보여 주는 재무제표로, '자산 = 부채 + 자본'이라는 기본 회계 등식을 기반으로 구성됩니다.

- **자산** Assets 은 기업이 과거의 거래나 사건의 결과로 통제하고 있으며, 미래에 경제적 효익을 가져올 것으로 기대되는 자원입니다. 자산은 유동자산과 비유동자산으로 나뉩니다. 유동자산 Current Assets 은 1년 이내에 현금화되거나 소비될 것으로 예상되는 항목들로 현금 Cash, 매출채권 Accounts Receivable, 재고자산 Inventory 등이 포함됩니다. 반면 비유동자산 Non-current Assets 은 장기간에 걸쳐 효익을 제공하는 자산으로, 유형자산 Property, Plant & Equipment, PP&E 이나 특허, 브랜드, 영업권 Goodwill 등 무형자산 Intangible Assets 이 해당됩니다.

- **부채** Liabilities 는 과거 사건에서 기인한 현재의 의무로, 그 이행을 위해 경제적 자원이 유출될 것으로 예상되는 항목입니다. 이는 외부 채권자에 대한 지급 의무를 의미하며, 유동부채 Current Liabilities 와 비유동부채 Non-current Liabilities 로 구분됩니다. 유동부채에는 매입채무 Accounts Payable, 단기차입금 Short-term Debt, 미지급비용 Accrued Expenses 등이 포함되며 1년 이내에 상환이 요구됩니다. 비유동부채는 상환 기한이 1년을 초과하는 항목으로, 장기차입금 Long-term Debt, 장기리스부채 Leases, 퇴직급여채무 Pension Obligations 등이 있습니다.

- **자본** Shareholder's Equity 은 자산에서 부채를 차감한 후 소유주에게 남는 순자산으로, 기업에 대한 소유주의 잔여 지분을 의미합니다. 이는 보통주 Common Stock, 자본잉여금 Additional Paid-in Capital, 이익잉여금 Retained Earnings 등으로 구성되며, 기업이 벌어들인 순이익 중 배당으로 지급되지 않고 내부에 유보된 이익도 포함됩니다.

이처럼 재무상태표는 자산이 어떻게 조달되었는지(부채와 자본)와 그 자산이 어떻게 운용되고 있는지를 동시에 보여 주며, 기업의 재무 건전성과 구조를 종합적으로 파악할 수 있도록 해 줍니다.

Q 현금흐름표(Cash Flow Statement)란 무엇인가요?

현금흐름표 Cash Flow Statement 는 일정 기간 동안 기업의 현금이 어떻게 유입되고 유출되었는지를 보여 주는 재무제표로, 기업의 유동성 Liquidity, 지급능력 Solvency, 재무적 유연성 Financial Flexibility 을 평가하는 데 도움을 줍니다. 현금흐름표는 크게 세 가지 활동으로 나뉘며, 영업활동 Operating Activities 은 본업을 통한 현금흐름, 투자활동 Investing Activities 은 자산 매입이나 처분 등 자본 지출 관련 흐름, 재무활동 Financing Activities 은 차입, 자본 조달, 배당금 지급과 같은 자금 조달 관련 흐름을 포함합니다. 이 세 가지 활동을 종합적으로 보면 기업이 어떻게 현금을 벌고 Operating, 투자하며 Investing, 조달하는지 Financing 를 명확하게 파악할 수 있습니다.

추가 설명

현금흐름표 Cash Flow Statement 는 일정 기간 동안 기업 내에서 발생한 현금의 유입과 유출을 추적하여, 이를 영업활동, 투자활동, 재무활동의 세 가지 항목으로 구분해 보여 주는 재무제표입니다. 이 보고서는 기업의 현금흐름을 명확하게 보여 줌으로써 유동성 관리의 투명성을 확보하는 데 중요한 역할을 합니다.

- **영업활동** Operating Activities : 기업의 핵심 영업활동에서 발생한 현금흐름을 포함하며, 감가상각비, 무형자산상각비와 같은 비현금성 항목에 대한 조정, 운전자본의 증

감 등이 여기에 표시됩니다. 이 항목은 기업이 영업을 통해서 안정적으로 현금을 창출할 수 있는지를 판단하는 데 유용한 정보를 제공하며, 기업분석에서 가장 중요하게 보는 항목들 중 하나입니다.

- **투자활동** Investing Activities : 토지, 건물, 설비 등 유형자산의 매입·매각이나 금융자산의 투자 등 장기적 자산 운용과 관련된 현금흐름을 보여 줍니다. 기업의 미래 성장을 위한 투자 전략을 파악하는 데 도움이 됩니다.
- **재무활동** Financing Activities : 자금 조달 및 반환과 관련된 현금흐름을 다루며, 차입금의 조달 또는 상환, 주식 발행이나 자사주 매입, 배당금 지급 등이 포함됩니다. 이 항목은 기업이 자금을 어떻게 조달하고 주주나 채권자에게 어떻게 자금을 환원하는지를 보여 줍니다.

이처럼 현금흐름표는 기업이 어떻게 현금을 벌고, 투자하고, 조달하는지를 종합적으로 보여 주며, 재무 건전성과 경영 전략의 실행 여부를 평가하는 데 핵심적인 자료로 활용됩니다.

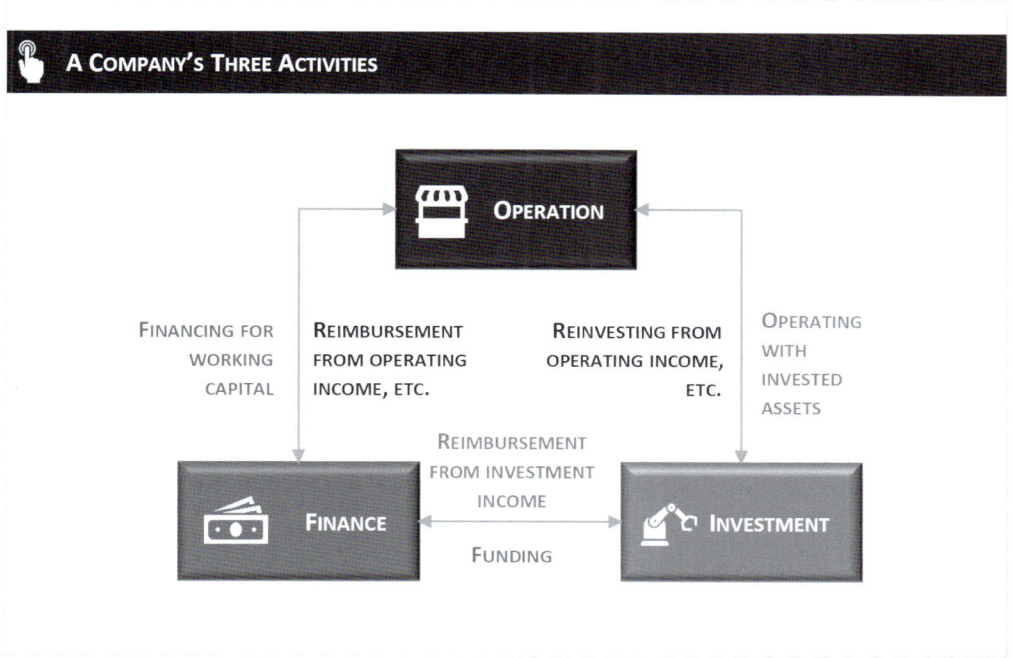

Q 손익계산서, 재무상태표, 현금흐름표는 어떻게 서로 연결되어 있나요?

세 가지 주요 재무제표는 서로 밀접하게 연결되어 있으며, 핵심 수치들이 서로를 통해 흐릅니다. 손익계산서에서 산출된 순이익 Net Income 은 재무상태표 Balance Sheet 의 이익잉여금 Retained Earnings 에 반영되며, 동시에 영업활동현금흐름의 출발점이 됩니다. 또한, 현금흐름표에서 계산된 최종 현금흐름은 재무상태표의 기말 현금 잔액을 변화시킵니다. 마지막으로, 현금흐름표의 각 활동 항목들은 재무상태표의 특정 계정과 밀접하게 연계되어 있는데, 영업활동현금흐름은 주로 유동자산, 투자활동현금흐름은 비유동자산, 재무활동현금흐름은 부채 및 자본 계정들과 밀접하게 연결됩니다.

추가 설명

세 가지 주요 재무제표는 서로 긴밀하게 연결되어 있으며, 거의 모든 기업 활동은 이들 중 두 개 이상에 영향을 미칩니다. 특히 중요한 점은 각 재무제표의 핵심 수치들이 서로를 참조하며 순환 구조를 형성한다는 것입니다.

- 손익계산서에서 계산된 순이익은 재무상태표의 자본항목 중 이익잉여금 Retained Earnings 에 반영됩니다.
- 동일한 순이익은 현금흐름표의 영업활동현금흐름 Operating Cashflow 의 시작점이 되며, 이후 감가상각 등 비현금성 항목들에 대한 조정이 이루어집니다.
- 마지막으로 현금흐름표의 최종 현금흐름의 증감은 재무상태표의 유동자산 내 현금 및 현금성자산 Cash & Equivalents 항목에 반영됩니다.

또한 현금흐름표의 각 항목은 재무상태표의 특정 계정들과 연결되어 있습니다.

- 영업활동현금흐름은 주로 매출채권 Accounts Receivable, 재고자산 Inventory, 매입채무 Accounts Payable, 선수수익 Deferred Revenue 등 유동자산 및 유동부채 계정들과 밀접하게 관련되어 있습니다.
- 투자활동현금흐름은 유형자산 PP&E, 무형자산 Intangible Assets, 기타투자자산 Other Investment Assets 등의 비유동자산 항목들과 주로 연계되어 있습니다.
- 재무활동현금흐름은 장기차입금 Long-term Debt, 단기차입금 Short-term Borrowings, 보통주

Common Stock, 자본잉여금 Additional Paid-in Capital 등 비유동부 계정들 및 자본 항목들과 밀접한 관련성을 보입니다.

Q 기업을 분석할 때 손익계산서와 현금흐름표를 모두 검토해야 하는 이유는 무엇인가요?

손익계산서는 일정 기간 동안 기업의 매출, 비용, 그리고 이익을 보여 주며, 기업의 재무성과에 초점을 둡니다. 이 성과를 보다 정확하게 반영하기 위해 손익계산서에는 감가상각 Depreciation, 무형자산상각 Amortization, 주식보상비용 Stock-based Compensation 등과 같은 비현금성 항목도 포함되며, 발생주의 회계 Accrual Accounting 에 따라 현금의 실제 수수 여부와 관계없이 수익과 비용을 인식합니다.

하지만 이로 인해, 손익계산서는 기업의 현금흐름을 파악하는 데에는 도움이 되지 못합니다. 그래서 기업의 실제 유동성 상태를 파악하기 위해서는 현금흐름표가 반드시 필요합니다. 손익계산서상으로는 수익성이 있어 보일 수 있지만, 실제로는 현금을 제대로 창출하지 못하는 경우가 있으며, 반대로 손익계산서상으로 수익성이 없어 보이지만, 실제로는 현금을 잘 창출하고 있는 경우도 있습니다. 이러한 차이는 반드시 현금흐름표를 통해서만 확인할 수 있고, 따라서 기업의 재무 건전성을 온전히 이해하려면 두 재무제표를 항상 함께 분석해야 합니다.

Q 세 가지 재무제표 중 하나만 분석할 수 있다면, 어떤 것을 선택하고 그 이유는 무엇인가요?

저는 손익계산서를 선택하겠습니다. 손익계산서는 일정 기간 동안의 매출, 비용), 그리고 수익성을 가장 명확하게 보여 주기 때문에 기업의 영업성과를 판단하는 데 가장 적합하기 때문입니다. 또한 기업 간 또는 기간 간 비교가 용이하여 성장률이나 마진율 등을 분석하는 데 유용합니다. 물론, 현금흐름이나 재무레버리지 Financial Leverage 와 같은 요소는 직접적으로 반영되지 않지만, 기업의 기본적인 경영성과를 파악하는 데 있어 가장 적합한 재무제표라고 생각합니다.

추가 설명

다음은 각 재무제표를 선택했을 때 적절한 이유를 제시한 샘플 답변입니다. 선택 자체보다 왜 그 재무제표를 중요하게 생각하는지에 대한 설명이 중요합니다.

- **손익계산서**: 이 재무제표는 특정 기간 동안 기업이 얼마나 효과적으로 수익을 창출하고 비용을 관리하여 이익을 남겼는지를 명확하게 보여 줍니다. 수익성과 비용 구조, 그리고 영업 효율성을 평가하는 데 핵심적인 자료이며, 표준화된 형식으로 작성되기 때문에 기업 간 또는 기간 간 비교 분석에 매우 유리합니다. 특히 성장률, 영업이익률과 같은 핵심 지표를 분석할 수 있어 산업 내 벤치마킹이나 트렌드 분석에도 효과적입니다. 물론 현금흐름이나 재무레버리지와 같은 측면은 반영되지 않지만, 기업의 기본적인 경영성과를 판단하는 데 가장 직관적인 자료라고 생각합니다.

- **재무상태표**: 재무상태표는 특정 시점에서 기업이 보유한 자산, 부채, 자본 구조를 종합적으로 보여 주며, 기업의 누적된 재무상태를 파악할 수 있는 유일한 자료입니다. 과거 실적의 집합체로서 현재의 재무 건전성을 판단할 수 있을 뿐 아니라, 유동성, 지급 여력, 투자 여력, 레버리지 구조 등 미래 대응 능력까지도 엿볼 수 있습니다. 예를 들어, 유동비율이나 부채비율, 자기자본비율 등을 통해 위험에 대한 대비 수준이나 재무적 유연성을 파악할 수 있습니다. 단기성과보다는 기업의 전반적인 안정성과 기반을 분석하고 싶을 때 유용한 재무제표라고 생각합니다.

- **현금흐름표**: 기업이 실제로 얼마만큼의 현금을 창출하고, 어떻게 사용하고 있는지를 보여 주는 유일한 자료이기 때문입니다. 손익계산서는 비현금성 항목과 회계 기준에 따라 왜곡될 수 있지만, 현금흐름표는 실질적인 현금의 유입과 유출만을 다루므로 기업의 생존 능력을 가장 정확하게 파악할 수 있습니다. 특히 기업이 흑자를 기록하고 있어도 현금을 창출하지 못하면 결국 운영을 지속할 수 없는데, 현금흐름표는 이런 기업의 유동성, 재무적 유연성, 그리고 채무 상환 능력 등을 종합적으로 평가하는 데 유용하게 사용될 수 있습니다.

02 Income Statement

Q 수익 인식 시점이 실제 현금흐름과 다른 예시를 들어 줄 수 있나요?

(정해진 정답은 없습니다) 예를 들어, 연간 구독 서비스를 제공하는 소프트웨어 회사의 경우, 고객으로부터 연간 구독료를 선불로 전액 받더라도, 회계상 수익은 매월 나누어 인식해야 합니다. 예를 들어 1,200달러짜리 연간 구독권을 판매하고 연초에 전액을 수령했다면, 발생주의 회계 기준에 따라 이 금액 전체를 바로 수익으로 인식할 수 없습니다. 대신, 서비스 제공 기간인 12개월 동안 매달 100달러씩 나누어 수익으로 인식해야 합니다. 반면, 현금흐름표에서는 고객으로부터 실제로 받은 1,200달러가 수령된 시점(예: 1월)에 전액 현금 유입으로 기록됩니다. 이처럼 손익계산서상의 수익 인식과 현금흐름표상의 현금 유입 시점 사이에 차이가 발생하게 됩니다.

Q Organic Growth와 Inorganic Growth의 차이는 무엇인가요?

Organic Growth는 기업이 내부 전략을 통해 매출을 확대하는 경우를 말합니다. 예를 들어, 판매량 증가, 고객 유지율 향상, 신제품 출시, 신규 시장 진출 등이 여기에 해당합니다. Organic Growth는 일반적으로 시간이 더 걸리지만, 보다 지속 가능하고 안정적인 성장을 의미합니다. 반면, Inorganic Growth는 인수합병 ᴹ&ᴬ, 합작 투자 ᴶᵒⁱⁿᵗ ⱽᵉⁿᵗᵘʳᵉ 등 외부 수단을 통해 이루어지는 성장을 말합니다. 기업이 자체적으로 수익원을 개발하는 대신 기존 회사를 인수함으로써 빠르게 시장을 확대하고 재무성과를 단기간에 개선할 수 있는 장점이 있습니다. 하지만 Inorganic Growth는 통합 과정에서의 어려움이나 재무적 리스크를 동반할 수 있습니다.

Q 고정비(Fixed Costs)와 변동비(Variable Costs)의 차이는 무엇인가요?

고정비는 매출과 관계없이 일정하게 유지되는 비용이고, 변동비는 생산량이나 매출에 따라 비례적으로 변동하는 비용입니다. 이 차이는 기업의 비용 구조와 영업 레버리지

Operating Leverage 를 분석하는 데 핵심적입니다. 고정비 비중이 높을수록 매출이 증가할 때 이익이 더 크게 확대되지만, 경기 침체 시에는 손실 위험도 더 커질 수 있어 재무 모델링과 기업가치평가 시 반드시 고려해야 할 요소입니다.

추가 설명

고정비 Fixed Costs 는 생산량이나 매출 수준과 무관하게 발생하는 비용으로, 대표적으로 임대료 Rent, 감가상각비 Depreciation, 단기 기준, 보험료 Insurance 등이 있습니다. 기업이 아무것도 생산하지 않더라도 반드시 지불해야 하는 비용입니다. 반면, 변동비 Variable Costs 는 생산량에 따라 직접적으로 변동하는 비용으로, 원재료비 Raw Materials, 생산과 직접 연결된 인건비 Direct Labor Costs, 사용량에 따라 증가하는 유틸리티 비용, 마케팅 비용 성과 기반 등이 포함됩니다.

고정비의 비중이 높은 기업은 일반적으로 영업 레버리지 Operating Leverage 가 크기 때문에 매출이 증가할 때 수익성이 크게 개선되는 반면, 매출이 감소할 때에는 손익에 미치는 부정적 영향도 더 큽니다. 고정비와 변동비의 차이를 이해하는 것은 재무 분석, 재무 모델링 및 기업가치평가 등의 과정에서 매우 중요합니다.

Q 매출원가(COGS)와 판매관리비(SG&A)의 성격과 기능은 어떻게 다른가요?

매출원가 Cost of Goods Sold, COGS 는 제품이나 서비스를 생산하는 데 직접적으로 투입된 비용을 의미하며, 원재료비, 직접인건비, 제조간접비 등이 포함됩니다. 일반적으로 생산량에 따라 증가하거나 감소하는 변동비의 성격을 띕니다. 반면, 판매비와관리비 Selling, General & Administrative expenses, SG&A 는 마케팅, 영업수수료, 사무실 임차료, 관리직 급여 등과 같이 생산과 직접 관련이 없는 운영비용으로, 단기적으로는 대부분 고정비에 가까우나 변동 요소나 일회성 비용이 포함되기도 합니다. 손익계산서상 매출원가는 매출액에서 차감되어 매출총이익 Gross Profit 을 계산하고, 판관비는 그 이후에 차감되어 영업이익 EBIT 을 도출합니다. 이를 통해 기업이 직접 생산비용뿐 아니라 전반적인 운영비용을 얼마나 효율적으로 관리하고 있는지를 파악할 수 있습니다.

추가 설명

매출원가는 원재료, 직접인건비, 제조간접비 등 생산활동과 직접적으로 연관된 모든 비용을 포함하며, 생산량에 따라 변동하므로 주로 **변동비**로 분류됩니다. 예를 들어, 제품을 더 많이 생산하면 원자재 구매와 생산 인력 투입이 늘어나 매출원가도 증가합니다.

판관비는 생산과 무관한 **간접운영비용**으로, 회사가 제품을 만들지 않더라도 유지되는 필수적인 비용입니다. 여기에는 마케팅 비용, 영업 커미션, 경영지원 인건비, 사무실 임차료 등 조직 운영 전반에 필요한 항목들이 포함되며, 이론적으로는 **고정비**에 가까운 성격을 가집니다. 다만 일부 비용들은 변동비의 성격을 띠고, 상당수의 비용들이 단기적으로 고정비의 성격을 띠더라도, 장기적으로는 변동비의 성격을 띠는 경우가 많습니다.

회계상 매출원가는 매출에서 직접 차감되어 **매출총이익**을 산출하고, 판관비는 그 이후에 차감되어 **영업이익**을 계산하게 됩니다. 영업비용을 이렇게 나누어 놓은 구조는 경영진이나 투자자에게 생산비용과 조직의 운영비용을 별도로 분석할 수 있게 해 줍니다.

다만, (특히 최근의) 기술 기반 기업이나 플랫폼 기업의 경우, 매출원가와 판관비의 경계가 모호해지는 경향이 있습니다. 예를 들어, 엔지니어 급여나 클라우드 서버 비용, 고객지원 인력의 급여 등은 제품 제공과 관련이 있지만, 기업마다 매출원가 또는 판관비로 상이하게 분류되기도 합니다. 특히, IFRS상 일부 Tech업계에서는 이 구분이 불분명할 수 있기 때문에, 이런 경우 단순한 회계 분류보다는 전체 영업비용의 맥락에서 분석하는 것이 더욱 중요합니다.

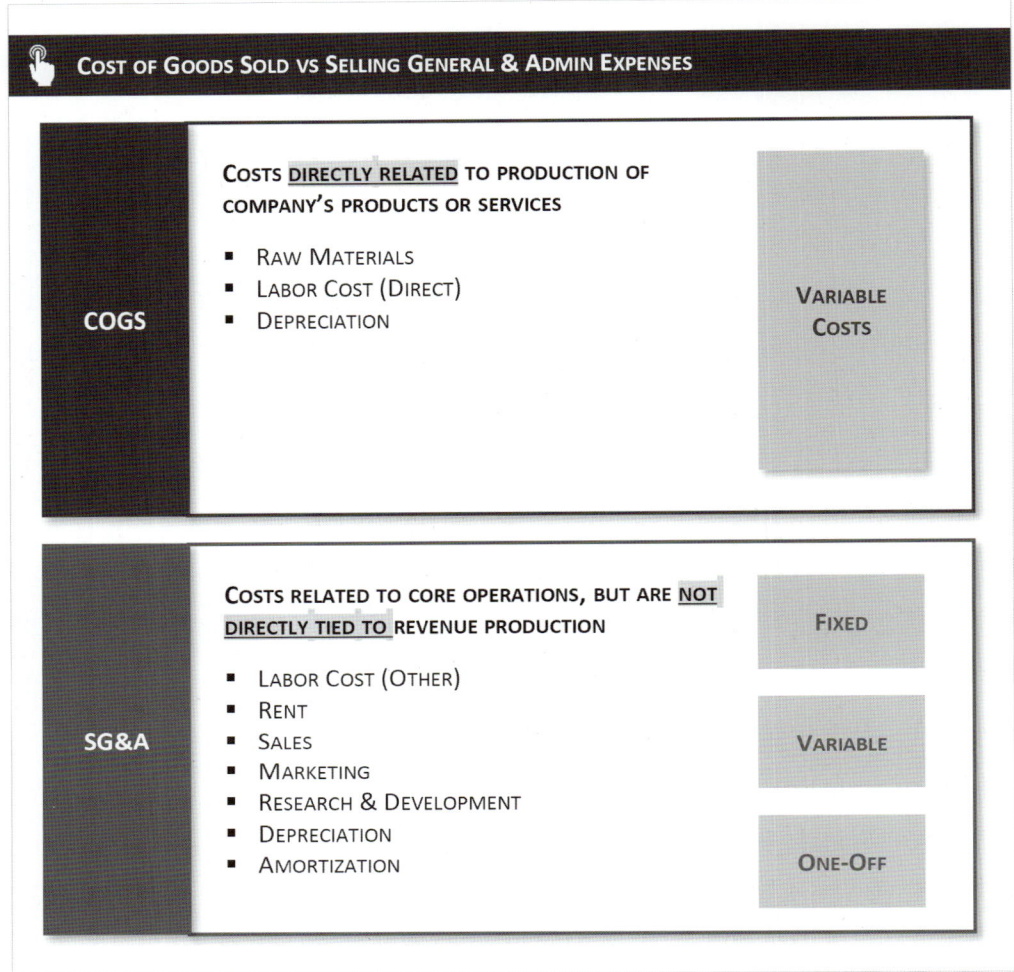

Q 판매비와 관리비(SG&A) 항목 중 어떤 요소들이 일반적으로 고정비이고, 어떤 것들이 변동비로 분류되나요?

판관비 SG&A 는 고정비, 변동비, 그리고 일회성 비용이 혼재되어 있는 것이 일반적입니다. 고정비 Fixed Costs 에는 대표적으로 사무실 임차료, 정규직 인건비, 보험료 등이 포함되며, 변동비 Variable Costs 에는 마케팅 비용, 영업 커미션, 출장비 등이 해당됩니다. 이 외에도 손상차손 Impairment Loss 이나 구조조정 비용 Restructuring Charges 같은 **일회성 One-Off** 항목도 판관비에 포함될 수 있습니다.

추가 설명

- **고정 SG&A 비용**(매출 변동과 관계없이 비교적 일정하게 유지되는 비용)
  - ✓ 사무실 임대료 Office Rent
  - ✓ 본사/지원부서 인건비 HR, 재무, 법무 등
  - ✓ 공공요금 Utilities
  - ✓ 보험료 Insurance
  - ✓ 소프트웨어 구독료 및 일반 관리비 Software Subscriptions, Overhead
- **변동 SG&A 비용**(매출 또는 활동량에 따라 변동하는 비용)
  - ✓ 영업 커미션 Sales Commissions
  - ✓ 마케팅 및 광고비 Marketing & Advertising
  - ✓ 출장 및 접대비 Travel & Entertainment
  - ✓ 고객 응대 비용 Customer Service linked to transaction volume
  - ✓ 프로모션 또는 이벤트 관련 지출
- **일회성 SG&A 비용**(비정기적이고 일시적인 항목)
  - ✓ 구조조정 비용 Restructuring Charges
  - ✓ 법적 합의금/배상금 Legal Settlements
  - ✓ 인수합병 관련 수수료 및 통합 비용 M&A Transaction & Integration Costs
  - ✓ 일회성 컨설팅/자문 비용 One-Time Consulting/Advisory Fees

※ 기업의 업종이나 운영 방식에 따라 SG&A 항목의 분류는 달라질 수 있으므로, 특정 시점의 수치보다 **장기적인 추세 분석**을 통해 반복적인 비용과 비반복 비용을 구분하는 것이 중요합니다.

Q 기타수익 또는 영업외수익으로 분류되는 수익에는 어떤 것들이 있나요?

기타수익 Other Income 또는 영업외수익 Non-operating Income 은 기업의 핵심 영업활동과는 무관한 수익을 의미합니다. 대표적인 예로 이자수익 Interest Income, 자산 매각이익 Gain on Asset Sales, 환율차익 Foreign Exchange Gains, 지분투자로 인한 배당수익 Dividends 등이 있습니다.

추가 설명

기타수익 또는 영업외수익은 본업이 아닌 부수적인 재무 활동에서 발생한 이익을 포함하며, 손익계산서 상에서 영업이익 Operating Profit 아래에 별도로 표시됩니다. 일반적인 항목은 다음과 같습니다.

- **이자수익** Interest Income : 보유 현금 또는 단기 금융상품에서 발생한 수익
- **자산 매각이익** Gain on Asset Sales : 부동산, 설비, 차량 등 고정자산을 처분하면서 발생한 일회성 이익
- **외화환산이익** Foreign Exchange Gains : 환율 변동으로 인해 발생한 긍정적 환차익
- **배당수익** Dividends : 보유 중인 지분 투자로부터 받은 배당금

이러한 수익들은 순이익 Net Income 에 기여하지만, 기업의 영업성과를 나타내는 핵심 수익에는 포함되지 않으며, 일회성 또는 비반복적인 성격을 가질 수 있기 때문에 분석 시 별도로 구분해 해석하는 것이 중요합니다.

Q 기타비용 또는 영업외비용에 일반적으로 포함되는 항목은 무엇인가요?

기타비용 Other Expenses 또는 영업외비용 Non-operating Expenses 은 기업의 핵심 영업활동과 무관하게 발생하는 비용입니다. 이는 순이익을 왜곡할 수 있기 때문에 영업비용과 구분하여 분석하는 것이 중요합니다. 대표적으로 이자비용 Interest Expense , 자산 매각 손실 Loss on Asset Sales , 환율차손 Foreign Exchange Losses , 지분법 평가손실 등 투자 관련 손실 Investment or Equity Method Losses 등이 포함됩니다.

추가 설명

영업외비용은 기업의 주된 영업활동에서 발생하지 않는 비용 항목들로, 다음과 같은 사례가 일반적입니다.

- **이자비용** Interest Expenses : 차입금에 대한 이자 지급
- **자산 매각 손실** Losses on Asset Sales : 부동산, 설비, 장비 등을 처분하면서 발생한 손실

- **외화환산 손실** Foreign Exchange Losses : 환율 변동으로 인한 환차손
- **지분법 손실** Equity Method Losses : 관계기업 또는 투자지분에서 발생한 손실

이러한 항목들은 일시적이고 변동성이 크며, 기업의 실제 영업성과를 반영하지 않을 수 있기 때문에, 재무 분석 시 반드시 구분하여 해석해야 합니다. 영업외비용을 분리함으로써 기업의 핵심 운영 효율성과 수익성을 보다 명확하게 평가할 수 있습니다.

Q 세 가지의 재무제표 중에서 단 하나의 항목만 분석할 수 있다면, 무엇을 선택하고 그 이유는 무엇인가요?

영업이익 Operating Income 은 기업의 핵심 영업활동에서 창출된 수익성을 나타내며, 이자비용과 세금 등의 영향을 제외하고 본업의 운영 효율성을 보여 주는 명확한 지표입니다. 산업 간 또는 자본 구조가 다른 기업들 간의 비교에 특히 유용하며, EV/EBIT, EV/EBITDA와 같은 가치평가 지표의 핵심 입력값으로도 활용됩니다. 이러한 이유로, 영업이익을 선택하겠습니다.

추가 설명

다음은 각 재무제표를 선택했을 때 적절한 이유를 제시한 샘플 답변입니다. 선택 자체보다 왜 그 계정을 중요하게 생각하는지에 대한 설명이 중요합니다.

- **영업이익** Operating Income : 영업이익은 기업의 핵심 영업활동에서 창출된 수익성을 가장 명확하게 보여 주는 지표로, 이자비용이나 세금 같은 비영업성 요소를 제외하고 본업의 효율성과 수익 창출 능력을 판단하는 데 집중할 수 있습니다. 또한, 영업이익은 산업 간이나 자본 구조가 다른 기업들 간의 비교에서도 유용하며, EV/EBIT, EV/EBITDA와 같은 주요 기업가치평가 지표의 핵심 기반이 되기 때문에, 재무 분석 및 밸류에이션에서 가장 실질적이고 관련성 높은 항목 중 하나입니다. 이러한 이유로 단 하나의 항목만 볼 수 있다면 영업이익을 선택하겠습니다.
- **유형자산** PP&E : 유형자산은 기업이 수익을 창출하고 운영을 지속하기 위해 물리적

자산에 얼마나 의존하는지를 보여 주는 지표로, 특히 제조업, 에너지, 인프라 등 자산집약적 산업에서 매우 중요한 항목입니다. 또한 감가상각비 ^{Depreciation} 와 자본적 지출 ^{CapEx} 의 추이와 함께 PP&E를 분석하면, 기업이 현재 자산을 유지하고 있는지, 미래 성장을 위한 투자를 하고 있는지, 혹은 투자가 부족해 하향 위험에 노출되어 있는지를 파악할 수 있습니다. 이러한 분석은 향후 현금흐름, 운영 역량, 성장 가능성에 직접적인 영향을 주는 요인들이므로, 장기적인 기업의 경쟁력과 재무건전성을 이해하는 데 매우 유의미합니다.

Q EBITDA란 무엇이며, 재무 분석에서 널리 사용되는 이유는 무엇인가요?

EBITDA는 이자, 세금, 감가상각비 등을 제외한 영업성과를 보여 주는 지표로, 비현금성 비용을 더해 영업 현금흐름의 근사치로 활용됩니다. 자본 구조나 회계정책의 영향을 배제해 기업 간 비교에 유리하며, EV/EBITDA와 같은 가치평가에 널리 사용됩니다.

추가 설명

EBITDA는 *Earnings Before Interest, Taxes, Depreciation, and Amortization*의 약자로, 이자, 세금, 감가상각비, 무형자산상각비를 제외한 영업이익을 의미합니다. 이는 기업의 핵심 영업활동에서 발생한 수익성을 평가할 때 가장 널리 사용되는 지표 중 하나입니다. 영업이익과 유사하지만, 감가상각 등 비현금성 비용까지 다시 더함으로써 영업 현금흐름 $^{Operating\ Cash\ Flow}$ 의 근사치로 빠르게 활용할 수 있다는 점에서 유용합니다.

다만 EBITDA는 운전자본 변동이나 기타 실제 현금유출입 요소들을 반영하지 않기 때문에, 완전한 현금흐름 지표는 아닙니다. 그럼에도 불구하고, 자본 구조(부채비율), 세법, 감가상각 방법 등 회계정책이나 외부 요인의 영향을 배제하고 기업 간 비교를 가능하게 하므로, EV/EBITDA와 같은 밸류에이션 배수 계산에 자주 사용됩니다.

요약하자면, EBITDA는 발생주의 회계와 현금흐름 분석의 중간 성격을 지닌 하이브리드 지표로, 기업의 실질적인 영업성과를 비교하고 평가하는 데 매우 효과적인 도구입니다.

03 Receivables / Payables

Q 재무상태표에서 매출채권(Accounts Receivable)이란 어떤 계정인가요?

매출채권 Accounts Receivable 은 기업이 상품이나 서비스를 제공했지만 아직 고객으로부터 대금을 받지 못한 금액을 의미합니다. 이는 재무상태표에서 유동자산 Current Asset 으로 기록되며, 가까운 시일 내에 회수될 것으로 예상되는 금액을 반영합니다. 매출채권은 기업이 고객에게 외상으로 판매하여 발생하며, 손익계산서상에는 매출로 인식되지만, 즉각적인 현금 유입이 발생하지 않기 때문에 실제 현금흐름과는 차이가 발생합니다.

Q 고객이 $100짜리 자동차를 주문했지만 현금이 아닌 어음으로 결제한 경우, 이 거래가 3대 재무제표(Three Statements)에 어떻게 반영되나요?

제품이 이처럼 외상으로 주문되었을 때, 손익계산서에는 $100가 매출로 기록되며, 순이익과 이익잉여금 Retained Earnings 이 동일한 금액만큼 증가합니다. 하지만 현금이 아직 유입되지는 않았기 때문에, 현금흐름표에서는 매출채권 $100 증가로 마이너스 조정되며, 기말 현금 잔액에는 변화가 없습니다. 재무상태표에서는 자산 항목인 매출채권이 $100 증가하고, 이는 이익잉여금의 $100 증가로 상쇄되어 재무상태표는 균형을 유지합니다.

추가 설명

- **손익계산서**: 제품이 이미 주문되었고 상품의 인도와 향후 대금 지급이 확실시되기 때문에, 매출액 인식조건을 만족하고 있습니다. 그러므로, 기업이 현금을 수령했는지 여부와 관계없이 $100는 매출로 인식할 수 있습니다. 그러므로 매출은 $100로 기록되며, 세금 영향을 고려하지 않을 경우 순이익도 마찬가지로 $100

증가합니다. 이 순이익은 이익잉여금으로 반영되며, 영업활동 현금흐름의 시작점에도 동일하게 반영됩니다.

- **현금흐름표**: 고객이 결국 대금을 지불할 것으로 예상되지만, 아직 현금이 수령되지는 않았습니다. 따라서 현금 유입이나 유출은 없습니다. 영업활동 현금흐름은 $100에서 출발하지만, $0에서 마무리되므로, 중간에 이를 조정해 주어야 합니다. 이 차이는 영업활동에서 발생했기 때문에, 매출채권의 증가로 $100만큼 조정이 됩니다. 이때, 매출채권 증가(자산 증가)는 현금유출로 간주되므로, 이는 $100만큼 마이너스 조정해 주며, 결과적으로 현금흐름표상 현금 변화는 0이 됩니다.
- **재무상태표**: 현금 잔액에는 변화가 없습니다. 하지만 손익계산서의 영향으로 $100의 순이익 증가가 동일한 금액의 이익잉여금 증가로 이어집니다. 또한, 이 거래로 매출채권 계정도 $100 증가하여 재무상태표는 균형을 유지합니다.

Q 그다음 해에 실제로 현금이 회수되면 3대 재무제표(Three Statements)는 어떻게 되나요?

매출은 이전 연도에 이미 인식되었기 때문에, 손익계산서는 변화 없이 매출과 순이익이 모두 0으로 기록됩니다. 현금흐름표에서는 매출채권 감소로 인한 플러스 조정이 이루어집니다. 결과적으로, $100의 현금 유입이 기록됩니다. 재무상태표에서는 현금이 $100 증가하고 매출채권이 $100 감소하여, 결과적으로 재무상태표는 균형을 유지합니다.

추가 설명

- **손익계산서**: 손익계산서에는 변화가 없습니다. 해당 매출은 이미 이전 연도에 인식되었기 때문에, 이번 연도의 매출, 세전이익 ^{EBT}, 순이익 모두 $0로 유지됩니다.
- **현금흐름표**: 반면에, 현금흐름표는 $0에서 시작하지만 최종적으로는 $100의 현금흐름의 유입이 발생합니다. 그러므로, 이 차이는 조정이 필요하며, 이는 영업현금흐름 파트에 매출채권의 감소로, $100만큼의 플러스 조정이 이루어집니다.

- **재무상태표**: 현금흐름표의 결과, 기말 현금 잔액이 $100 증가합니다. 이는 자산 쪽에서 매출채권이 $100 감소함으로써 상쇄됩니다. 결과적으로, 자산 항목의 총액은 그대로 유지되고, 부채 및 자본 항목도 변동 없이 재무상태표는 균형을 유지합니다.

Q 왜 매출채권(Accounts Receivable)의 증가는 현금흐름표에서 마이너스 조정으로 반영되나요?

매출채권의 증가는 매출은 인식되었지만 아직 현금으로 회수되지 않았다는 의미이므로, 기업의 실제 현금 가용성을 감소시킵니다. 기업이 손익계산서에 매출을 인식했지만 실제로 현금을 수령하지 않은 경우, 재무상태표에서는 매출채권이 증가하지만 결국 현금에는 아무런 영향을 미치지 않습니다. 이를 조정하기 위해 현금흐름표에서는 영업활동 항목에서 매출채권의 증가분을 마이너스 조정하여, 최종적으로 실제 현금흐름과 일치하도록 합니다. 이러한 조정은 발생주의 관점에서 기록한 순이익을 기업의 실제 현금흐름과 맞추기 위한 조정 절차입니다.

Q 대손충당금(Allowance for Doubtful Accounts)이란 무엇이며, 매출채권(Accounts Receivable)과는 어떤 관계가 있나요?

대손충당금 Allowance for Doubtful Accounts 은 매출채권 중 회수가 불가능할 것으로 예상되는 금액에 대비해 설정하는 충당금입니다. 이는 재무상태표에서 순매출채권 Net Accounts Receivable 을 감소시키고, 손익계산서에 대손상각비 Bad Debt Expense 를 반영함으로써 재무제표가 현실적인 수익성과 회수 가능성을 보여 주도록 합니다.

추가 설명

대손충당금은 매출채권과 짝을 이루는 자산의 차감 계정 Contra-Asset Account 으로, 회수가 어려울 것으로 예상되는 금액을 추정하여 미리 설정합니다. 이 추정은 과거의 회수율, 고객의 신용도, 그리고 전반적인 거시경제 여건 등을 기반으로 합니다. 대손충당금이 증가하면, 그 금액만큼 재무상태표에 표시되는 (순)매출채권의 금액은 줄어들고, 손익계산서에 대손상각비 Bad Debt Expense 가 반영되어 순이익 Net Income 이 미리 감소합니다.

이후 특정 매출채권이 실제로 회수불능으로 판단되면, 해당 금액은 대손충당금에서 차감되어 상각처리 Write-Off 됩니다. 이때는, 대손충당금을 미리 반영해 놓았기 때문에, 손익계산서 및 재무상태표에는 영향이 없습니다. 이러한 절차를 통해 기업의 재무제표는 신용판매에서 기대할 수 있는 실제 현금 유입을 보다 정확하게 반영할 수 있게 됩니다.

Q 재무상태표(Balance Sheet)의 매입채무(Accounts Payable)는 어떤 계정인가요?

매입채무 Accounts Payable, AP 는 기업이 상품이나 서비스를 이미 받았지만 아직 대금을 지급하지 않은 금액을 의미하며, 재무상태표에서 유동부채 Current Liability 로 기록됩니다.

추가 설명

매입채무 AP 는 기업이 공급업체나 외부 서비스 제공자에게 단기적으로 갚아야 할 의무를 나타내는 부채 계정입니다. 기업이 재고, 원재료, 외주 서비스 등을 외상으로 구매할 경우, 해당 금액은 매입채무로 기록됩니다. 비유동부채와 달리, 매입채무는 보통 30일에서 90일 이내에 상환해야 하는 단기 채무입니다.

재무제표 관점에서 보면, 매입채무가 증가하는 것은 기업이 현금유출을 지연시키고 있다는 뜻으로, 단기적으로는 현금흐름을 개선하는 효과가 있을 수 있습니다. 반대로 매입채무가 감소하면, 기업이 외상 대금을 실제로 지급하고 있다는 의미로, 이는 현금유출로 이어집니다. 이처럼 매입채무는 운전자본 Working Capital 관리의 핵심 계정 중 하나로, 유동성 확보와 효율적인 현금흐름 운영을 위해 면밀히 관리됩니다.

Q 재무상태표(Balance Sheet)의 선수수익(Deferred Revenue)은 어떤 계정인가요?

선수수익 Deferred Revenue 은 아직 상품이나 서비스가 제공되지 않았지만, 고객으로부터 미리 수령한 현금을 나타내는 부채 Liability 항목입니다.

추가 설명

선수수익은 기업이 고객으로부터 상품이나 서비스를 제공하기 전에 대금을 먼저 받은 경우 발생합니다. 이때 기업은 아직 수익을 실현하지 않았기 때문에, 해당 금액을 손익계산서상의 수익이 아닌 부채로 인식합니다. 시간이 지나 기업이 상품을 인도하거나 서비스를 제공함에 따라, 선수수익은 점차 실제 수익으로 인식됩니다.

예를 들어, 한 소프트웨어 회사가 연간 구독 서비스를 판매하고 $1,200를 선불로 받았다면, 이 금액은 처음에 선수수익으로 기록됩니다. 이후 매달 서비스를 제공할 때마다 $100씩 수익으로 인식하고, 동시에 선수수익은 $100씩 줄어듭니다. 이러한 회계 처리는 수익 인식 원칙 Revenue Recognition Principle 에 부합하며, 수익은 현금이 유입된 시점이 아니라 실제로 발생한 시점에 인식되도록 보장합니다.

Q 동네 피트니스센터가 3년 이용료로 $300를 선불로 받았을 때, 3대 재무제표(Three Statements)는 어떻게 영향을 받나요?

피트니스센터 입장에서, 아직 서비스가 제공되지 않았기 때문에 수익 Revenue 은 인식되지 않으며, 손익계산서 Income Statement 는 변동이 없습니다. 하지만 선불로 $300의 현금이 유입되므로, 현금흐름표 Cash Flow Statement 에는 $300의 현금 증가가 반영되며, 이에 따라 영업활동현금흐름에서 선수수익 Deferred Revenue 의 증가에 대한 플러스 조정이 이루어집니다. 재무상태표 Balance Sheet 에서는 현금이 $300 증가하고, 부채 쪽에서 선수수익이 $300 증가하여 균형이 유지됩니다.

추가 설명

- **손익계산서**: 서비스가 아직 제공되지 않았기 때문에, 단순히 현금을 받은 사실만으로는 수익인식 요건을 만족하지 않습니다. 그러므로, 매출은 실제로 서비스가 제공되는 각 기간에 따라 점진적으로 인식될 예정입니다. 따라서 이 단계에서는 매출, 순이익 및 이익잉여금에 모두 변화가 없습니다.
- **현금흐름표**: 영업활동현금흐름은 순이익 $0로 시작합니다. 그러나 선불로 $300가 수취되었기 때문에, 최종적으로는 현금이 $300 증가한 것으로 기록되어야 합니다. 이를 조정하기 위해, 영업활동현금흐름에서 선수수익의 증가를 반영한 $300의 플러스 조정이 이루어집니다.
- **재무상태표**: $300의 현금 유입으로 인해 자산 항목인 현금이 $300 증가합니다. 동시에, 부채 항목인 선수수익이 $300 증가하여, 자산과 부채의 균형이 유지됩니다.

Q 앞선 질문의 피트니스센터가 1년 동안 실제로 서비스를 제공했다면 3대 재무제표(Three Statements)는 어떻게 영향을 받나요?

3년 계약 중 1년 치 서비스가 제공되었으므로, $100의 수익 Revenue 이 인식되며, 순이익 Net Income 과 이익잉여금 Retained Earnings 이 동일한 금액만큼 증가합니다. $300가 이미 선불로 수령되었기 때문에 최종적인 현금흐름에는 변동이 없지만, 순이익 $100에서 출발한 현금흐름표에서는 선수수익 Deferred Revenue 의 감소를 반영하여 $100의 마이너스 조정이 이루어집니다. 재무상태표에서는 이익잉여금이 $100 증가하고, 선수수익이 $100 감소하며, 현금은 그대로 유지되어 균형이 유지됩니다.

추가 설명

- **손익계산서**: 3년 계약 중 1년간의 서비스가 제공되었기 때문에, 피트니스센터는 이제 $100의 수익을 인식할 수 있습니다. 세금이 없다고 가정하면 순이익이 $100 증가하고, 이 금액은 재무상태표의 이익잉여금으로 반영되며 현금흐름표의 출발점이 됩니다.

- **현금흐름표**: 순이익 $100로 시작됩니다. 하지만 $300는 이미 선불로 수령되었기 때문에, 해당 기간 동안 최종적인 현금흐름에는 변화가 없습니다. 이를 조정하기 위해 영업활동현금흐름에서 선수수익 $100 감소를 반영한 마이너스 조정이 이루어집니다.
- **재무상태표**: 기말 현금 잔액에는 변동이 없습니다. 순이익으로 인해 이익잉여금이 $100 증가하고, 동시에 부채계정인 선수수익은 $100 감소합니다. 결과적으로 재무상태표는 균형을 유지하며, 남은 선수수익 $200는 향후 2년에 걸쳐 동일한 방법으로 인식될 예정입니다.

Q 왜 매출채권(Accounts Receivable)은 자산(Asset)으로 간주되고, 선수수익(Deferred Revenue)은 부채(Liability)로 간주되나요?

매출채권은 기업이 상품이나 서비스를 이미 제공하였고, 향후 현금을 수취할 것으로 기대되는 미래의 경제적 효익 Future Economic Benefit 을 나타내므로 자산으로 분류됩니다. 반면, 선수수익은 고객으로부터 대금을 먼저 수령하였지만, 아직 상품이나 서비스를 제공하지 않아 미래에 이행해야 할 의무 Future Obligation 가 존재하므로 부채로 인식됩니다.

추가 설명

자산은 일반적으로 기업이 통제하고 있으며, 향후 현금유입 등 경제적 효익을 가져다 줄 것으로 예상되는 자원을 의미합니다. 반대로 부채는 과거 사건으로 인해 발생한 현재의 의무로, 미래에 상품, 서비스, 또는 현금의 유출이 예상되는 항목입니다.

- **매출채권이 자산으로 분류되는 이유**: 기업이 상품이나 서비스를 외상으로 판매할 경우, 고객이 지급해야 할 금액은 매출채권으로 기록됩니다. 이 경우, 향후 현금을 받는 경제적 효익이 예상되므로 이는 자산으로 재무상태표에 반영됩니다.
- **선수수익이 부채로 분류되는 이유**: 기업이 상품이나 서비스를 제공하기 전에 고객으로부터 대금을 먼저 수령하면, 해당 금액은 선수수익으로 기록됩니다. 이는 아직 고객에게 상품이나 서비스를 제공할 의무가 존재하기 때문에, 해당 금액은 부

채로 분류되며, 향후 수익이 인식될 때까지 유지됩니다.

Q 선급비용(Prepaid Expense)은 자산(Asset)인가요, 부채(Liability)인가요?

선급비용 $^{Prepaid\ Expense}$ 은 재무상태표에서 유동자산 $^{Current\ Asset}$ 으로 분류됩니다. 이는 해당 비용이 기업에 미래의 경제적 효익 $^{Future\ Economic\ Benefits}$ 을 제공하기 때문입니다. 기업이 임대료, 보험료, 구독료 등의 비용을 선불로 지급하는 경우, 해당 지급액은 즉시 비용으로 처리되지 않고 선급비용으로 기록됩니다. 이후 시간의 경과에 따라, 그 혜택이 실현되는 시점에 맞추어 손익계산서에 비용으로 인식되며, 동시에 재무상태표상의 자산 항목에서 차감됩니다. 이처럼 선급비용은 발생한 기간에 맞추어 비용을 인식하는 발생주의 회계 원칙 $^{Accrual\ Accounting}$ 에 부합하게 처리됩니다.

Q 잡지 구독료 $20를 한 달 먼저 선불로 지급하면 3대 재무제표(Three Statements)에는 어떤 영향이 있나요?

이용자의 입장에서는 $20를 선불로 지급하더라도, 해당 서비스를 이용하기 전까지는 손익계산서 $^{Income\ Statement}$ 에 영향을 미치지 않습니다. 하지만, 현금흐름표 $^{Cash\ Flow\ Statement}$ 에서는 최종적으로 $20의 유출이 기록되어야 하므로, 선급비용 $^{Prepaid\ Expense}$ 의 증가에 대한 마이너스 조정이 이루어집니다. 재무상태표 $^{Balance\ Sheet}$ 에서는 현금이 $20 감소하고, 같은 금액만큼 선급비용 $^{Prepaid\ Expense}$ 이 증가하여 총자산은 변하지 않습니다.

추가 설명

- **손익계산서**: 이 시나리오는 피트니스센터 사례와 유사하지만, 기업의 관점이 아닌 고객의 관점에서 이해해야 합니다. $20를 선불로 지급해도, 해당 서비스(예: 잡지 구독료, 공과금, 피트니스센터 이용권 등)를 실제로 사용하기 전까지는 비용으로 인식되지 않기 때문에 손익계산서는 아직 변동이 없습니다. 순이익 $^{Net\ Income}$ 은 0이

며, 이 단계에서는 이익잉여금 ^Retained Earnings 이나 현금흐름표에도 영향이 없습니다.
- **현금흐름표**: 영업현금흐름이 순이익 0으로 시작합니다. 그러나 이 경우, 최종적으로는 $20의 현금유출이 이루어진 거래입니다. 그렇기 때문에 이를 조정하기 위해 영업활동 섹션에서 선급비용 증가에 따른 $20의 마이너스 조정이 이루어집니다.
- **재무상태표**: 현금흐름표의 영향으로, 기말 기준 현금 잔액이 $20 감소합니다. 한편, 선급비용이 자산 쪽에 $20만큼 증가합니다. 그 결과 총자산은 변동이 없으며, 재무상태표는 균형을 유지합니다.

Q 이전 질문에서의 잡지 구독을 실제로 이용해서, 선급비용(Prepaid Expenses)이 다음 해에 감소하면 3대 재무제표(Three Statements)에는 어떤 영향이 있나요? (법인세율 30% 가정)

잡지 구독을 실제로 이용하게 되면, $20의 선급금은 영업비용으로 처리되며, 세금 혜택 30%을 반영하면 순이익 ^Net Income 이 $14 감소합니다. 현금흐름표 ^Cash Flow Statement 에서는 선급비용 ^Prepaid Expense 의 감소를 반영한 $20의 플러스 조정이 발생하여, 최종적으로 $6의 현금이 증가합니다. 재무상태표 ^Balance Sheet 에서는 선급비용이 $20 감소하고 현금이 $6 증가하며, 이익잉여금 ^Retained Earnings 이 $14 감소함으로써 균형이 유지됩니다.

- **손익계산서**: 잡지 구독 서비스를 실제로 이용하게 되면, $20의 선급비용이 영업비용으로 인식됩니다. 법인세율 30%를 가정하면 세금 절감액은 $6이며, 이에 따라 순이익은 $14만큼만 감소합니다. 이 감소액은 이익잉여금 ^Retained Earnings 에 반영되며, 영업현금흐름의 출발점이 됩니다.
- **현금흐름표**: 영업현금흐름은 순이익 -$14로 시작하지만, 자산 ^Asset 인 선급비용의 감소를 반영한 $20의 플러스 조정이 영업현금흐름에서 이루어집니다. 이로 인해 최종적으로는 절세효과로 인해서 $6의 현금이 증가합니다.
- **재무상태표**: 우선, 현금흐름표의 영향을 받아 기말 기준의 현금 잔액이 $6 증가합니다. 또한, 선급비용이 $20 감소해서, 총자산은 $14만큼 감소하게 됩니다. 이는 이익잉여금이 순이익의 영향을 받아 $14 감소한 것과 일치하여 결국 재무상태표는 균형을 유지합니다.

04 Inventory

Q 재무상태표(Balance Sheet)의 재고자산(Inventory) 계정은 무엇인가요?.

재무상태표의 재고자산 Inventories 은 기업이 판매 목적 또는 생산에 사용하기 위해 보유 중인 상품, 자재, 소모품 등을 의미하며, 가까운 미래에 판매되거나 사용될 것으로 예상되는 자산입니다.

추가 설명

재무상태표에 표시되는 재고자산은 기업이 보유한 상품의 가치를 의미하며, 이는 단순히 판매를 위해 보유 중인 제품뿐 아니라, 재화나 서비스를 생산하는 데 사용될 예정인 자산도 포함합니다. 일반적으로 완제품 Finished Goods, 원재료 Raw Materials, 재공품 Work-in-Progress Goods 등이 이에 해당하며, 이러한 자산은 보통 1년 이내 또는 기업의 정상적인 영업주기 내에 판매되거나 사용될 것으로 예상되므로, 유동자산 Current Asset 으로 분류됩니다.

재고자산의 가치는 취득원가를 기준으로 산정되며, 여기에는 구매비용 Purchase Costs, 제조비용 Manufacturing Costs, 그리고 재고를 현재의 위치와 상태로 이르게 하기 위한 기타 직접 관련 비용이 포함됩니다.

한편, 재고자산의 관리는 기업 경영에 있어 매우 중요합니다. 이는 단순히 손익계산서에 영향을 줄 뿐 아니라, 운전자본 Working Capital 과 관련된 현금흐름 Cash Flow 에도 직간접적인 영향을 미치기 때문입니다. 예를 들어, 기업이 과도한 재고를 보유하면 자본이 비효율적으로 묶여 유동성에 부담이 되고, 반대로 재고가 부족할 경우에는 품절로 인한 매출 손실이 발생할 수 있습니다.

마지막으로, 재고자산의 평가는 기업의 회계정책에 따라 여러 방법으로 이루어질 수 있으며, 대표적인 방법으로는 선입선출법 First In, First Out, FIFO, 후입선출법 Last In, First Out, LIFO, 가중평균법 Weighted Average Cost 등이 있습니다.

Q 기업이 내년에 판매할 상품 재고를 $100에 현금으로 구입할 경우, 3대 재무제표(Three Financial Statements)는 어떻게 영향을 받나요?

기업이 재고자산 Inventory 을 구입할 때, 재고가 실제로 판매될 때까지는 비용 매출원가 으로 인식되지 않기 때문에 손익계산서 Income Statement 에 즉각적인 영향은 없습니다. 그러나 현금흐름표 Cash Flow Statement 상에서는 재고증가로 인해 영업활동에서 $100의 현금유출이 기록됩니다. 재무상태표 Balance Sheet 에서는 현금이 $100 감소하고 재고자산이 같은 금액만큼 증가하여, 총자산은 변동이 없으며 전체 재무상태표도 균형을 유지합니다.

추가 설명

- **손익계산서**: 재고를 구입하더라도 손익계산서에 즉시 영향을 미치지는 않습니다. 해당 비용인 매출원가 COGS 는 재고가 실제로 판매될 때 인식되며, 이는 수익과 비용을 동일 기간에 대응시키는 수익비용 대응의 원칙 Matching Principle 에 따라 처리되는 것입니다. 따라서 구입 시점에서는 순이익 Net Income , 이익잉여금 Retained Earnings , 영업현금흐름 Operating Cash Flow 에 아무런 영향이 없습니다.
- **현금흐름표**: 현금흐름표는 순이익 $0로 시작하지만, 재고 구입을 위해 실제로 현금이 사용되었기 때문에 최종적으로는 $100의 현금흐름 유출이 기록되어야 합니다. 이를 정확하게 반영해 주기 위해서, 영업활동현금흐름에서 재고자산 증가에 따른 $100의 마이너스 조정이 적용됩니다.
- **재무상태표**: 기말 기준으로, 현금은 $100 감소하고, 재고자산은 $100만큼 증가합니다. 이로 인해 총자산은 변동이 없으며, 부채나 자본 계정들에도 영향이 없기 때문에 재무상태표는 균형을 유지합니다.

Q 앞선 질문의 기업이 해당 재고를 $200에 판매하고, 즉시 현금으로 수금받는다면 3대 재무제표(Three Financial Statements)에는 어떤 영향이 있나요?

재고를 $200에 판매하면, 손익계산서에는 매출 $200와 매출원가 $100가 반영되어 순이익 $100가 발생합니다. 이 순이익은 이익잉여금에 누적되며, 현금흐름표에서는 순이익 $100가 시작점이 됩니다. 이때, 재고감소로 인한 $100의 플러스 조정이 이루어져서, 최종 현금흐름은 $200가 됩니다. 재무상태표에서는 현금이 $200 증가하고, 재고자산이 $100 감소하며, 이익잉여금이 $100 증가해 균형을 유지합니다.

추가 설명

- **손익계산서**: 매출 $200가 인식되며, 재고 $100가 매출원가 COGS 로 비용처리 됩니다. 이는 수익비용 대응의 원칙 Matching Principle 에 따른 것으로, 결과적으로 세금의 영향을 무시할 경우 순이익은 $100가 남습니다. 이 $100는 기말 이익잉여금에 누적되며, 현금흐름표에서 영업활동의 시작점이 됩니다.
- **현금흐름표**: 영업활동현금흐름이 순이익 $100에서 시작하지만, 실제 현금 수금은 $200만큼 되었으므로, 중간에 조정작업이 필요합니다. 재고자산의 감소가 $100 만큼 플러스 조정으로 반영되어, 현금흐름표가 완성됩니다.
- **재무상태표**: 기말 기준으로 현금이 $200 증가하고, 재고가 $100 감소하며, 순이익으로 인해 이익잉여금이 $100 증가합니다. 이로 인해 자산과 자본이 동일하게 조정되어 재무상태표는 균형을 유지하게 됩니다.

05 Working Capital

Q 순운전자본(Net Working Capital)이란 무엇이며, 어떻게 계산하나요?

순운전자본 Net Working Capital, NWC 은 유동자산에서 유동부채를 차감하여 계산되는 핵심 유동성 지표로, 기업이 단기 채무를 이행할 수 있는 능력을 나타냅니다. 실무에서는 운영 관련 계정만을 반영한 순운전자본 Operating Net Working Capital 개념을 더 자주 사용하는데, 이는 매출채권, 재고자산 등 영업 활동과 관련된 유동자산에서 매입채무, 선수수익 등 영업 관련 유동부채를 차감하여 계산합니다. 이 방식은 일상적인 영업활동에 묶여 있는 현금 수준을 파악하는 데 효과적입니다.

상세 설명

순운전자본 Net Working Capital 에는 일반적으로 두 가지 접근 방식이 있습니다. 기본적으로 순운전자본은 유동자산과 유동부채의 차이로 계산되며, 이는 기업이 단기적인 채무를 이행할 수 있는 능력을 보여 줍니다. 양(+)의 순운전자본은 유동부채를 상환하기에 충분한 유동자산이 있음을 나타내며, 음(-)의 순운전자본은 유동성에 문제가 있을 가능성을 시사합니다.

이 경우의 순운전자본 공식은 다음과 같습니다.

- **순운전자본** Net Working Capital = 유동자산 Current Assets − 유동부채 Current Liabilities

재무 분석에서는 운전자본을 일상적인 영업활동에 묶여 있는 현금의 지표로 보기도 합니다. 이러한 맥락에서는 재무상태표 항목 중 매출채권, 재고자산, 매입채무, 선수수익 등 영업 관련 계정들에 주목하게 됩니다. 높은 순운전자본은 사업 사이클 내에서 더 많은 현금이 묶여 있음을 의미하며, 낮거나 음의 순운전자본은 현금이 보다 효율적으로 사용되고 있음을 시사하거나 때로는 재무적인 압박을 나타낼 수 있습니다.

이 경우 NWC의 공식은 다음과 같습니다.

- **순운전자본** Net Working Capital = 영업 관련 유동자산 Operating Related Current Assets − 영업 관련 유동부채 Operating Related Current Liabilities

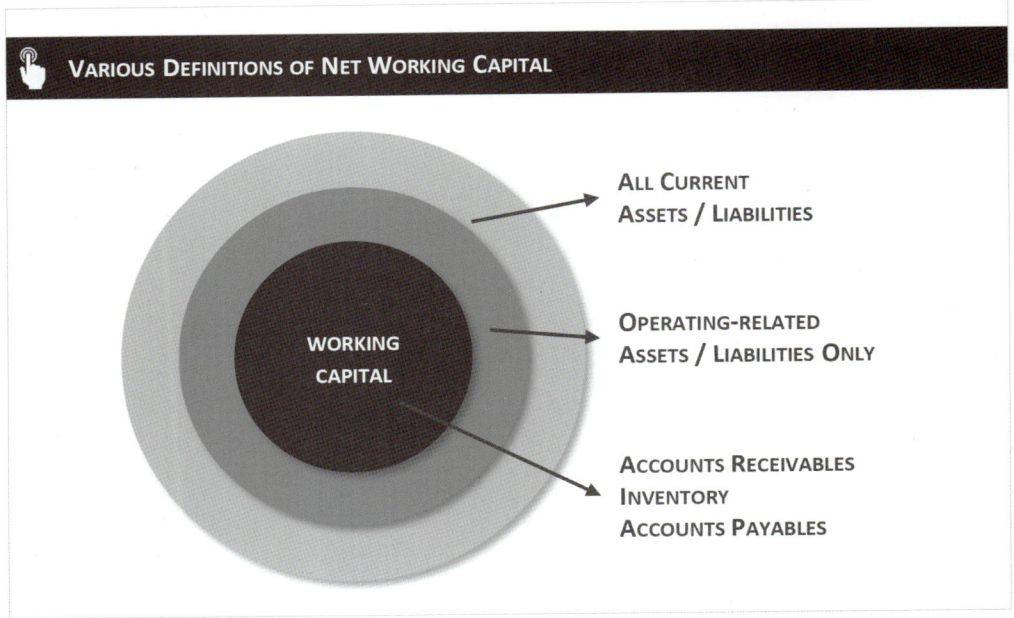

Q 순운전자본(Net Working Capital)을 계산할 때 현금 및 현금성 자산을 포함해야 하나요? 그 이유는 무엇인가요?

결론적으로는 포함하기도 하고, 포함하지 않기도 합니다. 현금 및 현금성 자산은 이미 유동성이 확보되어 있고 운전자본 사이클에 묶여 있지 않기 때문에, 일상적인 영업활동을 분석할 때는 순운전자본 계산에서 제외됩니다. 그러나 보다 광범위한 유동성 평가를 목적으로 할 경우에는 현금을 포함하기도 하므로, 포함 여부는 분석 목적에 따라 달라집니다.

상세 설명

일상적인 운영 활동에 얼마만큼의 현금이 묶여 있는지를 평가하려는 목적이라면, 순운전자본 계산에서 현금 및 현금성 자산은 보통 제외됩니다. 이는 현금이 매출채권, 재고, 매입채무, 선수수익 등과 같은 운전자본 사이클에 직접 관여하지 않고, 이미 유동화되어 있는 자산이기 때문입니다. 이러한 맥락에서 순운전자본은 영업 관련 유동

자산 예: 매출채권, 재고 등 에서 영업 관련 유동부채 예: 매입채무, 선수수익 등 를 차감하여 계산합니다. 현금은 일반적으로 비영업성 자산 non-operating asset 으로 간주되며, 이는 현금이 정상적인 영업 사이클에서 수익 창출에 직접 기여하지 않고, 전략적 보유나 자금 조달 목적에 사용되기 때문입니다. 그러나 분석의 목적이 보다 광범위한 재무상태표상의 유동성 수준을 파악하는 것이라면, 이 경우에는 현금을 포함한 정의를 사용할 수 있습니다. 따라서 현금의 포함 여부는 분석의 목적에 따라 달라집니다.

Q 순운전자본(Net Working Capital)을 계산할 때 이연수익(Deferred Revenue)을 포함해야 하나요? 왜 그런가요?

이연수익 Deferred Revenue 은 순운전자본 Net Working Capital 을 계산할 때 포함되어야 합니다. 특히 영업현금흐름의 관점에서 분석할 때는 더욱 그렇습니다.

상세 설명

이연수익은 순운전자본을 계산할 때 일반적으로 포함됩니다. 특히 기업의 영업 효율성과 영업에 묶인 현금흐름을 분석할 때 중요하게 다뤄집니다. 이연수익은 아직 상품이나 서비스를 제공하지 않았음에도 불구하고 미리 받은 현금으로, 회사의 영업 사이클에 직접적으로 연관되어 있는 유동부채입니다. 그러므로, 이를 포함함으로써 기업이 단기적으로 이행해야 할 의무와, 고객으로부터 실질적으로 "빌린" 운전자본이 얼마인지를 더 정확하게 파악할 수 있습니다.

예를 들어, 호텔이나 구독 기반 서비스처럼 고객으로부터 선불로 현금을 많이 받는 사업 모델은 이연수익이 많이 발생하고, 이로 인해 순운전자본이 마이너스가 될 수 있습니다. 그러나 이는 유동성 위험 신호가 아니라, 오히려 높은 현금 효율성과 강력한 운전자본 구조를 나타냅니다.

Q 양(+)의 운전자본과 음(-)의 운전자본 중, 일반적으로 어떤 것이 더 바람직한 것으로 판단되나요?

운전자본이 플러스인지 마이너스인지에 따라서 바람직한지에 대한 여부는 맥락에 따라 달라집니다. 양의 운전자본은 유동성과 단기 안정성을 지원하는 한편, 음의 운전자본은 선불 수취가 많은 비즈니스 모델에서 높은 현금 효율성을 나타낼 수 있습니다.

상세 설명

이 질문 역시 분석 목적에 따라 답이 달라집니다. 유동성 관점에서는 플러스 운전자본이 일반적으로 더 바람직합니다. 이는 유동자산이 유동부채보다 많다는 것을 의미하며, 기업이 단기 채무를 이행하고 예상치 못한 비용에 대응할 수 있는 재무적 여력이 있다는 신호입니다. 이로 인해 재무적 위험에 빠질 확률이 줄어듭니다. 반면, 영업현금흐름 관점에서는 마이너스 운전자본이 오히려 강점이 될 수 있습니다. 특히 소매, 이커머스, 구독 서비스처럼 고객에게서 먼저 현금을 수취하고 공급자에게는 늦게 대금을 지불하는 구조의 비즈니스 모델에서는, 영업에 묶이는 현금이 적어져 결과적으로 현금 효율성이 높아지고 잉여현금흐름 Free Cash Flow 도 개선됩니다.

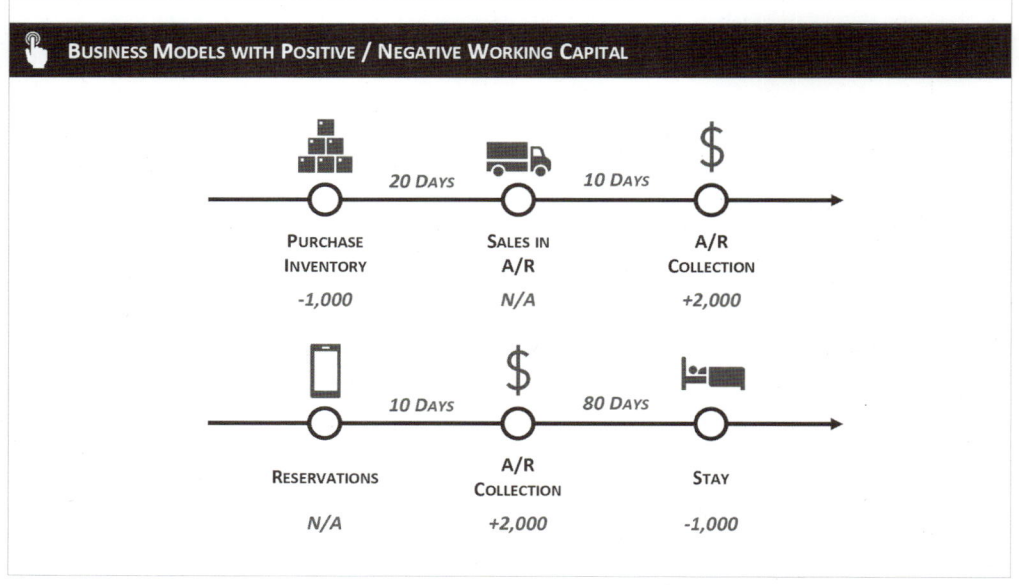

**Q 순운전자본은 일반적으로 플러스인가요, 마이너스인가요?
어떤 산업에서 순운전자본이 마이너스일 수 있나요?**

순운전자본은 대부분의 기업에서 일반적으로 플러스입니다. 하지만 소매업, 기술업종과 같은 특정 산업에서는 비즈니스 모델 특성상 마이너스 운전자본이 나타날 수 있습니다.

상세 설명

운전자본은 기업의 단기 재무 건전성과 운영 효율성을 나타내는 핵심 지표입니다. 대부분의 경우, 기업들은 유동자산 ^{현금, 매출채권, 재고 등} 이 유동부채 ^{매입채무, 단기차입금 등} 보다 많은 플러스 운전자본을 유지하려고 합니다. 플러스 운전자본은 기업이 일상적인 운영 자금을 확보하고 단기 채무를 외부 자금 조달 없이 자체적으로 감당할 수 있게 해 줍니다. 그러나 특정 산업에서는 마이너스 운전자본이 자주 발생합니다. 특히 고객이 선불로 결제하는 구조이거나 재고 회전이 매우 빠른 업종에서 그렇습니다. 예를 들어, 고객 수요가 높은 소매업체의 경우, 먼저 결제를 받은 뒤 일정 기간 이후에 재고를 매입하는 구조가 형성되어 유동부채가 유동자산보다 많아질 수 있습니다. IT와 같은 기술 중심의 기업의 경우에도 물리적 재고가 거의 없고, 고객으로부터 빠르게 현금을 수취하는 경우가 많아 마이너스 운전자본이 나타날 수 있습니다.

이러한 경우 마이너스 운전자본이 반드시 재무적 위험 신호는 아니며, 오히려 빠른 현금 회전 구조를 바탕으로 효율적인 운영이 가능하다는 것을 의미합니다.

**Q 순운전자본(Net Working Capital) 잔액이 매년 증가한다면,
이는 현금흐름 관점에서는 무엇을 의미하나요?**

순운전자본이 증가했다는 건, 기업이 매출채권이나 재고 같은 유동자산을 더 많이 보유하게 됐다는 뜻이고, 이는 곧 현금이 그만큼 더 영업에 묶였다는 의미입니다. 현금이 아직 회수되지 않거나 물건이 아직 팔리지 않은 상태이기 때문에, 결과적으로 현금 유출로 이어지게 됩니다. 예를 들어, 외상으로 판매한 건이 늘면서 매출채권이 증가하

거나, 향후 수요를 대비해 재고를 많이 확보했다면, 그만큼 현금이 실질적으로 빠져나 간 셈입니다. 이처럼 운전자본이 늘어나면, 기업 입장에서는 당장 쓸 수 있는 현금이 줄어드는 것이고, 이는 현금흐름표에서 영업활동현금흐름의 유출로 기록됩니다. 결국 순운전자본의 증가는 단순히 '자산이 늘었다'는 뜻이 아니라, 그만큼의 현금을 지금은 사용할 수 없게 되었다는 걸 의미합니다.

Q 운전자본을 분석할 때 가장 자주 활용되는 지표들은 무엇인가요?

운전자본 분석에 가장 자주 쓰이는 지표는 유동비율 Current Ratio, 당좌비율 Quick Ratio, 그리고 회전율 관련 비율들입니다. 대표적으로 매출채권회전율, 재고자산회전율, 매입채무회전율이 있습니다.

상세 설명

유동비율과 당좌비율은 단기 유동성과 재무건전성을 판단할 때 사용되며, 유동비율은 유동자산을 유동부채로 나눈 값으로, 단기 채무를 감당할 수 있는 능력을 보여 줍니다. 당좌비율은 유동자산에서 재고자산을 제외한 후 유동부채로 나눈 것으로, 더 보수적인 유동성 지표로 여겨집니다.

- **유동비율** Current Ratio : 유동자산 / 유동부채
- **당좌비율** Quick Ratio : (유동자산 − 재고자산) / 유동부채

반면, 회전율 관련 지표는 운전자본이 얼마나 효율적으로 활용되고 있는지를 보여 주는 지표입니다. 일반적으로 매출액이나 매출원가를 각 항목 재고, 매출채권 등 의 평균 잔액으로 나누어 계산합니다.

- **매출채권회전율** Accounts Receivables Turnover : 매출 / 매출채권평균잔액
- **재고자산회전율** Inventory Turnover : 매출원가 / 재고자산평균잔액
- **매입채무회전율** Accounts Payables Turnover : 매출원가 / 매입채무평균잔액

이러한 지표들은 운전자본의 효율성과 그것이 기업의 잉여현금흐름 ^Free Cash Flow^ 에 어떤 영향을 미치는지를 평가하는 데 핵심적인 역할을 합니다.

KEY ANALYSIS METRICS ON WORKING CAPITAL

	TURNOVER	DAYS OUTSTANDING
ACCOUNTS RECEIVABLE	$\dfrac{Sales}{AR\ (Average)}$	$\dfrac{365}{AR\ Turnover}$
INVENTORY	$\dfrac{COGS}{Inv.\ (Average)}$	$\dfrac{365}{Inv.\ Turnover}$
ACCOUNTS PAYABLE	$\dfrac{COGS}{AP\ (Average)}$	$\dfrac{365}{AP\ Turnover}$

Q 매출채권회전율(Accounts Receivables Turnover)이 높다는 것은 일반적으로 긍정적인 의미인가요?

일반적으로 매출채권회전율 ^Accounts Receivables Turnover^ 이 높다는 것은 긍정적인 신호로 해석됩니다. 같은 매출 수준이라면 매출채권 잔액이 적다는 뜻이고, 이는 기업이 고객에게 외상으로 판매한 금액을 보다 신속하게 회수하고 있다는 의미입니다. 즉, 이 지표는 기업이 얼마나 효과적으로 외상 매출을 현금으로 전환하고 있는지를 나타냅니다. 회전율이 높다는 것은 현금 회수 속도가 빠르다는 것이고, 이는 유동성 개선과 대손위험 감소로 이어집니다. 즉, 신용 관리가 잘되고 있으며, 현금흐름도 원활하다는 뜻입니다. 다만, 너무 높은 회전율은 너무 엄격한 신용 정책이 시행되고 있다는 뜻일 수 있으며, 이는 오히려 고객 수요나 매출 성장에 제약이 될 수도 있습니다. 따라서 빠른 회수와 고객 유지 간의 적절한 균형이 필요합니다.

Q 재고자산회전율(Inventory Turnover)이 높다는 것은 일반적으로 긍정적인 의미인가요?

일반적으로 재고자산회전율이 높다는 것은 재고가 효율적으로 팔리고 있다는 뜻으로, 보관 비용이 줄고, 진부화 위험도 낮아지며, 현금흐름에도 긍정적인 영향을 미치게 됩니다. 이는 보통 수요가 강하거나 재고 관리가 잘되고 있다는 의미로 해석됩니다. 그러나 회전율이 지나치게 높다면, 오히려 재고가 너무 적게 유지되고 있어 재고 부족이나 주문 이탈 같은 문제가 발생할 수 있습니다. 따라서 회전율이 높다는 점은 긍정적이지만, 고객 수요를 안정적으로 충족시킬 수 있는 재고 수준과의 균형도 중요합니다.

Q 매입채무회전율(Accounts Payables Turnover)이 높다는 것은 일반적으로 긍정적인 의미인가요?

매입채무회전율이 높다는 것은 일반적으로 기업이 공급업체에게 대금을 빠르게 지급하고 있다는 뜻으로, 유동성이 좋고 협력 관계가 원활하다는 신호일 수 있습니다. 하지만 항상 긍정적인 것만은 아닙니다. 너무 빨리 대금을 지급한다는 건 신용 조건을 충분히 활용하지 못하고 있을 가능성도 있어, 현금흐름 관리 측면에서는 오히려 비효율적일 수 있습니다. 이상적인 경우는 기업의 현금 상황과 공급업체 계약 조건에 맞춰 적절히 균형 잡힌 지급 속도를 유지하는 것입니다.

Q 현금전환주기(Cash Conversion Cycle)는 무엇인가요?

현금전환주기 ^{CCC} 는 기업이 재고나 기타 자원에 투자한 후, 이를 판매하고 현금으로 회수하기까지 걸리는 시간을 나타내는 지표입니다. 계산은 매출채권회전일수 ^{DSO} + 재고자산회전일수 ^{DIO} – 매입채무회전일수 ^{DPO} 로 합니다.

상세 설명

현금전환주기는 기업의 영업 효율성을 보여 주는 지표로, 재고를 구입하고, 이를 판매하며, 고객에게서 현금을 받기까지 소요되는 일수 전체를 말합니다. 계산식은 다음과 같습니다.

- **현금전환주기** Cash Conversion Cycle, CCC : 매출채권회전일수 Days Sales Outstanding, DSO + 재고자산회전일수 Days Inventory Outstanding, DIO − 매입채무회전일수 Days Payables Outstanding, DPO

이 수치가 짧을수록 기업이 투입한 자금을 빠르게 회수하고 있다는 의미이며, 유동성 관리 측면에서 바람직합니다. 반대로 전환주기가 길어지면 재고나 매출채권에 자금이 오래 묶여 현금흐름에 부담을 줄 수 있습니다. 전환주기는 기업이 원활하게 영업활동을 유지하고 충분한 운전자본을 확보하는 데 매우 중요한 지표입니다.

일반적으로 전환주기가 긴 산업으로는 재고가 많고 판매 주기가 긴 리테일, 제조업, 자동차 산업 등이 있으며, 반대로 음식점, 전자상거래, SaaS 기업처럼 고객에게 먼저 현금을 수취하고 재고 부담이 적은 산업들은 회전일수가 매우 짧거나 아예 음수가 되기도 합니다.

Q 잉여현금흐름(Free Cash Flow) 계산 시, 순운전자본의 변동을 차감하는 이유는 무엇인가요?

잉여현금흐름 Free Cash Flow, FCF 은 기업이 영업 및 투자 활동에 필요한 자금을 모두 제외하고 투자자들이 수취할 수 있게 남은 현금흐름을 의미합니다. 하지만, 운전자본이 증가하면 현금이 영업을 위해 내부에 묶이게 되고, 반대로 감소하면 현금이 풀리기 때문에, 이 변동을 반영해 줘야 투자자 입장에서 진짜 '수취 가능한' 현금흐름을 정확히 계산할 수 있습니다.

상세 설명

DCF 분석에서 자주 사용되는 잉여현금흐름 Free Cash Flow, FCF 은 기업이 영업과 투자에 필요한 자금을 모두 감안한 후 최종적으로 남는 현금흐름입니다. 여기서 운전자본 변동을 차감하는 이유는, 기업의 일상적인 운영에 얼마나 많은 현금이 묶이고 있는지를 고려하기 위함입니다.

예를 들어, 재고자산이나 매출채권이 증가하면 영업활동에 현금이 묶이게 되어서, 투자자들 입장에서 수취할 수 있는 잉여현금흐름이 줄어들게 됩니다. 반대로, 매입채무가 늘어나면 당장의 현금유출을 늦춘 것이므로, 현금흐름에는 플러스 요인이 됩니다. 이처럼, 운전자본의 변화는 현금 유출입에 직접적인 영향을 주기 때문에, 이를 반영해야 비로소 잉여현금흐름이 정확한 수치를 보여 줄 수 있습니다.

Q EBITDA는 영업현금흐름(Operating Cashflow)을 대체하는 지표로 쓸 수 있나요?

EBITDA는 이자, 세금, 감가상각 등의 비현금성 요소를 제외한 기업의 핵심 수익성을 보여 주는 지표로, 영업현금흐름의 대략적인 대체지표로 자주 활용됩니다. 하지만 운전자본 변동 $^{\text{Changes in Net Working Capital}}$ 을 고려하지 않기 때문에 실제 영업현금흐름을 정확히 반영하지는 못합니다.

상세 설명

DCF 분석에서 자주 사용되는 잉여현금흐름 $^{\text{Free Cash Flow, FCF}}$ 은 기업이 영업과 투자에 필요한 자금을 모두 감안한 후 최종적으로 남는 현금흐름입니다. 여기서 운전자본 변동을 차감하는 이유는, 기업의 일상적인 운영에 얼마나 많은 현금이 묶이고 있는지를 고려하기 위함입니다.

예를 들어, 재고자산이나 매출채권이 증가하면 영업활동에 현금이 묶이게 되어서, 투자자들 입장에서 수취할 수 있는 잉여현금흐름은 줄어들게 됩니다. 반대로, 매입채무가 늘어나면 당장의 현금유출을 늦춘 것이므로, 현금흐름에는 플러스 요인이 됩니다. 이처럼, 운전자본의 변화는 현금 유출입에 직접적인 영향을 주기 때문에, 이를 반영해야 비로소 잉여현금흐름이 정확한 수치를 보여 줄 수 있습니다.

06 PP&E / Intangible Assets

Q 재무상태표에서 유형자산(PP&E)이란 무엇인가요?

유형자산 PP&E 은 기업이 영업활동을 통해 장기적으로 수익을 창출하기 위해 보유하고 있는 물리적 고정자산을 의미합니다. 토지, 건물, 기계, 차량, 설비 등이 이에 해당합니다.

상세 설명

유형자산 PP&E 은 기업이 상품이나 서비스를 생산하기 위해 사용하는 장기 자산으로, 단기간 내 매각을 목적으로 하지 않습니다. 이 자산들은 기업의 운영에 필수적이며, 토지를 제외한 대부분의 자산은 시간이 지남에 따라 감가상각을 통해 가치가 점차 감소합니다. 유형자산은 일반적으로 취득원가에서 누적 감가상각을 차감한 순금액으로 재무상태표에 표시됩니다.

유형자산의 주요 구성 항목은 다음과 같습니다.

- **토지** Land : 감가상각되지 않는 자산으로, 시간이 흘러도 가치가 떨어지지 않는 유형자산입니다.
- **건물** Buildings : 사무실, 공장, 창고 등 영업 목적의 건축물입니다.
- **기계 및 장비** Machinery and Equipment : 생산 또는 운영에 사용되는 물리적 자산입니다.
- **차량** Vehicles : 트럭, 자동차 등 사업 운영에 필요한 운송 수단입니다.

이러한 자산들은 1년 이상의 긴 내용 연수를 갖고, 비유동자산으로 분류되며, 사용에 따라 가치가 감소하므로 감가상각이 적용됩니다. 한편, 유형자산의 총가치는 기업의 인프라 투자 규모를 나타내는 지표로서 투자자들이 중요하게 여기는 항목 중 하나입니다.

Q 재무상태표에서 무형자산(Intangible Asset)이란 무엇인가요?

무형자산은 물리적 형태는 없지만, 지적재산권 또는 법적 권리로 인해 가치를 지니는 자산입니다. 예시로는 특허권, 상표권, 저작권, 영업권 등이 있으며, 일반적으로 내용연수 Useful Life 에 따라 상각 Amortization 됩니다.

상세 설명

무형자산은 물리적인 형태가 없지만 기업에 장기적인 경제적 가치를 제공하는 자산입니다. 이들은 기업의 영업에 중요한 역할을 하며, 미래 수익 창출과 직결되는 경우가 많습니다. 대표적인 예시로는, 발명에 대한 독점적 권리인 특허 Patent, 브랜드명이나 로고에 대한 보호인 상표 Trademark, 책, 음악 등의 창작물에 대한 권리인 저작권 Copyright, 인수 시, 피인수기업의 순자산 공정가치를 초과하는 인수가액인 영업권 Goodwill 등이 포함됩니다.

무형자산은 일반적으로 감가상각 Depreciation 이 아닌 상각 amortization 이라는 이름으로 처리되지만, 원리는 거의 동일하며, 마찬가지로 내용연수에 걸쳐 비용으로 인식됩니다. 예를 들어, 특허권은 보통 20년의 수명에 따라 상각되는 식입니다. 무형자산의 가치는 특히 기술, 제약, 콘텐츠 산업 등 지식재산권 중심의 산업에서 매우 중요하며, 전체 기업가치의 큰 부분을 차지할 수 있습니다.

Q 장비를 $500에 현금으로 구매하면 3대 재무제표(Three Financial Statements)에는 어떤 영향이 있나요? (감가상각 전)

장비를 $500에 구매하면, 이는 재무상태표의 유형자산 PPE 으로 기록되며, 비용으로 즉시 반영되지 않기 때문에 손익계산서에는 직접적인 영향이 없습니다. 다만, 현금흐름표에서는 $500가 투자활동의 현금유출로 표시되어 회사의 현금 잔액이 감소합니다. 재무상태표에서는 현금이 $500 감소하고 PPE가 $500 증가하여 자산 총액은 변하지 않으며, 재무상태표는 균형을 유지합니다.

추가 설명

- **손익계산서**: 장비 구매는 손익계산서에 즉시 영향을 주지 않습니다. 장비는 일단

유형자산 ^{PPE} 으로 인식되며, 시간이 지나며 감가상각을 통해 점진적으로 비용처리 됩니다. 따라서 구매 시점에서는 순이익, 이익잉여금, 영업현금흐름에 변화가 없습니다.
- **현금흐름표**: 현금흐름표의 출발점이 되는 순이익에는 변화가 없지만, 실제로는 장비 구매에 따른 현금 유출이 발생합니다. 이 금액은 투자활동으로 분류되어 $500만큼이 유형자산의 취득 $^{Purchase\ of\ PPE\ or\ CAPEX}$ 으로 표시됩니다.
- **재무상태표**: 장비가 현금으로 구매되었다고 가정할 때, 현금이 $500 감소하고 유형자산이 $500 증가하여 자산 총액은 변함없습니다. 부채 및 자본도 변하지 않기 때문에 재무상태표의 등식은 유지됩니다.

Q 해당 장비에 대한 감가상각이 시작되어 $50가 인식되면 3대 재무제표(Three Financial Statements)에는 어떤 영향이 있나요? (법인세율 30% 가정)

감가상각이 인식되면, 영업이익은 $50 감소하고, 세후 순이익은 $35 감소하며 이익잉여금도 줄어듭니다. 현금흐름표에서는 순이익 -$35가 시작점이 되지만, 감가상각은 비현금성 비용이기 때문에 $50가 다시 더해져 실제 현금은 $15 증가합니다 $^{세금절감\ 효과}$. 재무상태표에서는 PPE가 $50 감소하고, 이익잉여금이 $35 감소하며, 현금이 $15 증가하여 자산·부채·자본 항목이 균형을 유지합니다.

추가 설명

- **손익계산서**: 감가상각이 시작되면, 이는 일반적으로 매출원가 ^{COGS} 또는 판매관리비 $^{SG\&A}$ 항목에 포함되어 손익계산서에 반영됩니다. 따라서 영업이익은 $50 감소하며, 세율이 30%일 경우 법인세가 $15 줄어들어 순이익은 $35 감소합니다. 이 순이익 감소는 재무상태표의 이익잉여금 감소로 이어지며, 현금흐름표 작성의 시작점이 됩니다.
- **현금흐름표**: 순이익 -$35로 시작하지만, 감가상각은 현금유출이 수반되지 않는

비용이므로 영업활동 항목에서 $50가 다시 더해집니다. 결과적으로 현금이 $15 증가하는 효과가 발생하며, 이는 감가상각비의 절세효과 Tax Shield 를 보여 줍니다.

- **재무상태표**: 현금이 $15 증가하고, 이익잉여금이 $35 감소하며, 감가상각비가 유형자산에 반영되면서 유형자산이 $50 감소합니다. 결과적으로 자산은 총 $35 감소하고 자본도 $35 줄어들어 회계 등식이 유지됩니다.

Q 정액법(Straight-Line Method)으로 감가상각을 어떻게 계산하나요?

정액법 Straight-Line Method 에서는 자산의 취득원가에서 잔존가치 Salvage Value 를 뺀 후, 이를 자산의 내용연수 Useful Life 로 나누어 매년 동일한 금액을 감가상각비로 인식합니다. 이 방법은 자산이 일정한 속도로 가치를 상실한다고 가정하며, 단순하고 회계기간 간 일관성이 있어 널리 사용됩니다.

상세 설명

정액법에 의한 감가상각은 자산의 원가에서 잔존가치를 차감한 뒤, 해당 자산의 내용연수로 나누는 방식으로 계산됩니다. 계산 절차는 다음과 같습니다.

1. **자산의 취득원가 Acquisition Cost 결정**: 자산을 취득할 때 발생한 실제 구매 비용입니다.
2. **잔존가치 Salvage Value 추정**: 자산의 사용이 종료된 후 매각 또는 폐기 시점에 남을 것으로 예상되는 가치입니다.
3. **내용연수 Useful Life 결정**: 자산이 사용될 것으로 예상되는 연수입니다.
4. **연간 감가상각비 계산**: 아래 공식을 사용합니다.
   - ✓ **연간 감가상각비 = (취득원가 − 잔존가치) / 내용연수**
   - ✓ 예를 들어, 자산을 $1,000에 구매하고, 잔존가치를 $100로 예상하며, 내용연수가 10년이라면 연간 감가상각비는 **($1,000 − $100) / 10 = $90**입니다.

이 방법은 자산의 가치가 매년 일정하게 감소한다고 가정하기 때문에 "정액 Straight-line" 이라는 명칭이 붙었습니다.

Q 감가상각 정률법(Accelerated Depreciation Method)으로 감가상각비를 어떻게 계산하나요?

감가상각 정률법 Accelerated Depreciation Method 의 대표적인 방식인 이중체감법 Double Declining Balance, DDB 은 자산의 내용연수에 따른 정액법 감가상각률을 2배로 적용하여, 초기에는 많은 감가상각을 반영하고 점차 줄어들도록 계산하는 방법입니다.

상세 설명

이중체감법은 자산의 감가상각을 초기 몇 년간 빠르게 인식하기 위해 고안된 방식입니다. 계산 절차는 다음과 같습니다.

1. **정액법 기준의 감가상각률 계산**: 자산의 내용연수로 1을 나눕니다.
   - ✓ 내용연수가 5년인 경우, 1/5 = 20%
2. **이중체감법 적용**: 정액법 기준의 감가상각률에 2를 곱합니다.
   - ✓ 20% × 2 = 40%
3. **첫해의 감가상각액 계산**: 자산의 최초 장부금액에 DDB 비율을 곱합니다.
   - ✓ 자산이 $1,000면, 1,000 × 40% = $400
4. **이후 연도 계산**: 감가상각 후 남은 장부금액(취득원가 − 누적감가상각)을 기준으로 다시 DDB 비율을 곱해 계산합니다.
   - ✓ 2년 차에는, 첫해에 감가상각으로 $400가 인식되었을 경우 남은 장부가치는 $1,000 − $400 = $600
   - ✓ 따라서 2년 차의 감가상각액은 $600 × 40% = $240

이 방법은 자산이 시간이 지나면서 감가상각액이 점점 줄어드는 구조이며, 세무상 감면 혜택을 초기에 크게 적용 받을 수 있어 세금 절감 효과가 있는 방식입니다.

Q 감가상각(Depreciation) 또는 무형자산상각(Amortization) 대상이 아닌 자산에는 무엇이 있나요?

감가상각 Deprecation 되지 않는 유형자산에는 토지 Land 와 건설 중인 자산 Construction in Progress 이 있으며, 상각 Amortization 되지 않는 무형자산에는 영업권 Goodwill 과 무기한 내용연수로 분류된 자산 일부 상표권, 브랜드명, 라이선스 등 이 있습니다.

상세 설명

- **감가상각되지 않는 유형자산** Tangible Assets Not Depreciated
  - ✓ **토지** Land : 토지는 내용연수가 무기한인 자산으로 간주되기 때문에 감가상각 대상이 아닙니다. 건물이나 기계처럼 사용에 따라 가치가 줄어드는 자산이 아니기 때문에, 일반적으로 시간이 지나도 가치가 감소하지 않습니다.
  - ✓ **건설 중인 자산** Construction in Progress : 자산이 완공되어 사용 가능한 상태가 되기 전까지는 감가상각을 적용하지 않습니다. 예를 들어 공사 중인 건물, 설비, 생산 장비 등은 '건설 중인 자산'으로 분류되며, 해당 자산이 영업에 사용되기 시작할 때부터 감가상각을 시작합니다.

- **상각되지 않는 무형자산** Intangible Assets Not Amortized
  - ✓ **영업권** Goodwill : 기업 인수 시, 순자산의 공정가치를 초과하여 지불한 금액은 영업권으로 인식되며, IFRS 및 US GAAP상에서는 무기한 내용연수를 갖는 자산으로 간주되어 상각되지 않습니다. 대신 매 회계연도 말 또는 손상징후가 있을 경우, 손상 여부를 테스트합니다. 참고로, K-GAAP, J-GAAP 등 일부 GAAP상에서는 상각을 하는 경우가 있습니다.
  - ✓ **무기한 내용연수의 무형자산** Indefinite-Lived Intangible Assets : 내용 연수가 무기한으로 간주되는 기타 무형자산, 예를 들어 특정 상표권, 브랜드명, 또는 라이선스 등은 상각되지 않습니다. 이러한 무현자산들은 영업권 Goodwill 과 마찬가지로 정기적인 상각 대신 매년 손상차손 Impairment 검사를 받습니다. 이러한 회계처리는 GAAP와 IFRS 모두에서 일반적으로 적용되며, 해당 자산이 내용 연수가 없는 자산이

라는 특성을 반영합니다. 이런 접근 방식은 해당 자산의 가치를 시간에 따라 감가상각하지 않고, 그 대신 주기적으로 손상 여부를 검토함으로써 자산의 적정 가치를 유지하게 합니다.

Q 영업권(Goodwill)이란 무엇이며, 어떻게 발생하나요?

영업권은 인수 시, 피인수 기업의 순자산 공정가치를 초과하여 지급한 금액을 말하며, 무형자산으로 분류됩니다. 즉, 인수자가 피인수자의 식별 가능한 자산과 부채의 공정가치를 초과하여 지불한 프리미엄이 바로 영업권입니다.

상세 설명

영업권은 기업 인수 상황에서 발생합니다. 이는 인수자가 피인수 기업의 식별 가능한 순자산(자산 – 부채)의 공정가치를 초과하여 지불한 금액을 의미합니다. 즉, 인수가격과 인수 시점 기준으로 평가된 피인수 기업의 순자산 공정가치 간의 차이를 나타냅니다.

- **인수 프리미엄** Acquisition Premium : 한 회사(인수자)가 다른 회사를 인수할 때(피인수자), 인수자는 종종 피인수 기업의 식별 가능한 자산과 부채의 공정가치를 초과하는 금액을 지불합니다. 이 초과분이 바로 영업권 Goodwill 입니다. 이 금액은 브랜드 가치, 고객 관계, 시장 점유율, 우수한 인재, 미래 성장 가능성과 같은 무형적 요소들의 가치를 반영합니다.
- **영업권의 계산 방식** Calculation of Goodwill
  1. 인수자는 피인수 기업의 식별 가능한 자산(유형 및 무형)과 부채의 공정시장가치 Fair market value 를 산정합니다.
  2. 영업권 = **인수가격 – 인수한 순자산의 공정가치** Fair Value of Net Assets Acquired
  3. 인수가격이 식별 가능한 순자산의 공정가치를 초과하는 경우, 그 차액은 영업권으로서 재무상태표에 계상됩니다.
- **회계처리** Accounting Treatment : 영업권은 재무상태표에 무형자산 Intangible asset 으로 분류되며, 무형자산이지만 내용연수에 따라 상각 Amortization 되지는 않습니다 IFRS . 대신

매 회계연도마다 손상검사 Impairment test 를 수행합니다. 만약 시장에서의 공정가치가 장부가액을 하회할 경우, 그 차액만큼 영업권을 감액처리 Write-down 해야 합니다.

영업권은 고객 충성도, 브랜드 명성, 또는 기업의 미래 수익력 같은 정량화하기 어려운 가치를 나타냅니다. 인수합병 M&A 과정에서 핵심적으로 고려되는 항목이며, 인수자가 두 회사를 통합함으로써 기대하는 시너지 효과 및 부가적 가치를 반영합니다.

Q 영업권을 계산할 때, 순자산의 공정가치는 어떻게 산정하나요?

식별 가능한 순자산의 공정가치는 인수 시점을 기준으로, 원가나 장부가가 아니라 시장 기반의 가치 Market-based value 를 반영합니다. 이는 인수가격 배분 Purchase Price Allocation, PPA 과정의 일환으로, 재고나 기계장비와 같은 유형자산을 재평가하고, 기존에 인식되지 않았던 무형자산(예: 상표권, 특허, 고객관계 등)을 새로 인식하는 절차를 포함합니다. 이렇게 산정된 순자산의 공정가치보다 인수가격이 높을 경우, 그 초과 금액은 영업권 Goodwill 으로 계상됩니다. 이 과정은 인수기업이 피인수기업의 실질적 경제적 가치를 재무제표에 정확히 반영하도록 하기 위해 필수적입니다.

Q 자본적 지출(CAPEX)이란 무엇이며, 감가상각(Depreciation)과 어떤 관련이 있나요?

자본적 지출 Capital Expenditures, CAPEX 은 기업이 부동산, 장비, 기술 등 물리적 자산을 취득하거나 업그레이드하는 데 사용하는 자금을 의미합니다. 이러한 투자는 재무상태표상 자산으로 자본화되며, 시간이 지나면서 감가상각을 통해 비용처리 됩니다.

상세 설명

자본적 지출은 생산설비, 건물, 차량 등 기업 운영에 필요한 장기 물적 자산을 확보하거나 개선하기 위해 발생합니다. 이 지출은 해당 연도에 한 번에 비용처리 하지 않고, 자산으로 분류한 뒤 자산의 내용연수에 걸쳐 감가상각을 통해 점진적으로 비용처리

됩니다.

한편, 감가상각은 자산의 원가를 사용기간 동안 체계적으로 배분하는 회계처리입니다. 즉, CAPEX는 감가상각비 Depreciation Expense 로 연결되며, 손익계산서에서 매년 일부씩 비용으로 인식됩니다. 예를 들어, 어떤 기업이 10년간 사용할 예정인 기계를 $100,000에 구입했다면, $10,000씩 감가상각을 기록하게 됩니다. 이처럼 자본적 지출은 기업의 재무상태표와 손익계산서 모두에 영향을 주며, 감가상각은 해당 자산의 가치가 시간이 지나며 감소함을 재무적으로 반영하는 역할을 합니다.

Q Growth CAPEX와 Maintenance CAPEX는 무엇이고 어떻게 다른가요?

Growth CAPEX는 기업이 사업을 확장하기 위해 지출하는 투자로, 예를 들어 새로운 자산을 취득하거나 새로운 시장에 진출하는 데 사용됩니다. Maintenance CAPEX는 기존의 운영 수준을 유지하고 지속하기 위해 필요한 투자로, 예를 들어 기존 자산의 수리나 교체가 이에 해당합니다.

상세 설명

Growth CAPEX는 기업이 미래 성장을 도모하기 위해 집행하는 자본적 지출로, 신규 자산의 취득, 새로운 프로젝트의 착수, 생산 능력의 증대 등을 포함합니다. 이러한 지출은 기업의 장기적인 수익 창출 능력을 향상시키는 데 목적이 있습니다. 예를 들어, 새로운 공장을 건설하거나 생산량을 늘리기 위한 신규 설비를 구입하는 것은 Growth CAPEX에 해당합니다.

반면에, Maintenance CAPEX는 기업이 현재의 영업을 유지하고 기존 자산을 정상적인 상태로 보존하기 위해 지출하는 자본입니다. 이는 노후 자산의 수리, 교체, 기본적인 업그레이드 등을 포함하며, 직접적인 수익 증대나 사업 확장을 위한 투자는 아닙니다. 예를 들어, 노후된 기계를 교체하거나 건물의 수리를 진행하는 것은 Maintenance CAPEX에 해당합니다.

Growth CAPEX는 일반적으로 기업의 확장 및 가치 증가와 연결되며, Maintenance

CAPEX는 현재 운영 수준의 유지 및 안정성 확보를 위한 필수 지출로 간주됩니다. 이 두 가지 자본 지출은 각각 목적이 다르지만, 기업의 재무 전략에서 모두 중요하며 균형 있는 관리가 요구됩니다.

Q 무형자산(Intangible Asset)의 기말잔액은 언제 증가하나요?

무형자산 Intangible Asset 의 기말잔액은 기업이 특허, 상표권, 소프트웨어 등 무형자산을 새로 취득하거나 개발·구매와 관련된 비용을 자산화할 때 증가합니다. 또한 기업 인수 시 발생하는 영업권 Goodwill 인식 또한 무형자산 잔액 증가의 원인이 됩니다.

상세 설명

무형자산의 잔액이 증가하는 주요 상황은 다음과 같습니다.

- **무형자산 취득** Acquisition : 기업이 특허권, 상표권, 저작권, 브랜드명 등 무형자산을 직접 구매하거나, 인수합병을 통해 취득하면 무형자산 계정의 잔액이 증가합니다. 이러한 자산은 식별 가능하고 미래 경제적 효익이 예상되는 경우 자산으로 인식됩니다.
- **개발비용의 자산화** R&D Capitalization : 기업이 자체적으로 무형자산을 개발하는 경우(예: 소프트웨어 개발, 신기술 연구개발 등), 일정 요건을 충족하면 관련 비용을 당기비용으로 처리하지 않고 무형자산으로 자산화할 수 있습니다. 이때 자산으로 인식되는 금액만큼 무형자산 잔액이 증가합니다.
- **기업 인수 시 영업권 인식** Goodwill Recognition : 기업이 다른 회사를 장부가보다 높은 가격에 인수할 경우, 그 초과분은 영업권 Goodwill 으로 무형자산에 인식됩니다. 이는 기말 무형자산 총계의 증가로 이어집니다.

이와 같은 요인들은 무형자산 항목의 변동에 영향을 주며, 무형자산의 장기적인 수익 창출 능력을 재무제표상에 반영하는 데 기여합니다.

Q 연구개발비(R&D Expenditure)는 자산화(Capitalize)해야 하나요? 아니면 즉시 비용으로 처리해야 하나요?

연구개발비 ^R&D Expenditure^ 는 대부분의 회계 기준에서 즉시 비용처리 하는 것이 일반적이지만, IFRS에 따르면 특정 요건을 충족할 경우 자산으로 인식 ^Capitalize^ 할 수 있습니다. 특히, 프로젝트가 상업적으로 실현 가능하고 미래 경제적 효익을 창출할 수 있음이 명확한 경우 자산으로 처리하는 것이 허용됩니다.

상세 설명

US GAAP(미국 일반회계기준)과 IFRS(국제회계기준)는 연구개발비에 대해 서로 다른 회계처리를 요구합니다. 특히 IFRS에서는 다음과 같이 구분합니다.

- **연구단계** ^Research Phase,^ **초기단계** : 연구 단계에서 발생한 비용은 그 결과가 불확실하고 향후 경제적 효익과의 직접적인 연관성을 입증하기 어렵기 때문에 즉시 비용처리(보통 판매비와 관리비에 포함) 합니다. 이 단계에서는 자산으로 인식할 수 없습니다.

- **개발단계** ^Development Phase,^ **후속단계** : 반면, 개발단계에서 발생한 비용은 일정 조건을 만족할 경우 자산으로 인식할 수 있습니다. IFRS에 따르면, 기술적 실현 가능성 ^Technical feasibility^ 이 있고, 자산을 완성하려는 명확한 의도가 있으며, 완성된 자산을 직접 사용할 수 있거나 제3자에게 판매할 수 있는 능력이 있는 동시에, 미래 경제적 효익에 대한 합리적인 기대가 되는 경우, 개발비를 자산으로 처리할 수 있게 됩니다. 연구개발비를 자산화할 경우, 이는 무형자산 ^Intangible Asset^ 으로 인식되었다가, 향후 내용연수에 따라 상각 ^Amortize^ 됩니다.

한편, US GAAP하에서는 대부분의 R&D 비용을 단계 구분 없이 전액 비용처리 하는 것이 원칙입니다. 개발단계에 해당하는 비용도 거의 예외 없이 비용으로 처리되며, 자산으로 인식하는 경우는 매우 드뭅니다. 즉, IFRS에 비해 자본화 요건이 훨씬 엄격합니다.

PRECONDITIONS FOR R&D CAPITALIZATION

EXPENDITURES INCURRED IN THE DEVELOPMENT PHASE OF A PROJECT ARE CAPITALIZED FROM THE POINT IN TIME THAT THE COMPANY IS ABLE TO DEMONSTRATE **ALL** OF THE FOLLOWING :

- THE **TECHNICAL FEASIBILITY** OF COMPLETING THE INTANGIBLE ASSET SO THAT IT WILL BE AVAILABLE FOR USE OR SALE
- ITS **INTENTION** TO COMPLETE THE INTANGIBLE ASSET AND USE OR SELL IT
- ITS **ABILITY** TO USE OR SELL THE INTANGIBLE ASSET
- HOW THE INTANGIBLE ASSET WILL GENERATE PROBABLE **FUTURE ECONOMIC BENEFITS**
- THE AVAILABILITY OF ADEQUATE TECHNICAL, FINANCIAL AND OTHER RESOURCES TO **COMPLETE** THE DEVELOPMENT AND TO USE OR SELL THE INTANGIBLE ASSET
- ITS ABILITY TO RELIABLY **MEASURE** THE EXPENDITURE ATTRIBUTABLE TO THE INTANGIBLE ASSET DURING ITS DEVELOPMENT

> CAN BE CAPITALIZED IF THE COMPANY CAN PROVE THAT THE ASSET IN DEVELOPMENT IS **COMMERCIALLY VIABLE**

Q 장부가액(Book Value)이 $100인 공장을 $80에 매각하면 3대 재무제표(Three Financial Statements)에 어떤 영향이 있나요? (세율 30% 가정)

회사가 장부가액 ^(Book Value) $100의 공장을 $80에 매각할 경우, 손익계산서에는 $20의 손실이 기록되며, 세후 손익에는 $6의 절세효과를 반영해 순이익이 $14만큼 감소합니다. 현금흐름표에서는 순이익 -$14로 시작하지만, 비현금손실인 $20를 가산하고 매각대금 $80를 투자활동 현금유입으로 기록하여 총 $86의 현금 증가가 발생합니다. 재무상태표에서는 유형자산 ^(PPE) $100가 감소하고, 현금이 $86 증가하며, 이익잉여금이 $14 감소하여 재무상태표의 균형이 유지됩니다.

상세 설명

- **손익계산서**: 장부가액 $100의 공장을 $80에 매각하면 $20의 처분손실이 영업외비용으로 기록됩니다. 이는 과세소득을 $20만큼 줄이므로 세금이 $6 줄어들고, 결과적으로 순이익이 $14 감소합니다. 이 순손실은 동일한 금액만큼의 이익잉여금 감소로 연결되며, 현금흐름표의 출발점이 됩니다.
- **현금흐름표**: 순이익 -$14로 시작하지만, 두 가지 조정이 추가적으로 필요합니다. 첫째, 비현금성 항목인 $20의 처분손실을 영업활동에서 다시 더해 줘야 합니다. 둘째, 공장 매각으로 발생한 $80의 현금유입은 투자활동으로 기록됩니다(재무활동 아님). 따라서 결과적으로 현금은 $86 증가합니다(공장 매각으로 인한 $80와 세금절감 효과로 인한 $6).
- **재무상태표**: 손익계산서 및 현금흐름표의 변화를 반영하여 현금은 $86 증가, 이익잉여금은 $14 감소합니다. 한편, 유형자산 ^{PPE}은 장부가인 $100 감소하며 자산에서 해당 장부가액이 제거됩니다. 이로 인해 자산과 자본이 동일하게 조정되어 재무상태표는 균형을 유지합니다.

Q 장부가액이 $100인 공장을 $150에 매각하면 3대 재무제표 (Three Financial Statements)에 어떤 영향이 있나요? (세율 30% 가정)

장부가액 $^{Book\ Value}$이 $100인 공장을 $150에 매각하면, $50의 처분이익이 발생하며, 세후 순이익은 $35 증가하고 이익잉여금이 상승합니다. 현금흐름표에서는 순이익 $35에서 비영업적 손익인 $50를 차감하고, 투자활동 항목에 $150 유입을 반영하여 총 $135의 현금 증가가 나타납니다. 재무상태표에서는 유형자산 ^{PPE}이 $100 감소, 현금이 $135 증가, 자기자본이 $35 상승하여 재무상태표의 균형이 유지됩니다.

자세한 설명

- **손익계산서**: 장부가액이 $100인 공장을 $150에 매각하면, 비영업이익으로 $50의 처분이익이 인식됩니다. 이는 과세소득을 $50 증가시키며, 30% 세율을 가정

한다면 $15의 법인세가 발생합니다. 따라서 세후 순이익은 $35 증가하며, 이는 이익잉여금 증가로 이어지고, 현금흐름표의 시작점이 됩니다.

- **현금흐름표**: 순이익 $35로 시작하며, 두 가지 조정이 이루어집니다. 첫째, 비현금성 항목인 처분이익 $50는 영업활동 항목에서 마이너스조정 됩니다. 둘째, 공장 매각에 따른 $150의 현금유입이 투자활동 항목에 반영됩니다. 결과적으로 현금은 $135(공장 매각으로 인한 $150 유입과 세금 납부로 인한 $15 차감) 증가합니다.
- **재무상태표**: 손익계산서 및 현금흐름표의 변화를 반영하여 현금이 $135 증가, 이익잉여금이 순이익 증가분인 $35 증가합니다. 또한, 유형자산 ^{PPE} 이 기존 장부가만큼 $100 감소합니다. 자산과 자기자본이 각각 동일한 금액만큼 조정되어 재무상태표의 균형은 유지됩니다.

07 Debt / Lease Accounting

**Q 이자부부채(Interest-Bearing Debt)란 무엇인가요?
일반적인 의미의 부채(Liability)와는 어떻게 다른가요?**

이자부부채란 이자를 지급해야 하는 모든 차입금 또는 채무를 의미합니다. 대표적으로는 대출, 채권, 신용 한도 등이 있습니다. 한편, 넓은 의미의 부채는 영업부채를 포함한 기업의 모든 의무들을 포함합니다. 즉, 일반적 의미의 부채가 조금 더 넓은 개념이고, 그중, 이자부부채는 이자 비용이 발생하는 항목만을 지칭합니다.

추가 설명

이자부부채는 일정 기간 동안 이자를 지급해야 하는 금융 부채를 지칭합니다. 이는 기업이 외부로부터 자금조달을 위해 빌린 것이며, 원금과 함께 이자를 지급해야 하는 구조입니다. 예시로는 은행 대출, 회사채 등이 있으며, 이러한 항목들은 재무상태표에 부채로 기록되고, 손익계산서에서는 이자비용이 발생하는 특성을 가지고 있습니다.

한편, 넓은 의미에서의 부채는 이자 발생 여부와 관계없이 기업이 지니고 있는 모든 의무들을 포함합니다. 이는 영업활동의 과정에서 발생하는 영업부채도 포함합니다. 예를 들어, 매입채무 Accounts payable 나 선수수익 Deferred revenue 과 같은 영업부채가 여기에 해당됩니다. 즉, 모든 이자부부채는 넓은 의미의 부채에 포함되지만, 모든 부채가 이자부부채는 아닙니다.

Q 가장 흔하게 볼 수 있는 이자부부채(Interest-Bearing Debt)의 종류에는 무엇이 있나요?

이자부부채는 주로 대출, 채권, 리스의 세 가지 유형으로 나눌 수 있습니다. 대출은 은행이나 금융기관으로부터 직접 자금을 차입하는 방식이고, 채권은 자본시장에서 불특정 다수의 투자자로부터 자금을 조달하는 수단입니다. 리스, 특히 금융리스는 구조상 이자가 포함되어 있어 회계상 이자부부채로 분류됩니다.

추가 설명

이자부부채는 아래 세 가지 대표적인 유형으로 나뉩니다.

1. **대출** Loans : 대출은 일반적으로 금융기관을 통해 이루어지는 차입이며, 사전에 합의된 이자율과 상환 일정이 동반됩니다. 은행 대출 Bank Loans, 기업어음 Commercial Paper 등이 여기 포함됩니다. 운영 자금이나 자본적 지출을 위해 사용되는 경우가 많으며, 단기부터 장기까지 다양한 만기 구조를 가질 수 있습니다.
2. **채권** Bonds : 채권은 자본시장에서 발행되는 부채 증권으로, 기업이 다양한 투자자로부터 대규모 자금을 조달할 수 있도록 해 줍니다. 주요 유형으로는 일반 회사채, 전환사채, 그리고 무담보채 등이 있습니다. 대출과는 달리, 채권은 일반적으로 2차 시장에서 거래되며, 특정 금융기관과의 직접적인 협상 없이 더 폭넓은 투자자 참여를 포함하는 특징이 있습니다.
3. **리스** Leases : 최신 회계기준에 따라 더욱 많은 종류의 거래들이 금융리스 Finance Lease 로 간주되며, 이는 이자비용이 발생하기 때문에 이자부부채에 포함됩니다.

이 범주에는 기존의 금융리스뿐만 아니라, 최근에 도입된 IFRS 16(또는 ASC 842) 기준에 따라 일부 장기 계약들이 사용권자산과 리스부채로 인식되면서 더욱 그 범위가 넓어졌습니다. 이러한 리스는 자산을 직접 소유하지 않고도 시설, 기계장치, 부동산 또는 기타 장기 사용 자산들을 이용하기 위한 자금 조달 방식으로 널리 사용됩니다.

INTEREST-BEARING DEBT - MICROSOFT

Liabilities and stockholders' equity			
Current liabilities:			
Accounts payable	$	21,996	$ 18,095
Short-term debt		6,693	0
Current portion of long-term debt		2,249	5,247
Accrued compensation		12,564	11,009
Short-term income taxes		5,017	4,152
Short-term unearned revenue		57,582	50,901
Other current liabilities		19,185	14,745
Total current liabilities	INTEREST BEARING DEBT	125,286	104,149
Long-term debt		42,688	41,990
Long-term income taxes		27,931	25,560
Long-term unearned revenue		2,602	2,912
Deferred income taxes		2,618	433
Operating lease liabilities		15,497	12,728
Other long-term liabilities		27,064	17,981
Total liabilities		243,686	205,753

Q 회사가 은행에서 $500를 대출받는다면 3대 재무제표(Three Statements)에 어떤 영향이 있나요? (이자 발생 전, 차입 관련 수수료는 없다고 가정)

회사가 자금을 대출받았을 때, 이자 비용이 실제로 발생하기 전까지는 손익계산서에 영향을 미치지 않습니다. 따라서 당기순이익 및 이익잉여금은 변동이 없습니다. 현금흐름표에서는 차입금으로 인해 재무활동 항목에 $500 유입이 기록되며, 재무상태표에서는 자산(현금)과 부채가 각각 $500 증가하여 재무상태표가 균형을 이룹니다.

추가 설명

- **손익계산서** Income Statement : 차입 행위 자체는 손익계산서에 반영되지 않습니다. 이자비용이 실제로 발생할 때까지는 아무런 비용도 인식되지 않기 때문에, 순이익은 변함이 없고, 이익잉여금도 그대로 유지됩니다.
- **현금흐름표** Cash Flow Statement : 순이익이 $0로 시작되지만, 차입금의 수령으로 실제로 현금은 $500만큼 유입됩니다. 그러므로, $500만큼 조정이 필요하며, 이는 재무활동현금흐름 Cash Flow from Financing Activities 에 기록됩니다. 일반적으로는 "차입금 증가" 등의 항목명으로 나타납니다. 어쨌든, 현금흐름 유입의 결과, 현금 및 현금성 자산이 $500 증가하게 됩니다.
- **재무상태표** Balance Sheet : 현금흐름표의 영향으로 자산의 현금 항목은 $500 증가합니다. 반대로, 부채 항목 중 장기차입금(또는 단기차입금) 항목이 같은 금액만큼 증가합니다. 이 외 다른 항목은 변동이 없으며, 결과적으로 자산 = 부채 + 자본 공식이 유지됩니다.

Q 다음 해에 10% 이자율이 적용되어 $50의 이자비용이 발생한다면 3대 재무제표(Three Statements)에 어떤 변화가 생기나요? (현금이자 지급, 세율은 30% 가정)

10%의 이자율로 인해 $50의 이자비용이 발생하면, 세전이익이 $50 감소하고 절세효과가 반영되어 실제로 순이익은 $35만큼만 감소합니다. 이에 따라 이익잉여금도 동일하게 줄어들게 됩니다. 현금흐름표에서는 이자비용이 실제 현금의 유출액과 일치하므로, 특별한 조정 없이 영업활동현금흐름에서 $35가 감소합니다. 재무상태표에서는 현금과 이익잉여금이 각각 $35씩 감소하고, 부채는 변동이 없어서, 결과적으로 재무상태표의 균형이 유지됩니다.

추가 설명

- **손익계산서**: $50의 이자비용이 발생하면서 세전이익이 $50만큼 줄어듭니다. 세율이 30%이므로 법인세 비용도 $15 줄어들어서, 결과적으로 순이익은 $35 만큼 감소하게 됩니다. 이 금액은 이익잉여금에도 반영되고, 영업활동현금흐름의 출발점이 됩니다.
- **현금흐름표**: 손익계산서의 영향을 받아서, 순이익 -$35로 영업활동현금흐름은 시작됩니다. 이때, 이자비용의 경우, 실제 현금의 유출이 이루어졌기 때문에, 특별한 조정이 필요하지 않습니다. 따라서 영업활동 인한 현금흐름이 $35 감소하며, 이는 최종적인 현금의 감소액과 일치합니다.
- **재무상태표**: 현금흐름표의 영향을 받아서, 현금은 $35 감소하게 됩니다. 한편, 순이익 감소에 따라 자본의 이익잉여금도 동일한 금액만큼 이미 감소했습니다. 한편, 이자비용의 지급은, 원금 상환과는 무관하기 때문에, 부채의 잔액에는 영향을 주지 않습니다. 결과적으로, 자산과 자본이 모두 $35씩 감소해서, 재무상태표의 균형이 유지됩니다.

Q 리스부채란 무엇이며, 왜 이자비용이 발생하나요?

리스부채는 자산을 장기간 사용하는 리스 계약을 부채 조달을 통한 자산 구매와 유사하게 간주하여, 사용권 자산과 리스부채를 재무상태표에 함께 인식하고 감가상각비와 이자비용으로 처리하는 회계 방식입니다. 이는 기업의 순이익, 자산 운용, 부채 구조에 실질적인 영향을 미칩니다.

추가 설명

리스부채는 기업이 부동산이나 장비와 같은 자산을 일정 기간 동안 사용할 수 있는 권리를 갖는 대신, 정기적인 리스료를 지급하기로 계약한 경우 발생합니다. IFRS 16 또는 ASC 842와 같은 회계 기준에 따라, 기업은 사용권 자산과 이에 상응하는 리스부채를 재무상태표에 동시에 인식해야 합니다. 이러한 회계처리 방식은 장기 리스를 실질적인 자산 구매와 유사한 경제적 행위로 간주하며, 자산 사용의 대가와 재무적 의무를 명확히 반영하기 위해 감가상각비와 이자비용을 함께 인식하게 됩니다. 쉽게 말해, 자동차를 5년 동안 매달 리스료를 지불하고 사용하는 계약을 체결했다면, 이는 사실상 돈을 빌린 뒤, 자동차를 구매해서 매년 원금과 이자비용을 상환하고 있는 것과 똑같은 거래로 인식하는 것입니다.

리스부채는 미래 리스료 지급액의 현재가치로 계산되며, 이는 일반적인 부채처럼 간주되어 이자비용이 발생합니다. 이자비용은 리스 잔액에 기반하여 계산되며, 매 회계기간마다 잔액이 감소함에 따라 이자비용도 점차 줄어들게 됩니다. 이러한 리스 관련 이자비용은 손익계산서에 비용으로 반영되어 순이익에 영향을 주며, 기업의 자산 운용 및 부채 구조에도 영향을 미치는 중요한 항목입니다.

08 Equity(Retained Earnings)

Q 회사가 1주당 $10(액면가 $2)에 보통주를 발행해 총 $100를 신규 투자자로부터 조달하여 운영 자금을 마련하는 경우, 3대 재무제표(Three Statements)에는 어떤 영향을 미치나요?

일단 유상증자는 주주와의 거래이기 때문에 손익계산서에는 영향이 없습니다. 다만, 현금흐름표에는 재무활동현금흐름에 $100의 현금유입이 기록되어, 현금의 증가를 나타냅니다. 한편, 재무상태표에서는 자산 항목의 현금이 $100 증가하며, 자본 항목에서는 보통주가 $20, 주식발행초과금이 $80 증가하여 자산과 자본이 각각 $100 증가하게 됩니다. 이로써 재무제표는 균형을 유지합니다.

추가 설명

- **손익계산서**: 보통주 발행은 주주와의 거래이며, 주주와의 거래는 수익이나 비용으로 간주되지 않기 때문에 손익계산서에는 아무런 영향이 없습니다. 순이익과 이익잉여금 모두 변동이 없습니다.

- **현금흐름표**: 회사는 보통주 발행을 통해 최종적으로 $100의 현금을 수령하게 됩니다. 이는 현금흐름표의 재무활동현금흐름 Cash Flow from Financing Activities 항목에 "유상증자" 또는 "보통주식의 발행" 등의 항목명으로 기록됩니다.
- **재무상태표**: 먼저, 현금흐름표의 영향을 받아 자산 항목의 현금이 $100 증가합니다. 한편, 반대급부로는 자본 항목이 총 $100만큼 증가하게 되는데, 이때, 두 가지 계정이 변동됩니다. 첫째, 자본금 Common Stock 계정이 액면가를 기준으로 $20 증가합니다(액면가 $2 × 10주 = $20). 둘째, 주식발행초과금 APIC 은 전체 유상증자 금액에서 자본금 증가분을 제외한 차액만큼 $80 증가하게 됩니다. 결과적으로 자산과 자본이 각각 $100씩 증가하며, 재무상태표의 균형이 유지됩니다.

Q 회사가 $100의 배당금을 지급하면 3대 재무제표(Three Statements)에 어떤 변화가 있나요?

회사가 $100의 배당금을 지급할 경우, 배당금은 비용이 아니기 때문에 손익계산서에는 영향을 주지 않습니다. 현금흐름표에서는 금융활동 항목에 $100의 현금유출로 기록되며, 재무상태표에서는 현금이 $100 감소하고 이익잉여금이 $100 줄어들어 자산과 자본이 동일하게 감소합니다. 따라서 재무제표는 여전히 균형을 이룹니다.

추가 설명

- **손익계산서**: 배당금은 순이익에서 주주에게 분배되는 항목, 즉 주주와의 거래이므로 손익계산서에는 아무런 기록을 하지 않습니다. 따라서 순이익과, 순이익이 영향을 주게 되는 이익잉여금, 그리고 영업활동현금흐름 모두 영향이 없습니다.
- **현금흐름표**: 순이익은 변동이 없지만, 실제로 현금 $100가 지급되기 때문에 재무활동현금흐름 Cash Flow from Financing Activities 에 배당금 지급이라는 항목으로 $100 유출이 기록됩니다. 이는 최종적으로 회사의 현금 보유액을 $100 감소시키는 결과를 가져옵니다.
- **재무상태표**: 자산 측면에서 현금이 $100 감소합니다. 한편, 배당금의 지급은 지금

까지 주주들의 몫인 순이익을 모아놓은 이익잉여금 계정에서 이루어지게 됩니다. 결과적으로, 자본파트의 이익잉여금이 $100 줄어들어, 주주에게 분배된 이익이 반영됩니다. 부채나 기타 자본 항목들은 변동이 없으며, 자산과 자본이 동일한 금액만큼 감소하여 재무상태표의 균형이 유지됩니다.

Q 재무상태표의 이익잉여금 계정은 무엇인가요? 언제 증가하거나 감소하나요?

이익잉여금 계정은 기업이 순이익을 누적하여 주주에게 배당하지 않고 회사에 유보해 둔 금액을 나타냅니다. 이 계정은 순이익이 발생하면 증가하고, 배당금 지급이나 순손실이 발생하면 감소합니다.

추가 설명

이익잉여금은 기업이 배당하지 않고 보유한 누적 순이익을 의미하며, 재무상태표의 자본 항목에 표시됩니다. 이는 기업의 미래 성장에 재투자하거나 배당을 지급할 수 있는 능력을 보여 주는 지표로 사용됩니다.
- 이익잉여금은 기업이 순이익을 창출하고 이를 배당하지 않고 보유할 때 증가합니다.
- 반대로, 배당을 지급하거나 순손실이 발생하면 누적된 이익이 줄어들어 감소하며, 장기간 손실이 지속될 경우 결손 상태로 전환될 수 있습니다.

Q 기업의 대표적인 주주환원정책 두 가지는 무엇인가요?

기업이 주주에게 수익을 환원하는 대표적인 두 가지 방법은 배당 Dividends 과 자사주 매입(Share Buybacks 또는 Share Repurchases)입니다.

추가 설명

가장 일반적인 두 가지 방식은 다음과 같습니다.
- **배당** Dividends : 기업은 수익의 일부를 주주에게 정기적으로 현금으로 지급합니다

(예: 분기별 배당). 이는 주주에게 직접적인 소득을 제공하는 방식이며, 일반적으로 안정적인 현금흐름을 창출하는 성숙하고 안정적인 기업에서 주로 활용됩니다.
- **자사주 매입** Share Buybacks **또는** Share Repurchases : 기업이 시장에서 자사 주식을 다시 매입함으로써 유통주식수를 줄이는 방식입니다. 이로 인해 주당순이익 EPS 이 증가하고, 주가 상승으로 이어질 수 있으며, 남은 주주들의 지분율이 상대적으로 증가하게 됩니다. 또한 배당처럼 정기적인 지급에 대한 기대를 만들지 않기 때문에 보다 유연한 자본 환원 방식으로 여겨집니다.

기업들은 이 두 가지 방식을 병행하여 사용하는 경우가 많으며, 성장 단계, 사업 모델, 시장 상황에 따라 어느 한 방식에 더 중점을 두기도 합니다.

Q 자사주 매입이란 무엇이며, 어떻게 주주에게 수익을 제공하나요?

자사주 매입은 기업이 자사의 주식을 다시 매입하는 행위로, 유통주식수를 줄이고 주당순이익 EPS 을 높여 주주 가치를 증대시키는 방식입니다. 이는 경영진의 자신감을 나타낼 수 있으며, 경우에 따라 배당보다 세금 측면에서 더 효율적인 수단이 될 수 있습니다.

추가 설명

자사주 매입(Share Buyback 또는 Stock Repurchase)은 기업이 공개시장에서 자사의 주식을 다시 매입하는 행위입니다. 매입된 주식은 일반적으로 자기주식 Treasury Stock 으로 처리되며, 자본 항목의 감액 계정으로 반영됩니다. 자사주 매입은 주주에게 다음과 같은 방식으로 이익을 제공합니다.
- **EPS 증가 및 주가 상승 유도**: 자사주 매입 및 소각을 통해서 유통주식수가 줄어들면 주당순이익 EPS 이 높아지고, 이는 주가 상승으로 이어질 수 있습니다.
- **시장 신호 효과**: 경영진이 회사의 주가가 저평가되었다고 판단할 때 매입을 결정할 수 있으며, 이는 시장에 긍정적인 신호로 작용할 수 있습니다.

- **절세 효과**: 일부 국가에서는 배당금보다 자본이득에 대한 세율이 낮기 때문에, 주주 입장에서 자사주 매입이 더 세금 효율적인 수단이 될 수 있습니다.

Q 기업은 어떤 경우에 주주환원정책으로 배당금 지급 대신 자사주 매입을 선택하나요?

기업입장에서 자사주 매입은 배당금 지급 대비 여러 가지 장점들이 존재할 수 있습니다. 일단 주식수의 감소를 통해 EPS 증가를 이끌 수 있고, 시장에 자사의 주식에 대해 긍정적인 신호를 전달할 수 있습니다. 또한, 보통 정기적 지급이 요구되는 배당과 달리, 자사주 매입은 탄력적으로 집행할 수 있는 장점이 있습니다. 이 외에도 자본구조 최적화, 지배력 강화, 절세효과 등 기업 및 주주들 입장에서의 다양한 장점들이 존재합니다.

추가 설명

기업이 배당금을 지급하는 대신 자사주 매입을 선택하는 이유는 다음과 같습니다.

- **주당순이익 ^{EPS} 상승**: 유통주식수가 줄어들면서 주당순이익 ^{EPS} 이 상승하여, 기업이 더 수익성 있어 보이도록 만들 수 있습니다.
- **시장 신호 효과**: 자사주 매입은 경영진이 자사 주식이 저평가되었다고 판단함을 보여 줄 수 있으며, 이는 시장의 투자자들에게 긍정적인 신호로 해석될 수 있습니다.
- **재무적 유연성**: 배당은 일반적으로 정기적인 지급이 요구되는 반면, 자사주 매입은 경영 환경이나 재무 상황에 따라 탄력적으로 집행할 수 있어 경영진들에게 재무적 유연성을 제공합니다.
- **자본 구조 최적화**: 여유 자금을 사용해 자본을 줄이면, 부채비율의 증가 및 재무 레버리지 $^{Financial\ Leverage}$ 효과를 통해 자기자본이익률 ^{ROE} 을 개선할 수 있습니다.
- **지배력 강화**: (주주입장) 자사주 매입을 통해 외부 투자자의 지분을 줄이고, 기존 주요 주주의 지배력을 강화할 수 있습니다.
- **절세효과**: (주주입장) 일부 국가에서는 자사주 매입이 배당금보다 주주에게 유리한 세금 구조를 가질 수 있습니다.

한편, 배당은 일반적으로 안정적인 현금흐름의 신호로 간주되며, 기업이 꾸준한 수익성을 보이고 주주에게 정기적으로 이익을 환원하고자 할 때 선택하는 방식입니다.

Q 배당성향(Dividend Payout Ratio)과 유보율(Retention Ratio)이란 무엇인가요?

배당성향과 유보율은 기업이 이익을 어떻게 사용하는지를 나타내는 비율로, 두 비율의 합은 항상 100%가 됩니다. 배당성향은 당기순이익 중 주주에게 배당으로 지급된 비율이며, 유보율은 이익 중 기업이 재투자를 위해 내부에 보유한 비율입니다.

추가 설명

- **배당성향 + 유보율 = 100%**: 이 두 비율은 기업이 벌어들인 이익을 주주에게 배당하는지, 혹은 사업 성장에 재투자하는지를 보여 줍니다. 예를 들어, 배당성향이 40%라면 유보율은 60%이며, 이는 순이익 중 40%는 주주에게 환원되고 60%는 기업 내부에 유보되었다는 의미입니다.
- **배당성향** Dividend Payout Ratio) **= 배당금 ÷ 당기순이익**: 배당성향은 기업이 벌어들인 이익 중 얼마를 배당금으로 지급했는지를 나타냅니다. Payout Ratio로 불리기도 합니다. 당기순이익의 절반을 배당으로 지급했다면 배당성향은 50%입니다.
- **유보율** Retention Ratio **= 1 − 배당성향**: 유보율은 Plowback Ratio라고도 불리며, 기업이 재투자를 위해 이익을 내부에 보유한 비율입니다. 이는 연구개발, 설비 투자, 신규 프로젝트 등 미래 성장을 위한 자금으로 활용됩니다. 배당성향이 50%라면 나머지 50%는 유보된 것으로 간주되며, 유보율은 50%입니다.

Q 기업 이익잉여금이 마이너스가 되는 경우는 언제 인가요?

이익잉여금이 마이너스가 되는 경우는 일반적으로 기업이 설립된 이후 누적된 순손실이 누적 순이익보다 클 때 발생합니다. 지속적인 영업 손실, 대규모 자산 손상처리 Write-off, 또는 당기순이익을 초과하는 배당금 지급 등이 주요 원인이 될 수 있습니다.

즉, 이러한 상황은 기업이 장기간 수익을 내지 못했다는 신호일 수 있으며, 재무상태에 대한 경고 신호로 작용할 수 있습니다. 그러나 이익잉여금이 마이너스라는 사실이 반드시 기업이 파산 위기에 있다는 것을 의미하지는 않습니다. 이런 경우, 자본 구조를 재조정하거나 새로운 자본의 조달을 통해 재무 건전성을 회복하려는 노력을 할 수 있습니다.

09 Accounting Concepts

Q GAAP(Generally Accepted Accounting Principles)와 IFRS(International Financial Reporting Standards)의 주요 목적은 무엇인가요?

GAAP Generally Accepted Accounting Principles 와 IFRS International Financial Reporting Standards 회계 기준 체계로서, 모든 기업이 일정한 원칙에 따라 재무제표를 작성하도록 함으로써 투자자, 규제기관, 기타 이해관계자들이 다양한 기업의 재무상태와 경영성과를 쉽게 비교할 수 있도록 합니다. GAAP는 세계 각국에서 사용되지만, 미국 내에서 사용되는 US GAAP가 대표적이며, IFRS는 전 세계 여러 국가에서 채택하고 있는 국제 회계 기준입니다. 한국과 일본에서는 대부분의 글로벌 기업들과 상장기업들은 IFRS를 채택하고 있지만, 일부 중소기업들은 여전히 각국의 GAAP를 채택하고 있는 경우도 존재합니다. 이러한 기준들은 재무보고의 투명성, 책임성, 정확성을 보장함으로써 투자 판단, 재무 분석, 시장 안정성 확보에 중요한 역할을 합니다. 기업은 이러한 회계 기준을 따름으로써 보다 신뢰할 수 있는 재무 정보를 외부에 제공하게 됩니다.

Q 발생주의 회계(Accrual Accounting)란 무엇이며, 현금주의 회계(Cash-Basis Accounting)와는 어떻게 다른가요?

발생주의 회계는 수익과 비용을 실제 현금흐름이 아닌 발생 시점에 인식함으로써, 기업의 재무성과를 보다 정확하고 비교 가능하게 보여 줍니다. 반면, 현금주의 회계는 단순하지만 외상 거래 등을 반영하지 않아 장기적인 분석이나 기업 간 비교에는 한계가 있습니다.

추가 설명

발생주의 회계 Accrual Accounting 는 현금의 이동 시점이 아닌, 수익이 발생하거나 비용이 발생한 시점에 회계처리를 하는 방법입니다. 이는 수익이 실제로 입금되지 않았더라도 수익이 발생한 시점에 인식하고, 비용 역시 지출이 이루어지지 않았더라도 발생한 시점에 기록합니다. 이러한 방식은 수익과 이를 발생시키기 위한 비용을 동일한 회계 기간에 대응시켜 기록함으로써, 기업의 재무성과를 보다 정확하게 반영합니다.

반면, 현금주의 회계 Cash-Basis Accounting 는 현금이 실제로 수취되거나 지출될 때에만 수익과 비용을 인식합니다. 이 방식은 간단하지만, 특히 거래의 상당 부분이 신용에 의해 이루어지는 기업의 경우, 재무 성과나 재무상태를 왜곡해서 보여 줄 수 있습니다. 즉, 현금주의는 외상매출금이나 외상매입금과 같은 미수·미지급 항목들을 반영하지 않기 때문에, 현금흐름 외의 중요한 재무 사건들을 놓칠 수 있습니다.

예를 들어, 발생주의 회계에서는 회사가 12월에 서비스를 완료하고 1월에 대금을 받더라도, 해당 수익은 서비스를 제공한 12월에 인식됩니다. 반면 현금주의 회계에서는 현금을 실제로 받은 1월에야 수익으로 기록됩니다.

요약하자면, 발생주의 회계는 기업의 재무성과를 더 정확하고 비교 가능하게 보여 주는 반면, 현금주의 회계는 단순하지만 장기적인 재무 분석이나 기업 간 비교에는 한계가 있습니다.

Q 발생주의 회계(Accrual Accounting)에서는 언제 매출을 인식할 수 있나요?

발생주의 회계에서는 상품이나 서비스를 제공한 동시에, 대금 회수가 확실해질 때 수익을 인식하며, 이는 실제 현금 수령 시점과 무관하게 거래의 실질을 반영합니다. 따라서 기업의 실제 영업성과를 보다 정확하게 재무제표에 나타낼 수 있습니다.

추가 설명

발생주의 회계에서는 수익이 제공된 상품 또는 서비스에 대해 대가를 받을 권리가 생기고, 실제로 받을 가능성이 높다고 판단되는 시점에 인식됩니다 Earned & Realizable. 이는 일반적으로 상품이 인도되었거나 서비스가 완료된 동시에, 대금 회수도 합리적으로 보장될 때 해당됩니다. 예를 들어, 만약 대금은 받았지만 아직 상품이나 서비스를 인도하지 않았거나, 반대로 흔하지는 않지만 상품이나 서비스를 제공했지만 대금 회수의 가능성이 낮다면, 그런 경우에는 아직 매출을 인식할 수 없습니다. 그러므로, 예를 들어, 회사가 12월에 서비스를 제공하고 고객이 1월에 대금을 지급하는 것이 확실시 되는 경우, 서비스가 완료된 12월에 두 조건이 모두 만족된 것으로 판단할 수 있으므로, 이는 12월의 매출로 인식합니다. 실제 대금지급이 되는 1월에 매출액을 인식하는 것이 아닙니다. 이러한 방식은 단순한 현금 거래가 아닌 실제 영업활동 퍼포먼스를 재무제표에 가장 잘 반영하도록 합니다.

Q 발생주의 회계에서 수익비용대응의 원칙(Matching Principle)이란 무엇인가요?

수익비용대응의 원칙 Matching Principle 은 수익을 인식할 때 그 수익을 창출한 비용도 같은 회계기간에 함께 인식해야 한다는 개념으로, 발생주의 회계의 핵심입니다. 이를 통해 재무제표는 각 기간의 실제 이익을 왜곡 없이 정확하게 반영할 수 있습니다.

추가 설명

수익비용대응의 원칙 Matching Principle 은 발생주의 회계의 가장 기본적인 개념 중 하나입니다. 이 원칙은 기업이 수익(매출)을 인식할 때, 그 수익을 창출하는 데 소요된 비용들도 같은 회계기간에 함께 인식해야 한다고 규정합니다. 이를 통해 재무제표는 기업의 실제 경영성과를 더 정확하게 반영할 수 있게 됩니다. 예를 들어, 어떤 기업이 상품을 판매했는데, 해당 상품을 제조하는 데 비용이 들었다면, 해당 상품의 매출과 제조원가 COGS 는 동일한 기간에 인식되어야 한다는 것입니다. 이 경우, 비용에 대한 실제 지급은 미리 이전에 이루어졌었다고 하더라도, 수익과 관련된 이러한 비용은 매출과 함께 인식되어야 합니다. 이 원칙을 적용함으로써, 기업은 수익 창출에 소요된 비용을 정확한 기간에 반영할 수 있으며, 결과적으로 이익이 매 기간 왜곡 없이 표현될 수 있습니다.

Q 발생주의 회계에서 자산을 자본화(Capitalize)하거나 비용(Expense)처리 하는 기준은 무엇인가요?

발생주의 회계에서는 해당 항목이 미래 여러 회계기간에 걸쳐 경제적 효익을 제공하는 경우 자본화하며, 현재 회계기간 내에서 효익이 소비되는 경우에는 비용으로 처리합니다.

추가 설명

발생주의 회계에서 특정 비용이 발생했을 때, 이를 자산으로 인식할지(자본화), 혹은 즉시 비용으로 처리할지는 해당 항목이 제공하는 경제적 효익의 지속 기간에 따라 결정됩니다.

- **자본화** Capitalization : 건물, 기계와 같은 유형자산, 특허권, 상표권과 같은 무형자산들처럼 여러 회계기간에 걸쳐 효익을 제공하는 항목은 자산으로 인식되며, 재무상태표에 기록됩니다. 이후 사용기간 동안 감가상각 또는 상각을 통해 비용으로 분할 인식됩니다.
- **비용** Expense : 사무용품, 공공요금 등 당기 내에서 소비되는 항목은 즉시 비용으로 처리되어 손익계산서에 반영됩니다.

이러한 기준은 수익비용대응의 원칙과 일관되며, 수익이 발생한 기간에 해당 비용을 함께 인식함으로써 기업의 재무상태를 보다 정확하게 반영합니다.

Q 회계에서 보수주의 원칙(Conservatism)이란 무엇인가요?

회계에서 보수주의 원칙은 손실이나 부채는 발생 가능성이 있는 시점에 즉시 인식하는 반면, 수익과 자산은 실현이 확실한 경우에만 인식해야 한다는 접근 방식입니다.

추가 설명

보수주의 원칙은 재무제표의 과대평가를 방지하기 위한 핵심 회계 원칙 중 하나입니다. 이 원칙에 따르면, 미래에 손실이 발생할 가능성이 있는 경우에는 즉시 이를 반영해야 하지만, 수익이나 자산은 실현 가능성이 매우 높을 때에만 인식해야 합니다. 예를 들어, 어떤 기업이 보유한 투자자산의 가치가 하락할 가능성이 있다면, 보수주의 원칙에 따라 해당 손실은 실제로 실현되기 전이라도 인식해야 합니다. 반면, 잠재적인 이익은 실현되기 전까지는 인식하지 않습니다. 이러한 원칙은 재무제표 사용자에게 보다 신중하고 보수적인 재무 정보를 제공함으로써, 과도하게 낙관적인 경영성과 표현을 방지하고, 이해관계자 보호에 기여합니다.

Q 회계에서 계속기업 가정(Going Concern Assumption)이란 무엇인가요?

계속기업 가정은 **기업이 예측 가능한 미래에도 정상적인 경영활동을 지속할 것이라는 전제하에 재무제표를 작성하는 회계 가정**입니다.

추가 설명

계속기업 가정은 회계의 기본 전제 중 하나로, 기업이 가까운 미래에 청산되거나 대폭 축소될 계획 없이 **지속적으로 운영될 것이라고 가정**하는 것입니다. 이 전제가 유효해야, 기업의 재무제표는 제대로 평가될 수 있습니다. 예를 들어, 조만간 영업을 중단할 것 같은 회사의 자산과 부채는, 영업을 계속하는 회사와 동일한 가치를 인정받기 어려울 것입니다. 그렇기 때문에, 만약 계속기업 가정이 성립되지 않는 경우(예: 파산 우려, 영업 중단 계획 등), 기업은 자산을 청산가치 기준으로 평가하고, 관련 위험을 재무제표에 명시하게 됩니다. 즉, 기업이 자금난, 지속적인 적자, 지급불능 등의 문제를 겪고 있어 **향후 정상적인 영업 지속 가능성에 중대한 의문이 존재할 경우**, 이를 공시해야 하며, 이는 투자자 및 채권자에게 중요한 판단 기준이 됩니다.

10 Others

Q 감사(Auditing)란 무엇이며, 네 가지 결과 유형에는 어떤 것들이 있나요?

감사는 기업의 재무제표가 정확하고 회계기준을 준수하는지를 검토하여, 재무상태와 경영성과를 신뢰성 있게 보여 주는지 확인하는 절차입니다. 감사 결과는 적정의견, 한정의견, 부적정의견, 의견거절의 네 가지로 구분되며, 이는 재무제표의 신뢰성과 회계처리의 적정성에 따라 달라집니다.

추가 설명

감사 Auditing 는 기업의 재무제표와 회계 기록이 정확하며, GAAP 또는 IFRS와 같은 회계기준을 준수하고 있는지를 검토하고 평가하는 체계적인 절차입니다. 감사의 주요 목적은 재무제표가 기업의 재무상태와 경영성과를 충실하고 공정하게 반영하고 있음을 확인해 주는 신뢰성을 제공하는 것입니다. 감사는 일반적으로 외부 감사인이 독립성과 객관성을 유지한 상태에서 수행하지만, 조직 내부의 내부 감사인이 수행하는 경우도 있습니다.

감사의 결과는 다음 네 가지 유형으로 나뉩니다.

- **적정의견** Unqualified Opinion, Clean Opinion : 가장 긍정적인 감사 결과로, 재무제표가 정확하며 회계기준을 문제없이 준수하고 있다고 판단됩니다. 감사인은 해당 재무제표가 기업의 재무상태를 충실하고 공정하게 나타낸다고 결론 내립니다.
- **한정의견** Qualified Opinion : 감사인이 일부 문제나 불일치를 발견했지만, 그 영향이 전체 재무제표의 신뢰성에 중대한 영향을 미치지 않는 경우에 제시됩니다. 이는 감사 범위의 일부 제한이나 회계기준 위반이 경미한 경우에 해당합니다.
- **부적정의견** Adverse Opinion : 재무제표에 중대한 오류나 왜곡이 있어, 기업의 재무상태를 충실하고 공정하게 반영하지 못한다고 감사인이 판단하는 경우입니다. 이는 회계기준 위반, 부정행위, 중대한 실수 등이 있을 때 발생합니다.
- **의견거절** Disclaimer of Opinion : 감사인이 충분한 정보를 얻지 못하거나, 회계기록에 접근

하지 못하는 등 중대한 제약으로 인해 재무제표에 대한 의견을 제시할 수 없는 경우입니다. 이 경우 감사인은 재무제표의 정확성과 신뢰성에 대해 보증할 수 없습니다.

Q IFRS와 US GAAP의 주요 차이점은 무엇인가요?

IFRS와 US GAAP의 차이점은 여러 측면에서 나타납니다. 수익 인식 측면에서 IFRS는 더 큰 유연성을 제공하는 반면, US GAAP는 보다 구체적이고 상세한 지침을 따릅니다. 재고 자산 평가에 있어서는 IFRS가 LIFO(후입선출법) 사용을 금지하는 반면, US GAAP는 이를 허용합니다. 개발비 처리에 대해서 IFRS는 특정 요건을 충족할 경우 자산으로 인식하는 것을 허용하지만, US GAAP는 일반적으로 즉시 비용으로 처리하도록 요구합니다. 마지막으로, 리스 회계에서는 IFRS가 모든 리스를 금융리스로 분류하는 반면, US GAAP는 운용리스와 금융리스를 구분합니다.

추가 설명

IFRS와 US GAAP는 모두 재무제표를 작성하기 위한 회계 기준이지만, 재무정보가 보고되는 방식에 영향을 미칠 수 있는 중요한 차이점들이 존재합니다. 다음은 IFRS와 US GAAP 간의 주요한 차이점들입니다.

- **수익 인식** Revenue Recognition
    - ✓ **IFRS**: IFRS하의 수익 인식은 원칙 중심 Principles-based 이며 보다 유연하게 다양한 상황들에 적용할 수 있는 프레임워크를 제공합니다. IFRS에서는 상품 및 서비스에 대한 "통제권 Control " 개념을 강조하며, 그것이 수익인식이 언제, 어떻게 이루어질지에 영향을 미칩니다.
    - ✓ **US GAAP**: US GAAP는 보다 규칙 중심 Rules-based 의 프레임워크를 따릅니다. 특히 건설, 부동산, 소프트웨어와 같은 특정 산업에 대해서는 수익 인식에 관한 상세한 지침들을 제공합니다. US GAAP의 수익 인식 절차는 더 구체적으로 명시되어 있기 때문에, 재무제표의 재작성 Restatement 이나 수정이 더 자주 발생할 수 있습니다.

- 재고 자산 평가 Inventory Valuation
    ✓ IFRS: IFRS는 재고 자산 평가에 있어서 LIFO(후입선출법) 사용을 허용하지 않습니다. FIFO(선입선출법)와 Weighted Average Method(가중평균법)만 허용됩니다.
    ✓ US GAAP: US GAAP는 재고 자산 평가 시 LIFO와 FIFO 모두를 허용합니다. LIFO는 최근에 입고된 재고가 먼저 판매되는 것으로 간주하므로, 인플레이션이 있는 시기에는 과세 소득을 낮출 수 있어 순이익 및 세금에 영향을 줄 수 있습니다.
- 연구개발비 자산화 R&D Capitalization
    ✓ IFRS: IFRS하에서는 기술적 실현 가능성, 판매 또는 사용을 위한 완성 의도 등 특정 기준을 충족하는 경우 개발 비용을 자산으로 인식할 수 있습니다.
    ✓ US GAAP: US GAAP에서는 일반적으로 개발 비용을 발생 시점에 비용으로 처리해야 하며, 예외적인 경우에만 엄격한 요건을 충족할 경우 자산화가 허용됩니다. 그 결과, 연구개발 관련 비용은 대부분 해당 기간에 전액 비용처리 됩니다.
- 리스 Leases
    ✓ IFRS: IFRS 16에 따르면, 거의 모든 리스는 재무상태표에 인식되며, 리스료 지급에 대한 부채와 리스 자산의 사용권(사용권 자산, Right-of-use asset)이 동시에 기록됩니다. 이 기준은 리스의 분류와 관계없이 모든 리스를 금융리스로 간주합니다.
    ✓ US GAAP: ASC 842에 따르면, US GAAP는 운용리스 Operating lease 와 금융리스 Finance lease 를 구분합니다. 운용리스는 일반적으로 재무상태표에 자산이나 부채로 인식되지 않으며, 이로 인해 IFRS와는 다른 회계처리가 이루어집니다.
- 재무제표 작성 방식 Financial Statement Presentation
    ✓ IFRS: IFRS는 재무제표의 표시 방식에 있어 더 많은 유연성을 허용합니다. 예를 들어, 손익계산서에서 비용을 기능별(예: 매출원가, 판매관리비) 또는 성격별(예: 급여, 감가상각비)로 분류하여 작성할 수 있으며, 기업은 자사에 더 적합한

방식을 선택할 수 있습니다.
- ✓ **US GAAP**: US GAAP는 보다 상세하고 정형화된 표시 규칙을 따릅니다. 예를 들어, 손익계산서에서 비용은 반드시 기능별로 작성해야 합니다. 성격별 정보는 주석 Note 으로만 제공할 수 있어, IFRS에 비해 표현의 유연성이 낮습니다.

- **자산의 손상차손** Impairment of Assets
  - ✓ **IFRS**: IFRS는 손상차손을 인식한 후, 손상의 원인이 더 이상 존재하지 않을 경우 손상차손의 환입을 허용합니다.
  - ✓ **US GAAP**: US GAAP는 손상차손이 한번 인식되면 이후 환입이 허용되지 않습니다. 즉, 한번 손상차손이 기록되면 되돌릴 수 없습니다.

- **영업권 손상** Goodwill Impairment
  - ✓ **IFRS**: IFRS에서는 영업권 손상 검사를 매년 수행하며, 장부금액이 회수가능금액을 초과할 경우 즉시 손상을 인식합니다.
  - ✓ **US GAAP**: 반면, US GAAP는 영업권 손상 검사를 위해 2단계 접근법 Two-step process 을 사용하며, 장부금액이 사업부의 공정가치를 초과할 경우에만 손상을 인식합니다.

B

Valuation Concepts

B Valuation Concepts

01 Enterprise Value vs Equity Value

Q 주주가치(Equity Value)란 무엇인가요?

주주가치 Equity Value 는 주주에게 귀속되는 기업의 가치를 의미하며, 기업의 영업가치뿐 아니라 초과현금이나 투자자산 같은 비영업가치도 포함합니다. 이는 회계 기반의 장부가치 Book Value 또는 시장 기대를 반영한 시가총액 기준의 시장가치 Market Value 로 나눌 수 있으며, 일반적으로 시장가치가 장부가치보다 높게 나타납니다.

상세 설명

주주가치는 기업의 전체의 가치 중에서 주주의 몫, 즉 주식의 가치를 의미하며, 이는 영업활동으로 창출되는 영업가치뿐만 아니라 초과 현금, 투자자산 등 비영업가치까지 포함합니다. 이 가치는 다음 두 가지 관점에서 이해할 수 있습니다.

- **장부가치** Book Value : 재무상태표를 기반으로 총자산에서 총부채를 차감하여 계산됩니다. 이는 회계 기준에 맞춰 기록된 역사적 원가를 반영하며, 현재 시장에서 평가하는 기업가치를 충분히 반영하지 못할 수 있습니다.
- **시장가치** Market Value : 시가총액(주가 × 유통주식수)을 뜻하며, 시장 참여자들이 해당 기업 주식에 대해 평가하고 있는 가치를 나타냅니다. 이 가치는 기업의 미래 성장에 대한 기대를 반영하기 때문에, 일반적으로 장부가치보다 높게 나타나는 경우가 많습니다.

회계적 관점과 시장적 관점 모두를 이해하는 것은 기업의 주주가치를 정확히 파악하는 데 필수적입니다.

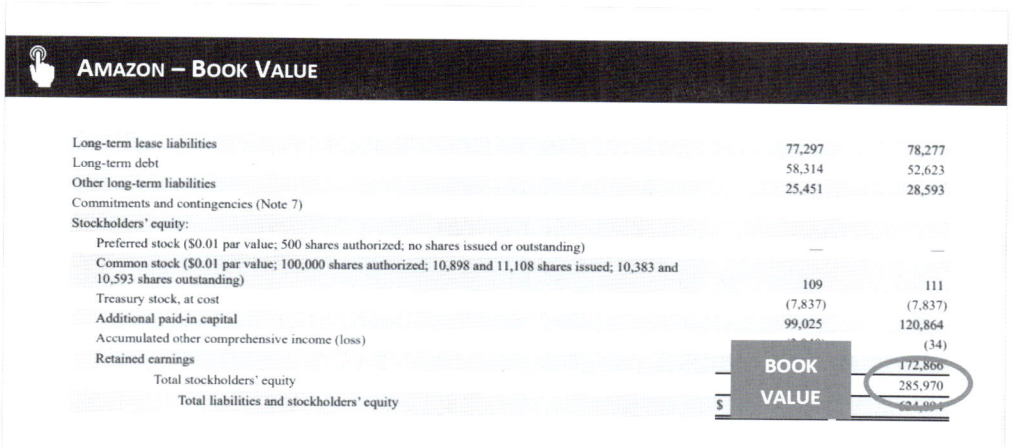

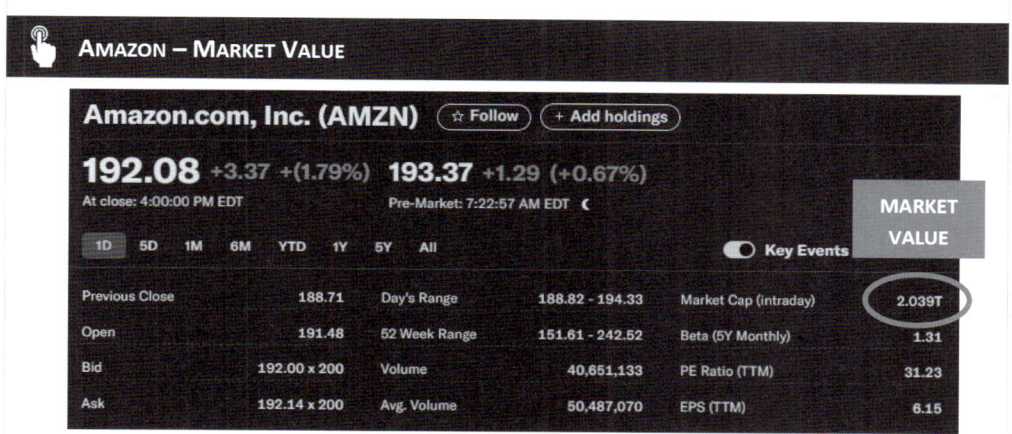

Q 기업가치(Enterprise Value)란 무엇인가요?

기업가치 Enterprise Value 는 회사의 핵심 영업활동 전체에 대한 가치를 모든 투자자(주주 및 채권자 포함)의 관점에서 측정한 지표입니다. 초과현금 등 비영업 자산은 제외하며, 계산식은 다음과 같습니다. Enterprise Value = 주주가치 Equity Value + 총부채 − 현금 및 현금성 자산. 기업가치는 일반적으로 EBITDA, EBIT, FCFF 등 영업성과 지표와 비교되며, 할인율로는 WACC에 대응됩니다. 반면, 주주가치는 주주의 몫에만 집중하며, Net Income, EPS, FCFE와 같은 지표와 연관되며, 자기자본비용 Cost of Equity 을 할인율로 사용합니다.

상세 설명

기업가치 Enterprise Value 와 주주가치 Equity Value 는 모두 기업의 가치를 측정하는 방법이지만, 각기 다른 관점을 반영합니다. Enterprise Value는 모든 투자자(주주와 채권자 모두)의 관점에서 기업가치를 측정하는 한편, Equity Value는 오직 주주의 관점에서만 기업가치를 측정합니다. 또한, Enterprise Value는 회사의 핵심 영업활동에 대한 가치를 측정한 것으로, 초과현금이나 투자자산과 같은 비영업자산은 제외합니다. 이는 계속 회사의 영업활동에서 창출되는 사업가치에만 집중하기 때문에, 자본구조나 투자자산과는 무관한 순수 영업능력을 반영합니다.

기업가치는 일반적으로 다음과 같은 간단한 공식으로 계산됩니다.

- **Enterprise Value** = Equity Value + Debt Value - Cash & Equivalents

초과현금 및 투자자산과 같은 비영업 항목들을 제거함으로써, 기업가치는 수익성과 성장성을 직접적으로 견인하는 순수 영업활동들에 기반한 평가를 가능하게 합니다.

또한, 이런 이유로 Enterprise Value는 EBITDA, EBIT, FCFF와 같은 영업 지표들과 함께 비교되며, DCF 모델에서는 할인율로 WACC(가중평균자본비용)를 사용합니다. 반대로, Equity Value는 주주 몫의 가치만 반영하기 때문에 Net Income, EPS, FCFE 등과 연관되며, 자기자본비용 Cost of Equity 을 할인율로 사용합니다.

이러한 영업 중심적 접근 방식 덕분에, 기업가치는 기업 및 산업 간 비교 시, 그리고 시계열 분석 등에서 더 명확하고 일관된 기준을 제공하며, 이는 기업가치평가, M&A 거래, 기타 투자 의사결정들에서 핵심적인 지표로 활용됩니다.

Q 기업가치(Enterprise Value)는 어떻게 계산하나요?

기업가치 Enterprise Value 는 한 회사의 핵심 영업활동에 대한 가치를 모든 투자자(주주, 채권자, 우선주 주주, 소수지분 보유자)의 관점에서 평가한 것으로, 초과현금과 같은 비영업 자산은 제외합니다. 계산 방식은 주주가치 Equity Value 에 총부채 Debt Value 를 더해 주며, 이후 현금 및 현금성자산 Cash and Equivalents 을 제외합니다. 여기에 필요시, 우선주

Preferred Equity Value, 소수지분 Minority Interests, 비영업자산 Non-Operating Assets 에 대한 조정이 추가적으로 이루어집니다.

상세 설명

Enterprise Value는 회사의 핵심 영업활동에 대한 가치를 모든 투자자(주주와 채권자 포함)의 입장에서 평가한 것입니다. 초과현금과 같은 비영업 자산은 제외하여, 오직 영업자산과 영업활동에 집중합니다. 이는 하단의 두 가지 방법을 통해서 계산됩니다.

- 간단한 공식 Simplified Formula : Enterprise Value = Equity Value + Debt Value − Cash and Equivalents

or

- 확장된 공식 Extended Formula : Enterprise Value = Equity Value + Debt Value + Preferred Stocks + Minority Interests − Cash and Equivalents Non-Operating Assets

계산식의 각 요소들에 대해 설명하자면,
- Equity Value 주주가치 : 주식시가총액 = 주가 × 유통주식수(발행주식수)
- Debt Value 총부채 : 모든 이자부부채의 합(은행대출, 회사채 등)
- Cash and Equivalents 현금 및 현금성 자산 : 비영업자산으로 간주, 식에서 차감됨
- Other Items 기타 항목 : 필요시 우선주, 소수지분, 비영업자산(투자부동산, 장기금융자산 등)을 포함하거나 제외함

Q 기업가치(Enterprise Value)를 계산할 때 시장가(Market Value)와 장부가(Book Value) 중 어떤 것을 사용해야 하나요?

시장가치 Market Value 를 사용하는 것이 바람직합니다. Enterprise Value는 현재 시점뿐만 아니라, 미래에 대한 가치도 반영하기 때문에, Equity Value와 Debt Value 등 구성 항목들은 시장가치 기준으로 측정하는 것이 실제 가치를 더 잘 반영합니다. 다

만, 시장가치 정보를 얻기 어려운 경우(예: 비상장 부채), 혹은 장부가 $^{\text{Book Value}}$를 사용해도 큰 차이가 없는 경우에는 편의상 장부가치를 사용하기도 합니다.

Q 기업가치(Enterprise Value)를 계산할 때 왜 부채, 우선주, 소수지분 등을 더하나요?

기업가치 $^{\text{Enterprise Value}}$는 기업의 자산에서 발생하는 수익에 대해 청구권을 가진 모든 자본참여자들의 몫을 합산한 가치입니다. 여기에는 보통주 주주뿐만 아니라 채권자(부채), 우선주 보유자 그리고 소수지분 보유자까지 포함됩니다. 채권자는 이자와 원금을, 우선주는 고정 배당을, 소수지분 보유자는 자회사의 일부 수익을 각각 청구할 수 있는 권리를 가지고 있으므로, 이들 모두의 몫이 기업의 전체 가치에 반영되어야 합니다.

Q 기업가치(Enterprise Value)를 계산할 때, 왜 현금을 차감하나요?

Enterprise Value는 모든 투자자의 관점에서 회사의 핵심 영업활동에 대한 전체 가치를 측정하는 지표로, 현금과 같은 비영업자산은 제외됩니다. 현금은 일상적인 운영을 지원하기는 하지만 일반적으로는 비영업적 자산으로 간주되므로, 기업가치를 계산할 때 차감합니다. 이는 이중 계산을 피하고 회사의 실제 영업가치에 더욱 집중할 수 있도록 해 줍니다.

상세 설명

Enterprise Value는 회사의 핵심적인 영업활동으로부터 창출되는 가치를 모든 투자자의 관점에서 측정한 것입니다. 반면, 현금은 이러한 영업활동의 본질적인 구성요소로 간주되지 않으며, 대부분 채무 상환이나 기타 전략적 목적을 위해 자유롭게 사용될 수 있는 유동성 자산으로 간주됩니다. 물론, 현금은 일상적인 영업을 지원하고, 영업을 위해서 필수적으로 필요하지만, 직접적인 수익 창출과는 거리가 있기 때문에 재무 분석 시는 보통 비영업 자산으로 분류됩니다.

기업가치를 계산할 때 현금을 차감하는 이유는, 비영업자산을 제거함으로써, 오직 영업 활동으로 창출되는 가치만을 평가할 수 있기 때문입니다. 현금에 대한 가치의 경우, 이미 Equity Value에는 포함되어 있는데, 이를 제거해 주는 것입니다. 다시 말해, 현금에 대한 가치는 이미 주식시장에서는 시가총액 ^{Equity Value} 에 반영되어 있기 때문에, 현금을 차감함으로써, 회사의 실제 영업가치만 남겨 놓을 수 있으며, 이는 상대가치평가 ^{Comparable Company Analysis} 나 투자 분석 시 더욱 정밀한 판단을 가능하게 합니다.

Q 현금(Cash and Equivalents)은 영업자산(Operating Asset)인가요, 비영업자산(Non-Operating Asset)인가요?

현금 ^{Cash and Equivalents} 은 그 용도에 따라 영업자산 ^{Operating Asset} 이 될 수도 있고 비영업자산 ^{Non-Operating Asset} 이 될 수도 있지만, 재무 분석 및 기업가치평가 시에는 일반적으로 비영업자산으로 간주됩니다. 영업 현금 ^{Operating Cash} 은 운전자본 등 일상적 운영을 위해 필요한 최소한의 현금을 의미하며, 일반적으로 연간 매출의 약 2~10% 수준으로 유지됩니다. 반면, 비영업 현금 ^{Non-Operating Cash} 은 일상적인 사업 운영에 필수적이지 않은 잉여 자금으로, 인수합병 ^{M&A}, 부채 상환, 자사주 매입, 전략적 유연성 확보 등의 목적을 위해 보유됩니다. 성숙한 기업들의 경우, 이러한 비영업 현금의 비중이 일반적으로 크기 때문에, 전체 현금이 비영업자산으로 간주되는 경우가 많습니다.

Q 기업가치(Enterprise Value)와 주주가치(Equity Value)는 음수가 될 수 있나요?

기업가치 ^{Enterprise Value} 는 회사의 현금 및 비영업자산이 시가총액과 부채의 합을 초과할 경우 음수가 될 수 있으며, 이는 재무적으로 어려움을 겪고 있는 기업이나 현금 보유액이 비정상적으로 많은 기업에서 종종 나타납니다. 한편, 주주가치 ^{Equity Value} 는 장부가 ^{Book Value} 기준에서, 누적적으로 손실이 발생하여 자산보다 부채가 더 많아지는 경우 음수가 될 수 있습니다. 하지만 시장가 ^{Market Value} 기준에서 주주가치, 즉 시가총액은 일반적으로 주가가 0보다 크기 때문에 음수가 되는 경우는 거의 없습니다.

상세 설명

기업가치와 주주가치는 모두 특정 상황에서 음수가 될 수 있으나, 그 이유가 다르며 이러한 경우는 드뭅니다. 보통은 회사가 매우 특수한 재무상태에 있을 때 나타납니다.

Enterprise Value는 회사의 현금 및 비영업자산이 시가총액, 부채 및 기타 구성요소의 합을 초과할 경우 음수가 될 수 있습니다. 이는 다음과 같은 상황에서 주로 발생합니다.
- 회사가 비정상적으로 많은 현금을 보유하고 있는 경우
- 시가총액이 매우 낮거나 음수에 가까운 경우(예: 기업이 재무적 위기에 처한 경우)

이러한 음의 Enterprise Value는, 겉보기에 회사의 현금 보유 수준이 높고 부채가 낮아 보일 수 있으나, 대부분 구조적인 위기나 특정 산업의 특수성에 기인합니다.

Equity Value $^{Book\ Value}$ 는 다음과 같은 경우에 음수가 될 수 있습니다.
- 지속적 누적 손실 또는 이익잉여금의 감소
- 총자산보다 총부채가 더 많을 경우(기업이 회계상 완전한 채무초과 상태에 있는 경우)

이 경우의 음의 자기자본가치는 재무제표상 회사의 건전성 부족이나 파산 위험을 의미할 수 있습니다.

반면, Equity Value $^{Market\ Value}$ 는 일반적으로 음수가 될 수 없습니다. 이유는 주식의 시장가격이 통상적으로 0 이하로 떨어지지 않기 때문입니다. 시장에서 주식이 거래되는 한, 자기자본의 시장가치는 0보다 큰 값을 유지하게 됩니다.

ENTERPRISE VALUE VS EQUITY VALUE

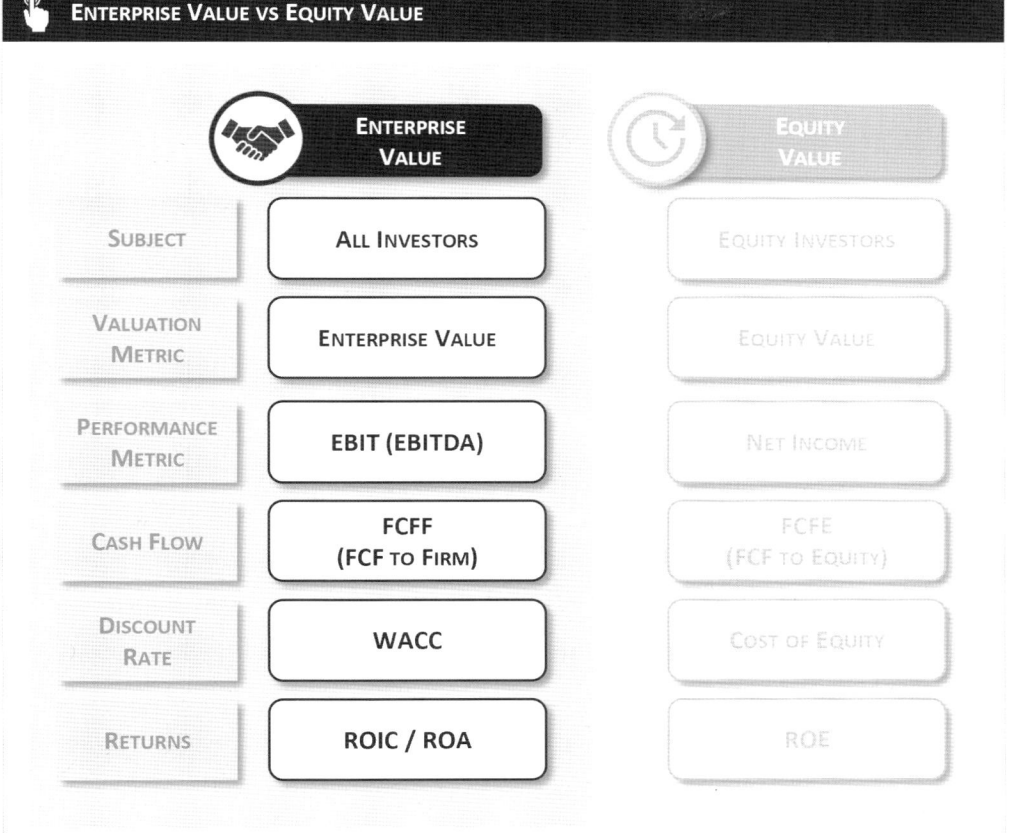

C

Comparable Valuations

C Comparable Valuations

01 Comps Concepts

Q 상대가치평가법(Comparable Company Valuation)을 설명해 보세요.

Comparable company valuation "comps"은 EV/EBITDA, P/E와 같은 표준화된 배수를 사용하여 유사한 상장 기업들과 비교함으로써 대상 기업의 가치를 추정하는 방법입니다. 이 과정은 적절한 비교 기업을 선정하고, 재무 데이터를 수집한 후, 각 기업의 밸류에이션 배수를 계산 및 평균화하여, 이를 대상 기업의 지표에 적용해 Enterprise Value 또는 Equity Value를 도출하는 방식으로 진행됩니다. 이 방법은 시장에서 유사한 비즈니스가 어떤 가치로 평가받는지를 반영하므로, 시장 기반의 실질적인 기준점을 제공하는 가치평가방법입니다.

추가 설명

Comps는 유사한 상장 기업들과 비교하여 대상 기업의 가치를 추정하는 방법입니다. 이때 EV/EBITDA, P/E와 같은 밸류에이션 배수를 사용합니다. 핵심 아이디어는 사업 모델, 재무 구조, 운영 환경이 유사한 기업들은 비슷한 밸류에이션을 가져야 한다는 것입니다. 예를 들어, 동일한 산업에서 비슷한 EBITDA를 기록하는 두 기업이 있다면, 이들의 가치는 유사해야 합니다. 만약 한 기업이 상대적으로 낮은 가격에 거래된다면, 이는 저평가된 것으로 해석될 수 있습니다. Comps 평가 과정은 일반적으로 다음과 같은 순서로 진행합니다.

1. **적절한 비교 기업 선정**: 산업군, 기업 규모, 성장성, 수익성, 지리적 노출도가 유사한 상장 기업을 선정합니다. 일반적으로 3개에서 10개 이상의 비교 대상을 선정합니다.
2. **관련 데이터 수집**: 각 비교 기업의 최신 시장 데이터(주가, 발행주식수, 시가총액)

를 수집합니다. 또한 재무지표(매출, EBITDA, 순이익)와 자본구조에 대한 정보(부채, 현금, 소수 지분 등)도 확보합니다.

3. **비교 기업들의 밸류에이션 배수 계산 및 평균화**: 기업의 EV/EBITDA, EV/Sales, P/E 배수 등을 계산합니다. 평균, 중앙값, 또는 최고/최저 범위값을 계산하여 벤치마크 지표를 설정합니다.

4. **대상 기업** Target Company **지표에 평균 배수 적용**: 대상 기업의 EBITDA나 순이익 Net Income 등에 평균 배수를 곱하여 추정 가치 Implied value 를 계산합니다.

5. **Enterprise Value 및 Equity Value 산출**: 위에서 계산한 추정치를 바탕으로 Enterprise Value(기업가치)를 구하고, 필요시 부채와 현금을 조정하여 최종적으로 Equity Value(주주가치)를 도출합니다.

BASIC CONCEPT OF COMPS VALUATIONS

PEER COMPANY	NET INCOME	MARKET CAP	MULTIPLE
PEER A	10	100	10.0x
PEER B	20	100	5.0x
PEER C	8	120	15.0x
TARGET	10	100	10.0x AVG.

Q 상대가치평가법(Comps Valuation)의 사용되는 두 가지 주요 접근 방법은 무엇인가요?

Comps Valuation에서는 유사기업평가법 Trading Comparables 과 유사거래평가법 Transaction Comparables 두 가지 방법이 주로 사용됩니다. Trading Comparables는 상장된 유사

기업들의 EV/EBITDA와 같은 시장 밸류에이션 배수를 기준으로 기업가치를 평가하는 방법입니다. 반면 Transaction Comparables는 과거 M&A 거래 사례를 분석하여, 거래 당시의 기업가치 배수를 적용하는 방식입니다. 거래 사례에는 일반적으로 경영권 프리미엄이 반영되어 있기 때문에, Trading Comparables보다 더 높은 값이 도출되는 경우가 많습니다.

추가 설명

Comps Valuation은 유사한 비즈니스 모델과 재무 특성을 가진 기업들이 유사한 값을 가져야 한다는 가정에 기반합니다. 이때 사용할 수 있는 주요 방법은 유사기업평가법 Trading Comparables 과 유사거래평가법 Transaction Comparables 두 가지입니다.

- **유사기업평가법** Trading Comparables : Trading Comparables는 현재 시장에 상장된 비슷한 기업들의 주식시장 가치를 비교하여 대상 기업을 평가하는 방법입니다. 보통 EV/EBITDA, EV/Sales, P/E와 같은 배수를 사용하며, 성장성, 수익성, 기업 규모, 산업 내 포지셔닝 등을 고려해 비슷한 기업들을 선정합니다.
    - ✓ 예시: 만약 회사 A가 소프트웨어 업종에 속해 있고, Salesforce와 ServiceNow 같은 유사 기업들이 평균 20배 EV/EBITDA로 거래되고 있다면, 회사 A 역시 비슷한 수준으로 가치가 측정될 수 있습니다.
- **유사거래평가법** Transaction Comparables : Transaction Comparables는 과거 M&A 거래 사례를 분석하여 대상 기업의 가치를 추정하는 방법입니다. 이 방법은 거래 당시 인수자가 실제로 지불한 금액을 기반으로 하며, 그 안에는 **경영권 프리미엄** Control Premium 과 **시너지효과에 대한 기대**도 반영되어 있습니다. 따라서 일반적으로 Trading Comps보다 더 높은 밸류에이션이 나오는 경우가 많습니다.
    - ✓ 예시: 만약 최근 헬스케어 회사가 EBITDA 12배로 인수된 사례가 있다면, 현재 매각을 고려하는 유사한 헬스케어 기업 평가에도 이 12배 배수가 참고 지표로 활용될 수 있습니다.

Q 두 가지의 상대가치평가방법론 중, 일반적으로 어떤 방법이 더 높은 값을 산출하나요?

일반적으로 유사거래평가법 Transaction Comps 이 유사기업평가법 Trading Comps 보다 더 높은 값을 산출합니다. 그 이유는 Transaction Comps에는 인수 과정에서 추가로 지불하는 경영권 프리미엄 Control Premium 과 시너지 Synergies 효과가 반영되기 때문입니다. 경영권 프리미엄은 기업 지배권을 확보하는 데 따른 추가 가치를 의미하고, 시너지는 인수 후 예상되는 비용 절감이나 매출 증가 효과를 의미합니다. 반면, Trading Comps는 이러한 프리미엄 없이 순수한 시장 가격을 기준으로 하기 때문에, Transaction Comps가 평균적으로 20~30% 정도 더 높은 값이 산출되는 경우가 많습니다.

Q 두 가지의 상대가치평가방법론 중, 수행하기 더 어려운 방법은 무엇이며, 그 이유는 무엇인가요?

Transaction Comps는 적절한 과거 거래 사례를 찾는 과정부터 까다롭고, 특히 비상장 기업 거래의 경우 공개된 데이터가 부족하여 접근이 어렵습니다. 또한, 각 거래에 내재된 경영권 프리미엄과 시너지 효과를 고려하여 조정해야 하므로, 비교 가능성을 확보하기 위해 추가적인 분석과 주관적 판단이 필요합니다. 반면, Trading Comps는 상장 기업들의 실시간 시장 데이터를 기반으로 하여 비교적 수월하게 수행할 수 있습니다.

Q DCF 분석과 비교했을 때, 비교가치평가법의 장점은 무엇입니까?

Comps Valuation은 DCF 분석에 비해 훨씬 빠르고 간단하며, 시장의 실시간 분위기를 반영할 수 있다는 장점이 있습니다. 또한, Transaction Comps를 활용하면 거래 당시 포함된 경영권 프리미엄 Control Premium 과 시너지 Synergies 효과까지 포착할 수 있어, 단순한 운영 성과 이상의 가치를 평가할 수 있습니다.

추가 설명

Comps Valuation(Trading Comps와 Transaction Comps)은 DCF 분석에 비해 일반적으로 더 빠르고 간단하게 적용할 수 있습니다. DCF 분석은 장기 재무 전망과 다양한 가정에 민감한 모델링이 필요하지만, Comps는 시장에 이미 존재하는 EV/EBITDA, P/E 등의 배수를 활용하기 때문에 복잡한 모델링 없이도 현재 시장 분위기에 맞춰 빠르게 기업 가치를 추정할 수 있습니다. Comps Valuation의 주요 장점은 다음과 같습니다.

- **빠르고 단순하다**: Comps는 긴 기간의 재무 예측이나 복잡한 할인율 설정이 필요 없습니다. 따라서 상대적으로 간단한 데이터 수집과 계산만으로 신속하게 기업 가치를 추정할 수 있습니다.
- **실시간 시장 분위기를 반영한다**: Trading Comps는 현재 주식시장에서 비슷한 기업들이 어떤 밸류에이션을 받고 있는지를 반영합니다. IPO, 애널리스트 리포트, 빠른 투자 판단 등 시간이 제한된 상황에서 특히 유용합니다.
- **거래 프리미엄과 시너지 효과를 포착할 수 있다**: Transaction Comps는 실제 M&A 거래 가격을 분석하기 때문에, 단순한 운영 실적 외에도 경영권 프리미엄 Control Premium 과 시너지 Synergies 기대치를 반영합니다. 따라서 단순히 현재 수익성만 반영하는 것이 아니라, 거래에서 실제로 반영된 추가 가치까지 고려할 수 있습니다.

Q DCF 분석과 비교했을 때, 비교가치평가법의 단점은 무엇입니까?

비교가치평가법 Comps Valuation 은 시장 상황에 민감하게 영향을 받고, 기업 고유의 특성을 충분히 반영하기 어렵다는 단점이 있습니다. 또한, 적절한 비교 기업을 선정하지 못하면 부정확한 결과를 초래할 수 있어, DCF 분석에 비해 기업의 고유한 성장 가능성을 세밀하게 포착하는 데 한계가 있습니다.

추가 설명

- **시장 심리에 의존한다**: Comps Valuation은 현재 시장에서 거래되고 있는 비교

기업들의 배수에 기반하기 때문에, 시장 변동성이나 과열, 침체 상황에서는 대상 기업의 본질 가치 ^Intrinsic Value^ 를 정확히 반영하지 못할 수 있습니다. 특히, 거시경제 위기나 산업 사이클 하락기에는 과소평가 또는 과대평가되는 위험이 있습니다.

- **기업별 맞춤형 분석이 어렵다**: Comps Valuation은 관찰 가능한 시장 배수만을 사용하기 때문에, 기업 개별의 성장 전망, 비용 구조 변화, 현금흐름 개선 계획 등 구체적인 재무 예측을 반영할 수 없습니다. 반면, DCF 분석은 기업별 장기 가정을 자유롭게 설정할 수 있어, 대상 기업 고유의 특성을 더 정밀하게 반영할 수 있습니다.

- **비교 기업 ^Peers^ 선정에 따라 결과가 달라질 수 있다**: Comps Valuation의 정확성은 얼마나 적절한 비교 기업 ^Peers^ 을 선정했느냐에 따라 크게 좌우됩니다. 비교 대상 기업의 사업 모델, 재무 구조, 회계처리 방식 등이 충분히 유사하지 않으면, 잘못된 비교를 통해 왜곡된 밸류에이션이 도출될 수 있습니다. 또한, 비영업자산 ^Non-operating Assets^ 이나 부채 수준 등의 차이를 제대로 조정하지 않으면 추가적인 오류가 발생할 수 있습니다.

Q   Comps Table이란 무엇이며, 보통 어떤 정보가 포함됩니까?

Comps Table은 비교가치평가법 ^Comps Valuation^ 을 수행할 때 사용되는 정리된 표로, 대상 기업과 비교 기업들의 재무지표를 표준화된 밸류에이션 배수 ^EV/EBITDA, P/E^ 를 통해 비교 분석할 수 있도록 구성되어 있습니다. Comps Table에는 기업 정보, 시장 데이터, 주요 재무지표, 그리고 계산된 밸류에이션 배수 등이 포함되어, 기업 간 일관된 비교가 가능하도록 도와줍니다.

추가 설명

Comps Table은 Comparable Company Valuation을 수행할 때, 대상 기업과 비교 기업들의 핵심 재무지표를 정리하여 상대적 밸류에이션을 분석할 수 있도록 구성된 표입니다.

Comps Table에는 일반적으로 다음과 같은 정보가 포함됩니다.

- **기업 정보**: 비교 대상으로 선정한 기업들의 이름, 산업, 비즈니스 모델, 규모, 지역 정보 등이 포함됩니다. 추가적으로 상장 시장 Exchange, 거래 통화 Currency, 티커 Ticker 등도 함께 제공되는 경우가 많습니다.
- **시장 데이터**: 현재 주가 Stock Price, 유통주식수 Shares Outstanding, 시가총액 Market Capitalization 등을 포함하여 Equity Value를 계산하고, 이를 기반으로 Enterprise Value까지 산출할 수 있도록 합니다.
- **주요 재무지표**: 매출액, EBITDA, 순이익과 같은 주요 재무 데이터뿐만 아니라 매출 성장률, 이익률 같은 핵심 비율도 포함됩니다. 또한, Enterprise Value를 계산하기 위해 필요한 총부채 Total Debt, 우선주 Preferred Stock, 소수지분 Minority Interest 등의 항목도 함께 수집합니다.
- **밸류에이션 배수**: EV/EBITDA, EV/Sales, P/E와 같은 표준화된 배수가 포함됩니다. 이 배수들은 별도로 수집된 데이터로부터 계산되며, 직접 입력하거나 외부에서 가져오기보다는, Comps Table 내에서 자동 계산되도록 설정하는 것이 일반적입니다.

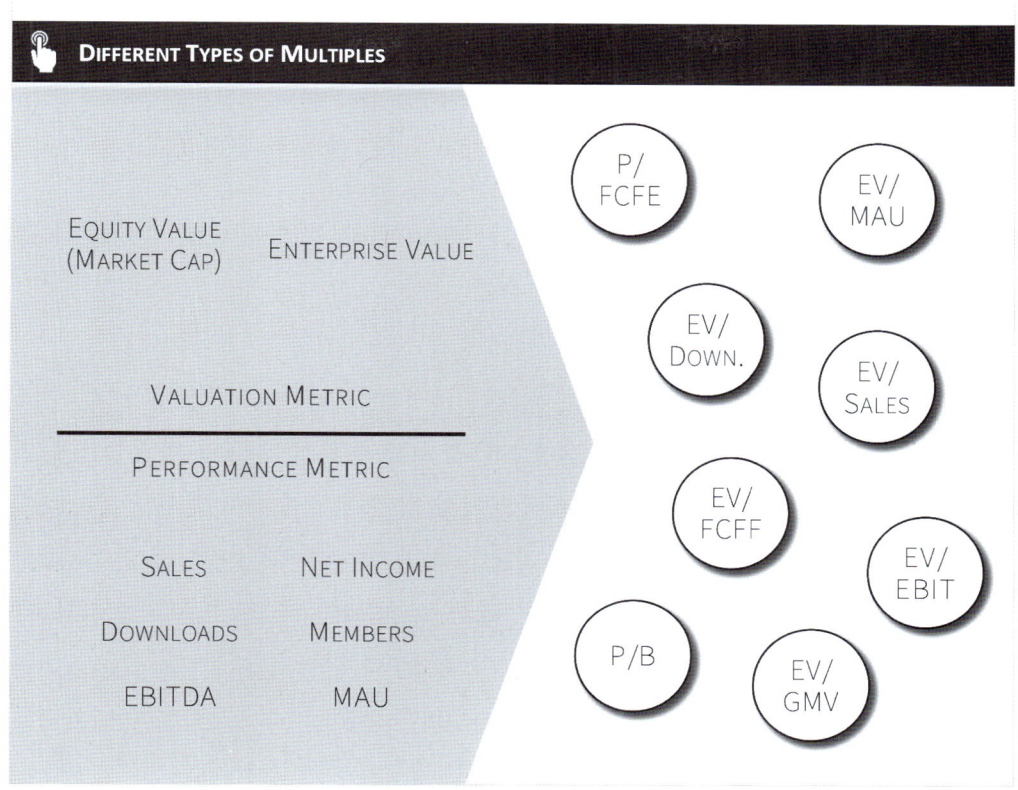

02 Multiple Selection

Q 비교가치평가법(Comps Valuation)에서 가장 흔히 사용되는 밸류에이션 배수는 무엇입니까?

비교가치평가법 Comps Valuation 에서 가장 자주 사용되는 밸류에이션 배수는 EV/EBITDA, P/E Price-to-Earnings, 그리고 EV/Sales입니다. 이 배수들은 각각 기업의 운영 성과와 주주 관점의 수익성을 평가할 수 있도록 도와주며, 다양한 산업과 상황에 걸쳐 널리 활용됩니다.

추가 설명

- **P/E**: P/E는 주가를 주당순이익 Earnings Per Share, EPS 으로 나누거나, 시가총액 Market Capitalization 을 순이익으로 나누어 계산합니다. 이 배수는 Equity Value를 순이익과 비교하는 구조로, 주주의 입장에서 수익성을 평가할 수 있도록 설계되어 있습니다. P/E는 가장 직관적이고 널리 알려진 배수 중 하나로, 전문가들뿐 아니라 일반 투자자들도 흔히 사용하는 지표입니다.
- **EV/EBITDA**: EV/EBITDA는 Enterprise Value(기업가치)를 EBITDA와 비교하는 배수입니다. EBITDA는 감가상각비 Depreciation 와 무형자산상각비 Amortization 같은 비현금성 비용을 제외하고 운영 수익성을 보여 주기 때문에, 다양한 산업에서 안정적으로 활용할 수 있습니다. 특히, 산업별 회계처리 차이나 자본구조 차이에 덜 민감하여, 기업 간 비교를 보다 일관성 있게 할 수 있다는 장점이 있습니다.
- **EV/Sales**: EV/Sales는 Enterprise Value를 매출과 비교하는 배수입니다. 주로 수익성이 아직 안정되지 않은 초기 성장 기업이나, EBITDA나 Net Income이 적자이거나 변동성이 큰 상황에서 활용됩니다. 실적이 마이너스이거나 불안정한 기업을 평가할 때도 상대적 가치를 추정할 수 있도록 해 줍니다.

Q 각 밸류에이션 배수(Multiple)의 장단점은 무엇입니까?

비교가치평가법 Comps Valuation 에서는 기업의 재무 특성과 평가 목적에 따라 적합한 밸류에이션 배수를 선택해야 합니다. P/E 배수는 단순하고 직관적이지만, 이익 변동성이 크거나 적자 상황에서는 신뢰도가 떨어집니다. EV/EBITDA 배수는 운영성과를 깔끔하게 보여 주지만, CapEx나 운전자본 변동을 반영하지 못해 현금흐름을 과대평가할 수 있습니다. EV/Sales 배수는 수익성이 불안정한 초기 기업을 평가할 때 유용하지만, 비용 구조나 수익성을 반영하지 못해 과대평가 위험이 존재합니다.

추가 설명

각 밸류에이션 배수는 기업의 재무 상황이나 분석 목적에 따라 장단점이 있습니다. 일반적으로는 P/E나 EV/EBITDA를 우선적으로 사용하며, 이 두 배수가 적합하지 않은 경우에는 EV/Sales 등 대체 배수를 고려합니다.

P/E ^{Price-to-Earnings}

- **장점**
  - ✓ 계산이 간단하고 직관적이며, 일반 투자자들도 쉽게 이해할 수 있습니다.
  - ✓ Equity Value를 직접 측정하기 때문에, 주주 수익률 관점에서 분석할 때 유용합니다.
- **단점**
  - ✓ 순이익에 민감하게 반응합니다. 일회성비용 ^{One-time Expenses} 이나 회계 조정 등으로 순이익이 변동성이 클 경우, 왜곡될 위험이 있습니다.
  - ✓ 순이익이 적자이거나 일관되지 않은 경우에는 적절한 평가가 어렵습니다.

EV/EBITDA

- **장점**
  - ✓ 자본 구조나 비영업항목 ^{Non-operating Items} 을 제외하고, 기업의 핵심 운영성과 ^{Core Operating Performance} 를 깔끔하게 보여 줍니다.
  - ✓ EBITDA는 순이익보다 변동성이 작아, 이익이 들쭉날쭉한 기업에도 안정적으로 적용할 수 있습니다.
- **단점**
  - ✓ EBITDA는 완전한 현금흐름을 반영하지 않습니다. CapEx나 운전자본 변동을 무시하기 때문에, 실제 현금창출 능력을 과대평가할 수 있습니다.
  - ✓ Enterprise Value나 EBITDA 계산은 재무제표에 명시되어 있지 않아서, 분석자마다 정의가 달라질 수 있어 주관성이 개입될 여지가 있습니다.
  - ✓ 스타트업이나 지속적으로 적자를 기록하는 기업에는 적합하지 않을 수 있습니다.

EV/Sales
- 장점
  - ✓ 이익이 불안정하거나 적자 상태인 초기 성장 기업을 평가할 때 유용합니다.
  - ✓ 매출이라는 비교적 안정적인 지표를 기반으로 평가할 수 있습니다.
- 단점
  - ✓ 비용 구조, 수익성, 운영 효율성을 반영하지 못합니다.
  - ✓ 매출은 크지만 수익률이 낮은 기업을 과대평가할 위험이 있습니다.

Q 영업이익(Operating Income)이 적자인 회사는 어떻게 비교가치평가법(Comps Valuation)을 할 수 있나요?

영업이익이 적자인 경우에는 전통적인 EV/EBITDA나 P/E와 같은 배수를 사용할 수 없습니다. 대신 수익성에 의존하지 않는 배수, 예를 들면 EV/Sales나 산업별 특수 지표를 활용해 Comps Valuation을 수행합니다.

추가 설명

영업이익이 적자인 기업을 Comps 분석으로 평가할 때는, 전통적인 수익성 기반 배수 대신 다른 접근 방식을 사용해야 합니다.

- **수익성에 의존하지 않는 배수 사용**: 영업이익이나 EBITDA가 마이너스일 때는, EV/Sales와 같이 매출 기반 배수를 사용하는 것이 일반적입니다. 매출은 수익성이 낮거나 손실이 발생하는 경우에도 대부분 양(+)의 수치를 유지하기 때문입니다. 경우에 따라서는 산업별 특수 배수를 사용할 수도 있습니다. 예를 들어, 미디어 기업이라면 EV/가입자 수, 모바일 앱 기업이라면 EV/Monthly Active Users 같은 지표를 활용할 수 있습니다.
- **미래 수익성 개선을 반영하여 조정**: 현재는 영업이익이 적자지만, 향후 수익성 개선이 예상된다면, 미래 재무 전망을 활용해 평가를 조정할 수 있습니다. 예를 들어, LTM Last Twelve Months 이나 FTM Forward Twelve Months EBITDA 대신, 3년 후 예상

EBITDA를 기준으로 밸류에이션을 수행하고, 할인율 $^{Discount\ Rate}$ 을 적용해 현재가치로 조정하는 방식입니다.
- **다른 가치평가기법들과 비교**: 영업손실은 기업의 근본적인 위험 요소를 반영하는 경우가 많기 때문에, 단순 Comps 결과만 믿기보다는 시나리오 분석을 함께 수행하는 것이 중요합니다. 또한, DCF 분석과 교차 검증하여, Valuation의 신뢰성을 높이는 접근이 필요합니다.

Q 수익이 거의 없거나 적자인 스타트업의 비교가치평가법(Comps Valuation)은 어떻게 수행하나요?

수익이 거의 없거나 마이너스인 스타트업의 비교 기업 분석을 수행할 때는, 전통적인 수익 또는 이익 기반 배수 대신 EV/User, EV/GMV, EV/Installs 같은 대체 지표를 사용합니다. 이러한 지표는 확장 가능성, 사용자 성장, 시장 침투력에 초점을 맞추어, 초기 단계 기업의 가치를 보다 잘 포착합니다. 신뢰할 수 있는 재무 예측이 존재하는 경우에는 선행 EV/Sales 또는 EV/EBITDA 배수를 적용할 수도 있습니다.

추가 설명

수익이 거의 없거나 마이너스인 스타트업을 평가할 때는, 수익 기반 배수보다는 초기 성장 잠재력을 더 잘 반영하는 대체 지표를 사용합니다. 일반적인 접근 방식은 다음과 같습니다.

- **EV/User 또는 EV/Subscriber**
  - ✓ 기술, SaaS, 또는 소비자 앱 분야에서 사용자 기반 성장이 핵심 자산일 때 유용
  - ✓ 예: 월간 활성 사용자 ^{MAU} 를 기준으로 소셜 미디어 스타트업을 평가하는 경우
- **EV/Downloads 또는 EV/Installs**
  - ✓ 초기 단계 모바일 앱이나 플랫폼 기업에 적합
  - ✓ 수익이 없어도 배포 범위와 시장 도달력을 나타냄

- EV/GMV
  ✓ 이커머스 플랫폼, 차량 호출 앱 등 마켓플레이스 기반 스타트업에 사용
  ✓ 순수익이 작더라도 전체 거래 가치를 기준으로 평가
- EV/R&D 지출
  ✓ 바이오텍, 딥테크, AI 중심 스타트업에서 유용
  ✓ 현재 막대한 연구개발 투자로 미래 성과를 기대하는 경우(바이오텍의 경우 EV/파이프라인 수도 사용)
- Forward EV/Sales 또는 Forward EV/EBITDA
  ✓ 신뢰할 수 있는 예측이 존재할 경우, 현재 수치 대신 미래의 예상 매출액 또는 EBITDA를 기준으로 평가

Q 밸류에이션 배수를 사용할 때, 적절한 분자를 어떻게 결정하나요?

적절한 분자는 분모로 어떤 재무지표를 사용하는지에 따라 달라집니다. 분모가 모든 투자자의 관점을 반영하는 지표(EBIT, EBITDA 등)인지, 아니면 의 관점을 반영하는 지표(Net Income, Book Value 등)인지에 따라 Enterprise Value 또는 Equity Value 중 무엇을 분자로 써야 할지가 결정됩니다.

추가 설명

배수를 구성할 때, 분자의 선택 기준은 다음과 같습니다.

- **Enterprise Value 기반 배수**: 분모가 전체 투자자에게 귀속되는 수익(EBIT, EBITDA 등)을 반영한다면, 분자는 Enterprise Value가 되어야 합니다. 대표적인 예시: EV/EBITDA & EV/EBIT.
- **Equity Value 기반 배수**: 분모가 주주의 수익(Net Income, EPS 등)을 직접 반영하는 지표라면, 분자는 Equity Value를 사용합니다. 대표적인 예시: P/E Price-to-Earnings & P/B Price-to-Book

Q 밸류에이션에서 가장 많이 사용되는 배수(Multiple)는 무엇인가요?

가장 많이 사용되는 배수는 EV/EBITDA, EV/Sales, 그리고 P/E입니다.

추가 설명

- **EV/EBITDA**: 이 배수는 영업 성과를 잘 보여 주면서도 같은 비영업적이고 비현금성 요소들을 제외하기 때문에 널리 사용됩니다. 모든 투자자 관점에서의 기업 가치를 나타내는 Enterprise Value와 잘 맞는 배수입니다.
- **P/E** Price-to-Earnings : 주가 또는 시가총액을 순이익에 비교하여, 주주 입장에서의 기업 가치를 평가할 수 있습니다. 간단하고 직관적이며, 시장에서 가장 많이 인용되는 배수 중 하나입니다.
- **EV/Sales**: 기업의 수익성이 불안정하거나 적자인 경우에도 매출은 대부분 존재하기 때문에 자주 사용됩니다. 특히 고성장 기업이나 초기 스타트업의 밸류에이션에 적합합니다.

Q 일반적으로 사용되는 Enterprise Value 및 Equity Value 배수는 무엇인가요?

밸류에이션 배수는 일반적으로 Enterprise Value 배수와 Equity Value 배수로 구분되며, 각각 기업 가치를 바라보는 관점이 다릅니다. Enterprise Value 배수(EV/EBITDA, EV/EBIT, EV/Sales 등)는 자본구조와 무관하게 기업의 운영 성과를 기준으로 가치를 평가하며, 자본집약적 산업이나 순이익이 아직 발생하지 않은 초기 성장기업 비교에 유용합니다. 반면, Equity Value 배수(PER, PBR, Price/Cashflow 등)는 순이익, 장부가치, 현금흐름 등 주주 입장에서 확인 가능한 지표를 기준으로 하며, 수익성, 자산가치, 현금창출능력 등을 평가하는 데 사용됩니다.

Q P/E 비율은 무엇을 의미하나요?

P/E은 투자자가 기업의 $1당 이익에 대해 얼마를 지불할 의향이 있는지를 나타냅니다. 높은 P/E는 성장 기대 또는 고평가를, 낮은 P/E는 저평가 또는 리스크를 의미할 수 있습니다.

추가 설명

P/E 비율은 기업의 주가가 순이익에 비해 얼마나 높은지를 보여 주는 핵심 지표입니다. 계산식은 아래와 같습니다.

- **P/E** = 주가 / 주당순이익 ^{EPS} 혹은 시가총액 / 순이익

    예를 들어, P/E 비율이 15라는 것은 투자자들이 $1의 순이익을 위해 $15를 지불하고 있다는 의미입니다. 이는 기업이 동일한 이익 수준을 유지한다고 가정했을 때, 투자금을 회수하는 데 15년이 걸릴 수 있다는 해석도 가능합니다.

- **높은 P/E**: 높은 P/E 비율은 일반적으로 투자자들이 해당 기업의 향후 성장을 크게 기대하고 있다는 신호입니다. 예를 들어, P/E 비율이 25 이상이면 보통 높다고 평가되며, 이는 투자자들이 향후 이익 증가를 기대하며 $1의 이익에 대해 더 많은 금액을 지불할 의향이 있음을 의미합니다. 그러나 동시에 이익에 비해 주가가 과대평가되었을 가능성도 있습니다.

- **낮은 P/E**: 낮은 P/E 비율은 해당 주식이 이익에 비해 저평가되었음을 시사할 수 있습니다. 하지만 이는 기업의 성장 기대가 낮거나 재무 건전성에 대한 우려가 존재함을 의미할 수도 있습니다.

하지만 더욱 중요한 것은, P/E 비율은 업종별로 평균치가 크게 다를 수 있기 때문에 동일 업종 내 기업들끼리 비교하는 것이 매우 중요합니다.

Q 어떤 경우에 P/B 비율을 사용해 기업을 평가하나요?

P/B 비율은 유형자산이 많은 산업, 예를 들어 금융기관(은행, 보험사), 부동산 회사, 또는 제조업처럼 자산 중심의 산업군에서 주로 사용됩니다. 특히 기업의 장부가치 Book Value 가 실제 자산 가치를 잘 반영하고, 순이익이 불안정하거나 신뢰하기 어려운 경우에 유용합니다.

추가 설명

P/B 비율은 기업의 Equity Value를 자기자본(총자산 – 총부채)의 장부가 Book Value 와 비교한 수치입니다. 다음과 같은 상황에서 효과적으로 사용됩니다.

- **자산 중심 산업**: 유형자산이 기업의 본질적 가치를 구성하는 경우, 장부가치가 신뢰할 만한 기준이 되므로 P/B가 적절한 평가 수단입니다.
- **은행 등의 금융기관**: 은행과 보험사의 재무상태표는 영업결과들과 매우 밀접한 관련성을 보이므로, Book Value를 통한 평가가 효과적입니다.
- **순이익이 불안정하거나 적자인 경우**: P/E 같은 수익 기반 배수는 변동성도 심하며, 일회성 이벤트 등으로 왜곡될 수 있기 때문에, 자산 기반인 P/B가 더 나은 기준이 될 수 있습니다.

Q EBITDA나 순이익이 아닌 Revenue 관련 배수를 사용해야 하는 상황은 언제인가요?

Revenue 배수(EV/Revenue 또는 EV/Sales 등)는 EBITDA나 순이익이 적자이거나 불안정한 기업을 평가할 때 유용하며, 수익성보다는 매출 성장 가능성이 중요한 초기 스타트업, 테크 기업, 또는 광고 기반 플랫폼 등에서 자주 사용됩니다. 이 배수는 기업의 가장 기초적인 실적인 매출을 기준으로 가치를 산정하기 때문에, 수익성이 낮거나 적자인 경우에도 기업 간 비교가 가능하다는 장점이 있습니다. 다만, 비용 구조나 마진을 반영하지 않기 때문에 수익성이 낮은 기업의 가치가 과대평가될 위험이 있습니다. 반면, EBITDA 배수(EV/EBITDA 등)는 감가상각비, 이자비용과 같은 비현금성·비영업 항목을 제외하고 핵심 영업 성과를 반영하기 때문에, 실제 현금 창출력과 더 밀접한 지표로 여겨집니다. 따라서 산업 간 또는 유사한 수익 구조를 가진 기업 간 비교에 적합하며, 안정적인 수익성을 가진 기업을 평가할 때 특히 유리합니다.

Q 수익이 없는 초기 단계의 e-commerce 스타트업은 어떻게 밸류에이션 하나요?

수익이 없는 초기 인터넷 기업은 전통적인 재무 배수 대신, 사용자 기반 또는 거래 기반 지표(예: EV/MAU, EV/GMV 등)를 활용하거나, 비슷한 단계의 스타트업 비교 사례 Comparable Transactions 를 기반으로 평가합니다.

추가 설명

수익이 없는 기업을 평가하려면 창의적인 접근과 적절한 비교 지표가 필요합니다. 전통적인 배수(P/E, EV/EBITDA 등)는 사용할 수 없기 때문에 다음과 같은 대안이 사용됩니다.

- **대체 배수 사용**: EV/MAU, EV/Subscriber 등은 사용자 기반 모델을 가진 스타트업에 적합합니다. EV/GMV는 이커머스나 플랫폼 기반 기업에서 거래 총액을 기준으로 평가합니다. EV/다운로드 수도 모바일 앱이나 플랫폼 기업에서 자주 쓰입니다.
- **유사 기업 분석**: 같은 산업과 성장 단계에 있는 기업들의 M&A 사례나 투자 유치 사례를 참고해, 비슷한 조건에서 어떤 밸류에이션이 쓰였는지 확인합니다.
- **미래 예측을 통한 병행 평가**: 신뢰할 만한 매출 또는 EBITDA 예측치가 있다면, 이를 기반으로 DCF 모델을 활용해 추정 밸류에이션을 보완적으로 활용할 수도 있습니다.

Q EPS를 사용해 기업의 적정 주가를 어떻게 산출할 수 있나요?

P/E 배수를 활용해 주가를 추정할 때는 먼저 기업의 EPS(주당순이익)를 구한 뒤, 동일 업종 내 유사 기업들의 P/E 배수를 수집해 평균 또는 중간값을 계산합니다. 이후 해당 기업의 EPS에 평균 P/E 배수를 곱하면 시장에서 해당 수익성을 어떻게 평가하고 있는지 반영된 적정 주가를 산출할 수 있습니다.

추가 설명

EPS를 사용하여 주가를 산정하는 절차는 다음과 같습니다.
1. **P/E 배수 유형 결정**: 과거 실적 기준인 Trailing P/E를 쓸지, 향후 예상 실적 기준인 Forward P/E를 쓸지를 결정합니다. 기업의 추정 실적이 신뢰할 만하다면 Forward P/E를 사용하는 것이 일반적입니다.
2. **EPS 계산**: 기업의 순이익을 유통주식수(혹은 상황에 따라 발행주식수)로 나누어 EPS를 산정합니다. Forward P/E를 사용하는 경우, 향후 예상 순이익을 바탕으로 EPS를 계산합니다.
3. **Peer 그룹 선정**: 동일 산업 및 유사한 비즈니스 모델, 규모, 성장률을 가진 유사 기업 3~10개 내외를 선정합니다.
4. **산업 평균 P/E 배수 산정**: 각 유사 기업의 P/E 배수를 계산한 후, 평균 또는 중간값을 구합니다. Forward P/E를 사용할 경우 애널리스트들의 컨센서스 추정치를 활용해 계산합니다.
5. **적정 주가 산정**: Step 2에서 구한 EPS에 Step 4에서 산출한 평균 P/E 배수를 곱하면 해당 기업의 적정 주가가 됩니다. 이는 유사 기업들이 어떤 수익성에 어떤 가치 평가를 받고 있는지를 반영한 결과입니다.

03 Peer Selection

> **Q** 비교가치평가법(Comps Valuation)을 활용하는 경우, 피어 그룹(Peer Group)은 어떻게 선정하나요?

피어 그룹 Peer Group 을 선정할 때는 산업, 비즈니스 모델, Value Chain 내 역할, 사업 규모와 성장률, 지리적 노출도, 자본 구조 등의 요소를 종합적으로 고려해야 합니다. 예를 들어, 연구개발만 하는 바이오 기업과 제조·판매까지 모두 수행하는 종합 제약사를 비교하거나, 성숙한 대형 기업과 고성장 스타트업을 비교하는 것은 적절하지 않습니다. 이러한 요소들을 정밀하게 고려할수록 정확한 밸류에이션 분석이 가능합니다.

추가 설명

Comparable 기업을 선정할 때 주의해야 할 핵심 요소는 다음과 같습니다.

- **산업 및 비즈니스 모델**: 가장 중요한 기준입니다. 동일 산업 내에서 유사한 수익 모델을 가진 기업이어야 합니다. 예를 들어, 유니클로처럼 저가 전략을 쓰는 브랜드와 프라다 같은 명품 브랜드를 비교하는 것은 왜곡된 결과를 낳을 수 있습니다.
- **Valua Chain 내 역할**: 기업이 가치사슬의 어떤 단계에 있는지도 중요합니다. 예를 들어, R&D에만 집중하는 ProQR 같은 바이오텍 기업과, Novartis처럼 생산·마케팅까지 아우르는 제약회사를 비교하는 것은 부적절합니다.
- **사업규모 및 성장성**: 매출 또는 시가총액 기준으로 규모가 유사하고, 성장 곡선이 비슷한 기업을 골라야 합니다. IBM과 Snowflake처럼 규모와 성장률이 극단적으로 다른 기업은 직접 비교가 어렵습니다.
- **지리적 노출도**: Target(미국)과 Carrefour(유럽)처럼 지역 기반이 다르면 소비자 행동과 경제 환경도 다르므로, 지리적 노출이 비슷한 기업을 선택해야 보다 정확한 비교가 가능합니다.

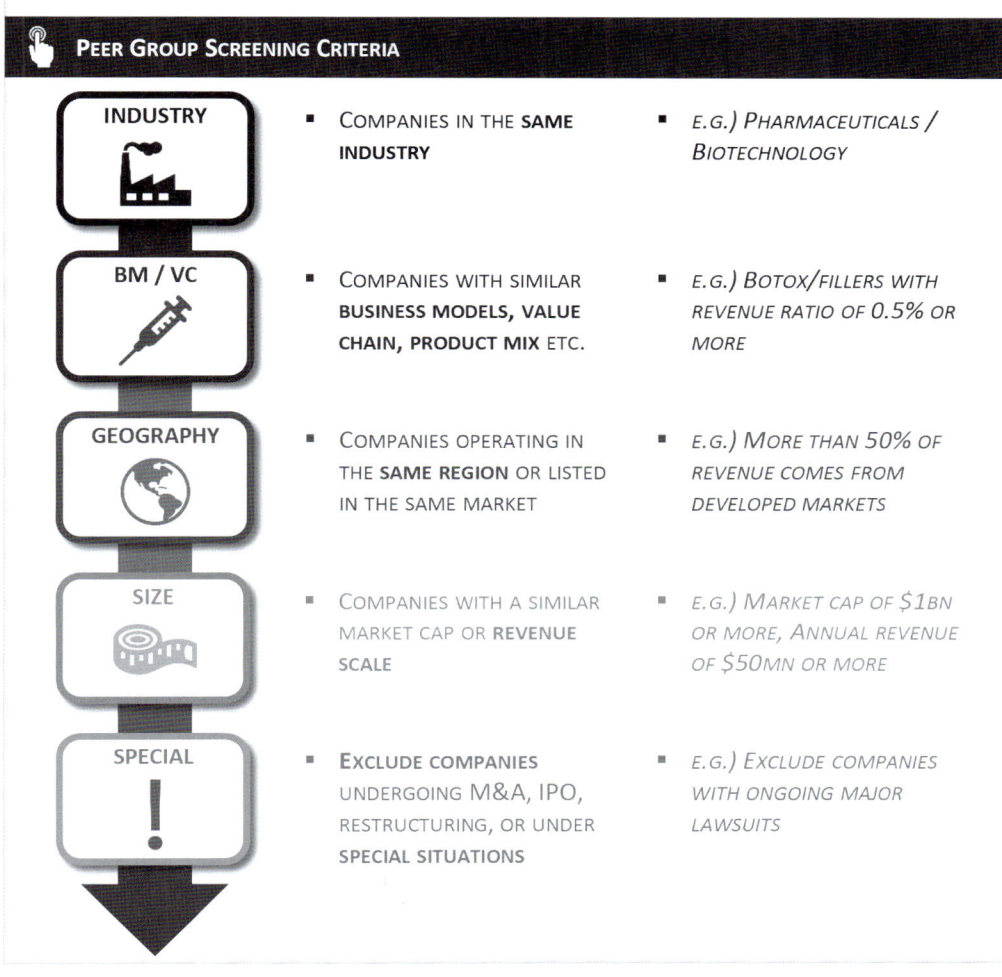

Q Valuation의 대상기업(Target Company)을 피어 그룹에 포함시켜야 하나요?

비교가치평가법 Comps Valuation 의 목적은 대상 기업이 아닌 외부 유사 기업들과의 상대적 비교를 통해 밸류에이션 기준을 찾는 것입니다. 따라서 이론적으로는 대상 기업을 피어 그룹에 포함시키는 것이 평균 배수를 왜곡시키고, 자기 자신을 기준으로 자기를 평가하는 오류를 초래할 수 있기 때문에 일반적으로는 권장되지 않습니다. 그러나 실무에서는 유사 기업이 부족한 경우 대상 기업을 포함하기도 하며, 이 경우 결과 해석에 주의를 기울여야 합니다.

Q 유사거래평가법(Transaction Comps)에서 유사거래들을 구성할 때 어떤 사항들을 고려해야 하나요?

유사거래평가법 Transaction Comps 은 과거 M&A 사례를 분석하여 현재 기업의 가치를 유추하는 방법이므로, 산업, 비즈니스 모델, 규모, 지역, 자본 구조 등의 기본 조건을 맞추는 것 외에도 거래의 시점, 프리미엄 유무, 시장 환경 등 추가 요소들을 반드시 고려해야 합니다.

추가 설명

유사거래평가법 Transaction Comps 은 유사한 기업이 과거에 실제 어떤 가격에 인수되었는지를 통해 기업 가치를 추정합니다. 유사기업평가법 Trading Comps 과 유사한 기준 외에 다음의 추가 질문들을 반드시 고려해야 합니다.

- **거래 시점**: 최근 거래일수록 시장 상황을 더 잘 반영합니다. 예를 들어, 1년 전 이루어진 거래가, 90년대에 이루어진 비슷한 거래 사례보다 훨씬 더 적절할 것입니다.
- **거래 조건**: 인수금액 및 인수 멀티플은, 거래의 목적과 배경에 따라서 많이 달라질 수 있으니, 이를 잘 이해하는 것도 중요합니다. 해당 거래에 경영권 프리미엄이 포함되었는지, 전략적 투자자가 매수자인지 혹은 재무적 투자자가 매수자인지 등을 고려해야 합니다.
- **당시의 경제 및 산업 상황**: 거래가 일어났을 당시의 경기 사이클, 업종 트렌드 등을 반드시 고려해야 합니다. 예를 들어, 코로나19 시기에 진행된 진단키트 회사 관련 거래들은, 현재 시점에서는 관련성이 적어졌을 가능성이 높습니다.

이러한 요소들을 신중하게 고려함으로써, 애널리스트는 과거 거래 사례로부터 보다 정확하고 의미 있는 가치 평가 기준을 도출할 수 있습니다.

04　Trailing vs Forward

Q　Trailing Multiple과 Forward Multiple의 차이는 무엇인가요?

Trailing Multiple과 Forward Multiple은 P/E, EV/EBITDA 등 주요 밸류에이션 지표를 계산할 때 사용되는 두 가지 방식입니다. 두 방식의 가장 큰 차이는 분모로 사용하는 재무 데이터의 시점에 있습니다. Trailing Multiple은 주로 최근 12개월 실적 ^{Last Twelve Months, LTM} 을 기준으로 하고, Forward Multiple은 주로 향후 12개월 예상 실적 ^{FTM, Forward Twelve Months} 을 기준으로 합니다. 주가는 본질적으로 미래 실적에 대한 기대를 반영하기 때문에, 단순히 과거 실적만을 기준으로 한 배수는 시장이 평가하는 기업의 가치를 제대로 보여 주지 못할 수 있습니다. 이런 이유로 기업의 성장성을 반영하는 Forward Multiple이 자주 활용됩니다. 다만, 추정치 기반이라는 점에서 그 신뢰도는 분석가의 예측 정확도에 따라 달라질 수 있습니다.

추가 설명

투자자들은 종종 Trailing과 Forward 배수를 모두 활용하여 한 기업의 밸류에이션을 다각도로 분석합니다. 과거 실적을 통해 안정성을 확인하고, 미래 기대치를 통해 성장 잠재력을 함께 고려하는 것입니다.

Trailing P/E ^{EV/EBITDA} 등

Trailing P/E는 최근 12개월의 EPS을 기준으로 현재 주가를 나눈 수치입니다. 이 방식은 실제로 보고된 수치를 기준으로 하기 때문에, 객관적인 과거 실적 기반 분석이 가능합니다.

- **사용 시점**: 성숙한 산업에 속한 기업, 실적이 안정적인 기업을 분석할 때 유용
- **장점**
  - ✓ 보고된 실제 수치를 사용하여 신뢰도가 높음
  - ✓ 과거 실적 비교, 트렌드 분석에 적합

- **단점**
    - ✓ 미래 성장성 반영 불가
    - ✓ 일회성 요인이나 회계적 조정에 왜곡될 수 있음

Forward P/E EV/EBITDA 등

Forward P/E는 향후 12개월 동안의 예상 EPS 대비 현재의 주가를 계산한 값입니다. 미래 실적 기대치를 반영함으로써, 고성장 기업이나 변화가 빠른 산업에서 더욱 현실적인 분석이 가능합니다.

- **사용 시점**: 기술주, 신흥산업, 고성장 스타트업 등 미래 성장성이 중요한 기업
- **장점**
    - ✓ 시장의 기대감과 성장 전망을 직접 반영
    - ✓ 변화가 빠른 시장에서 더 적절한 지표 제공
- **단점**
    - ✓ 분석가의 추정치에 의존하므로 편향이나 오류 가능성
    - ✓ 분기 실적 발표 등 외부 요인에 따라 수시로 수정될 수 있음

예시: 신제품 출시나 해외 진출로 빠른 성장이 예상되는 한 테크 기업이 있다고 가정해 보겠습니다. 이 회사의 현재 수익은 안정적이나, 향후 실적이 크게 개선될 것으로 보입니다. 이럴 경우 Trailing P/E는 과거 실적 기준이라 과소평가될 수 있고, Forward P/E는 시장이 기대하는 미래 수익을 반영해 보다 현실적인 기업가치를 보여 줄 수 있습니다.

Q Trailing Multiple과 Forward Multiple 사이에 어떤 상충관계가 있나요?

과거 12개월 실적을 기준으로 한 배수와 향후 12개월 실적 전망을 기준으로 한 배수 간의 주요 상충관계는 신뢰도와 미래 반영 간의 균형에 있습니다.

- **Trailing Multiple**은 이미 보고된 실적을 기반으로 하므로 객관적이고 신뢰도가 높습니다. 과거 수익성과 재무 성과를 정밀하게 반영하기 때문에 현재까지의 기업 운영 상태를 분석하는 데 유리합니다.

- Forward Multiple은 분석가들의 실적 추정치를 반영해 미래 성장성을 평가할 수 있는 장점이 있습니다. 특히 빠르게 성장 중인 기업이나 변동성이 큰 산업에서 유용합니다.

따라서 실무에서는 두 배수를 병행해 사용하며, 과거 실적의 안정성과 미래 성장성을 균형 있게 고려하는 것이 일반적입니다.

Q 유사한 두 회사가 동일한 LTM 순이익을 기록했는데 A 기업이 더 높은 P/E 배수로 거래된 경우 그 이유는 무엇일까요?

같은 과거 실적 $^{LTM\ Net\ Income}$ 을 가진 두 회사라도 A 기업이 더 높은 P/E 배수를 받는 이유는 성장에 대한 기대감, 시장 심리, 브랜드 파워 등의 질적 요소, 비영업자산 보유 여부 등이 다를 수 있기 때문입니다.

추가 설명

P/E 배수 차이는 단순한 수치 이상의 여러 요소로 설명될 수 있습니다.
- **성장 기대**: 시장은 A 기업이 더 높은 매출 성장률, 수익성 개선 또는 신규 시장 진입 등을 통해 더 나은 미래 실적을 기록할 것으로 기대할 수 있습니다.
- **시장 심리**: 성공적인 신제품 출시, 긍정적인 뉴스, 기관투자자의 관심 등 외부 요인에 따라 주가 프리미엄이 붙을 수 있습니다.
- **질적 요소**: 브랜드 파워, 경영진의 우수성, 기술력 등 무형 자산은 수치에 잘 드러나지 않지만, 투자자 신뢰에 큰 영향을 미칩니다.
- **비영업자산**: 유휴 현금, 투자 자산 등 영업과 직접 관련 없는 자산을 보유한 경우, 주가가 실적 대비 더 높아져 P/E가 상승할 수 있습니다.
- **시너지 및 전략적 우위**: 향후 인수합병에서 시너지 효과나 독점적 유통망, 특허권 등 전략적 강점이 있는 경우에 프리미엄이 반영되었을 수 있습니다 $^{Transaction\ Comps}$.

이러한 이유로 Comps Valuation 시에는 단순 수치 비교가 아닌, 비영업자산, 회계 기준 차이, 질적 요소 등을 정교하게 조정해 정확한 밸류에이션 비교를 수행해야 합니다.

Q PEG 비율(Price/Earnings-to-Growth Ratio)은 언제 사용하는 것이 적절한가요?

PEG 비율은 전통적인 P/E를 보완한 지표로, 기업의 예상 수익 성장률을 함께 고려하여 보다 정교한 밸류에이션 분석을 가능하게 합니다. Forward P/E는 향후 12개월 동안의 예상 순이익만 반영하기 때문에 장기적인 성장성을 충분히 담지 못하는 경우가 많습니다. 이에 비해 PEG 비율은 보통 3~5년 동안의 수익 성장률을 반영하여, 고성장 기업이나 고성장 산업군의 밸류에이션을 평가할 때 특히 유용합니다. 단순 P/E 기준으로는 과대평가되어 보일 수 있는 기업들도, PEG 분석을 통해 그 가치가 재조명될 수 있습니다.

추가 설명

PEG는 기존 P/E가 놓치는 "성장성" 요소를 정량화하여, 같은 수익 구조를 가진 기업 간에도 미래 전망을 반영한 비교가 가능하게 만듭니다. Forward P/E가 단기적인 수익 전망(1년)을 반영하는 반면 PEG는 장기적인 성장률(3~5년)을 반영하여 고성장 기업의 높은 P/E 배수가 타당한지를 검증하는 데 사용됩니다.

- **PEG 비율** = P/E Ratio(Trailing 또는 Forward) / 예상 EPS 성장률(보통 3~5년 CAGR)

예를 들어, Tesla의 forward P/E 배수가 약 90배에 현재 주식시장에서 거래되고 있다고 한다면, 이는 Toyota나 Ford와 같은 전통적인 완성차 기업보다 훨씬 높은 수치이며, 단순 P/E로 보면 과대평가된 것처럼 보일 수 있습니다. 하지만 Tesla의 연평균 수익 성장률이 약 10.1%로 예상된다면, PEG 비율은 약 8.9가 됩니다(90 ÷ 10.1 ≒ 8.9). 이 PEG 수치는 이상적인 기준치(보통 1.0)에 비해 높지만, Tesla의 빠른 성장이 그 높은 P/E의 일부를 정당화하고 있다는 해석이 가능합니다. 반면, 성장성이 낮은 전통 자동차 기업들은 낮은 P/E를 가지고 있을 수 있지만, 성장률이 낮기 때문에 PEG는 오히려 더 높아질 수 있으며, 이는 성장 가능성 대비 과대평가되었음을 시사합니다. 따라서 PEG 비율은 단순 P/E가 놓치기 쉬운 미래 성장 잠재력까지 함께 고려해, 특히 성장주나 기술주 같은 고성장 기업의 밸류에이션 판단에 유용한 도구로 활용됩니다.

PEG Ratio & Usage Example

$$\text{PEG Ratio} = \frac{\text{P/E Multiple}}{\text{Growth (\%)}}$$

Ticker Company	TSLA-US Tesla	F-US Ford	GM-US GM	RIVN-US Rivian
P/E (x, 12MF)	86.3x	8.0x	6.1x	NM
EPS 2022-2024 CAGR (%, MF)	37.9%	13.3%	1.9%	-34.2%
PEG (x)	**2.3x**	**0.6x**	**3.2x**	**NM**
P/B (x, 12MF)	23.6x	1.2x	0.8x	2.5x
ROE (%, 12MF)	27.3%	14.7%	12.2%	-36.7%
(P/B)/ROE	86.2x	8.1x	6.0x	-6.9x
EV/EBITDA	125.8x	15.7x	8.0x	NM
EV/Sales	22.0x	1.3x	1.3x	NM
OPM (%)	12.1%	3.7%	7.3%	NM

D

DCF Valuation

D DCF Valuation

01 DCF Concepts

Q DCF Valuation에 대해 설명해 주세요.

DCF(Discounted Cash Flow, 현금흐름할인모형) Valuation은 기업의 가치를 미래의 잉여현금흐름 ᶠʳᵉᵉ ᶜᵃˢʰ ᶠˡᵒʷ 을 예측한 뒤, 이를 현재 가치로 환산하여 추정하는 방법입니다. 일반적으로 5년에서 10년 정도의 예측 기간 동안 잉여현금흐름을 추정한 뒤, 그 이후의 가치는 Terminal Value(잔존가치, 이하 TV)를 통해 계산합니다. 이 두 가지를 WACC(Weighted Average Cost of Capital, 가중평균자본비용) 기준으로 할인하여 기업의 기업가치 ᴱⁿᵗᵉʳᵖʳⁱˢᵉ ⱽᵃˡᵘᵉ 를 산출합니다. 이후 순차입금 ᴺᵉᵗ ᴰᵉᵇᵗ 을 차감하고 기타 재무적 항목을 조정하여 주주가치 ᴱᑫᵘⁱᵗʸ ⱽᵃˡᵘᵉ 를 구하며, 이를 총발행주식수로 나누면 내재주가 ᴵᵐᵖˡⁱᵉᵈ ˢʰᵃʳᵉ ᴾʳⁱᶜᵉ 가 산출됩니다.

추가 설명

DCF는 기업의 가치를 미래 잉여현금흐름의 기반으로 계산하는 방식입니다. 아래와 같은 단계들을 따릅니다.

1. **잉여현금흐름** ᶠʳᵉᵉ ᶜᵃˢʰ ᶠˡᵒʷ **을 예측합니다**: 먼저, 정의된 예측 기간(보통 5~10년) 동안의 FCFF(Free Cash Flow to the Firm, 기업의 잉여현금흐름)를 추정합니다. FCFF는 채권자와 주주 등 모든 투자자에게 귀속되는 현금흐름을 의미합니다.
2. **영구가치** ᵀᵉʳᵐⁱⁿᵃˡ ⱽᵃˡᵘᵉ **를 계산합니다**: 정의된 예측 기간 이후의 회사 가치를 추정하는 단계입니다. 이는 Gordon Growth 방식이나 Exit Multiple 방식을 사용하여 계산할 수 있습니다.
3. **잉여현금흐름** ᶠʳᵉᵉ ᶜᵃˢʰ ᶠˡᵒʷ **과 영구가치를 할인합니다**: 추정한 잉여현금흐름과 영구가치를 모두 현재가치로 할인합니다. 이때 사용하는 할인율은 **가중평균자본비용**

Weighted Average Cost of Capital, WACC 입니다. WACC는 회사의 모든 투자자 관점에서의 평균 자본 조달 비용을 반영하며, 이는 기업가치 Enterprise Value 를 산정할 때 일관되게 사용됩니다.

4. **기업가치** Enterprise Value **를 도출합니다**: 할인된 잉여현금흐름과 영구가치의 현재가치를 합산하여 기업가치를 계산합니다. *(참고: 기업가치는 비영업자산들을 제외한 회사의 핵심 영업활동에 대한 가치이며, 모든 투자자들에게 귀속되는 기업가치를 나타냅니다)*

5. **주주가치** Equity Value **를 계산합니다**: 기업가치에서 순차입금(Net Debt = 총부채 - 현금)을 차감하고, 필요시 우선주 또는 소수지분 Minority Interest 을 반영하여 자기자본가치를 계산합니다. *(참고: 주주가치는 초과 현금 등 비영업자산들을 포함하며, 주주에게 귀속되는 기업가치를 나타냅니다)*

6. **내재주가** Implied Share Price **를 도출합니다**: 자기자본가치를 발행주식수로 나누면 내재주가가 도출됩니다. 이 내재주가는 현재 시장주가와 비교하여 저평가 또는 고평가 여부를 판단할 수 있습니다.

Q DCF 모델을 사용하는 것이 부적절한 상황은 언제인가요?

DCF는 1) 현금흐름의 예측이 불확실하거나, 2) 변동성이 크거나, 3) 아예 마이너스인 경우에는 적합하지 않을 수 있습니다. 또한, 매출, 비용, 할인율 등 핵심 가정치들에 대한 예측이 어려운 경우, 가정치에 과도하게 민감해지는 등 부정확한 결과가 도출될 수 있으므로 사용에 주의해야 합니다. 이는 특히 초기 단계의 스타트업이나 구조조정 중인 기업에서 흔히 발생합니다.

추가 설명

DCF는 아래와 같은 상황에서 적절하지 않은 가치평가방법일 수 있습니다.

- **현금흐름이 불확실하거나 또는 변동성이 큰 경우**: 스타트업이나 경기에 민감한 산업, 급변하는 산업에 속한 기업 등은 현금흐름이 예측 불가능하여, DCF로 산출한

가치가 신뢰도를 잃을 수 있습니다. 가정치의 작은 변화에도 결과가 크게 달라지는 등 문제가 발생할 수 있습니다.

- **초기 단계 또는 매출 발생 전 기업**: 가치평가를 하는 시점에서 잉여현금흐름이 아직 안정적이지 않거나 마이너스인 경우에는, 과거분석을 통한 미래의 현금흐름 추정이 매우 어렵습니다. 스타트업들이 대표적입니다. 이 경우에는 매출 배수 Revenue Multiple 나 자산 기반 평가 방식 등의 대안이 더 적절할 수 있습니다.
- **과도하게 가정에 의존해야 하는 경우**: DCF는 할인율 WACC, 영구성장률 Terminal Growth Rate, 현금흐름 예측 등에 매우 민감합니다. 이러한 추정치들이 불확실하거나 지나치게 민감한 경우, 산출된 결과는 신뢰성이 떨어질 수 있습니다.
- **시장 상황과의 비교가 중요한 경우**: DCF는 장기적인 가치 실현을 전제로 하므로, IPO 밸류에이션이나 M&A 협상처럼 단기적인 시장 상황이나 투자자 심리가 중요한 경우에는 유사기업평가법 Trading Comps Analysis 혹은 유사거래평가법 Transaction Comps Analysis 이 더 선호될 수 있습니다.

Q 초기 단계 스타트업에는 왜 DCF가 적절하지 않나요?

초기 단계 스타트업은 안정적이고 예측 가능한 현금흐름이나 재무 추정이 부족하기 때문에, 장기 전망에 기반한 DCF 모델을 적용하기에는 부적합합니다.

추가 설명

DCF는 향후 매출, 비용, 현금흐름에 대한 정확한 추정이 가능하다는 전제 아래에서 유효한 평가 기법입니다. 그러나 초기 스타트업은 성장 경로가 불확실하고, 비즈니스 모델이 자주 변화하며, 시장 자체도 변동성이 커 장기 전망이 불가능한 경우가 많습니다. 이런 환경에서 DCF를 적용하면 가정에 대한 민감도가 지나치게 높아지고, 결과적으로 왜곡된 밸류에이션이 산출될 수 있습니다.

또한, 초기 스타트업은 종종 의미 있는 현금흐름 자체가 아직 없기 때문에, 현재 또는 과거 분석에 기반한 잉여현금흐름 추정이 불가능해서, 이를 계산하더라도 설득력 있는 추정을 하기 어렵습니다. 그렇기 때문에, 매출 배수 ^Revenue\ Multiple^, 사용자 증가율 ^User\ Growth^, MAU ^Monthly\ Active\ Users^ 와 같이 산업별로 특화된 지표를 기반으로 한 상대가치평가 방식들이 보다 현실적이고 실용적일 수 있습니다. 앞서 언급한 것처럼, 유사기업평가법 ^Trading\ Comps\ Analysis^ 혹은 유사거래평가법 ^Transaction\ Comps\ Analysis^ 이 일반적으로 선호됩니다.

Q DCF 밸류에이션에서 영구가치(Terminal Value)가 전체의 90% 이상을 차지할 경우, 어떤 점을 고려해야 하나요?

Terminal Value가 DCF 밸류에이션의 90% 이상을 차지한다면, 이는 장기 성장률 가정이 과도하게 낙관적이거나, 단기 잉여현금흐름이 너무 보수적으로 추정되었을 가능성이 있습니다. Gordon Growth Model을 사용했다면 성장률 가정을, Exit Multiple 방식을 사용했다면 Exit Multiple과 Exit 시점 EBITDA가 현실적인지 재검토해야 합니다. 또한, 초기 예상된 잉여현금흐름이 과소 추정되어 Terminal Value 비중이 부풀려졌는지도 점검해 보아야 합니다.

추가 설명

Terminal Value는 일반적으로 DCF 밸류에이션에서 상당한 비중을 차지하지만, 전체 가치의 90%를 넘는다면 몇 가지 문제가 존재할 수 있습니다.

- 영구가치 ^Terminal\ Value^ 가 과대평가된 경우
    - ✓ Gordon Growth Model을 사용 중이라면, 영구 성장률 ^Terminal\ Growth\ Rate^ 이 경제 성장률이나 산업 성장률과 비교해 현실적인지 확인해야 합니다. 또한 추정 마지막 해의 잉여현금흐름 수치가 과도하게 낙관적이지 않은지도 검토해야 합니다.
    - ✓ Exit Multiple Method를 사용 중이라면, 적용된 Exit Multiple의 적정성과 추정 마지막 해 EBITDA의 적정성을 재검토해야 합니다. 특히 Exit Multiple의 경우, 실제 시장 상황과 비교했을 때 과도하지 않은지 분석해 보아야 합니다.

- **단기 잉여현금흐름이 과소평가된 경우**
  - ✓ Terminal Value의 가정치들이 비교적 현실적이라면, 오히려 초기 수년간의 현금흐름이 과소추정 되었기 때문에 Terminal Value의 비중이 과도하게 높을 수 있습니다. 이 경우 단기 잉여현금흐름 예측치를 높임으로써 Terminal Value의 비중을 줄이고, 보다 균형 있고 신뢰도 높은 밸류에이션을 도출할 수 있습니다.

Q 배당할인모형(Dividend Discount Model, DDM)의 계산 절차를 설명해 주세요.

배당할인모형 DDM 은 미래 예상 배당금의 현재가치를 기반으로 기업의 가치를 평가하는 방식으로, 배당 정책이 안정적인 성숙 기업에 적합합니다. 미래 배당금을 추정하고, Gordon Growth Model을 이용해 Terminal Value를 산출한 뒤, 이를 자기자본비용 Cost of Equity 으로 할인하여 주주가치 Equity Value 를 도출합니다. 이후 이를 발행주식수로 나누어 내재주가 Implied Share Price 를 계산합니다.

추가 설명

배당할인모형 DDM 은 미래에 발생할 것으로 예상되는 배당금의 현재가치를 합산하여 기업의 주주가치 Equity Value 를 평가하는 방법입니다. 주로 안정적으로 배당을 지급하는 성숙한 기업에 적용되며, 다음과 같은 절차를 따릅니다.

1. **미래 배당금 추정**: 정의된 예측 기간(보통 5~10년) 동안의 예상 배당금을 추정합니다. 과거 배당 성장률이나 경영진 가이던스를 활용할 수 있습니다. 배당할인모형에서는 기업이 주주에게의 수익환원을 배당의 지급을 통해서 한다고 가정합니다.
2. **영구가치 Terminal Value 계산**: 정의된 예측 기간(보통 5~10년) 이후의 배당은 Gordon Growth Model을 통해 계산합니다. 다음 공식에서 g는 영구 성장률, r은 자기자본비용 Cost of Equity 입니다.
   - ✓ Terminal Value in year 5 = (Year 5배당 × (1 + g)) / (r - g)

3. **배당과 영구가치** Terminal Value **를 현재가치로 할인하기**: 예상 배당금과 Terminal Value를 자기자본비용 Cost of Equity 으로 할인하여 현재가치로 환산합니다. DCF와 달리 WACC를 사용하지 않으며, 오직 주주입장에서의 요구 수익률만을 고려합니다.
4. **주주가치** Equity Value **도출**: 위에서 계산한 배당과 영구가치의 현재가치를 합산하여 주주가치를 계산합니다.
5. **내재주가** Implied Share Price **계산**: 주주가치를 발행주식수로 나누어 내재주가를 도출하고, 이를 시장 가격과 비교하여 과대 또는 과소평가 여부를 판단할 수 있습니다.

Q DDM(Dividend Discount Model)과 DCF(Discounted Cash Flow)는 어떤 점에서 다른가요?

DCF는 모든 투자자(주주와 채권자 포함)의 관점에서 잉여현금흐름을 기반으로 기업가치를 계산하는 반면, DDM은 주주의 관점에서 배당금을 기반으로 자기자본가치를 평가합니다. DCF는 광범위한 기업에 적용 가능한 반면, DDM은 안정적 배당을 지급하는 성숙한 기업에 더 적합합니다.

추가 설명

DCF와 DDM은 평가 관점과 평가 방식에서 근본적인 차이를 가집니다.

- DCF는 기업의 전체 가치를 측정하며, 주주와 채권자를 포함한 모든 자본 제공자의 관점에서 기업가치 Enterprise Value 를 구합니다. 반면 DDM은 주주의 입장에서 자기자본가치 Equity Value 만을 평가합니다.
- DCF는 잉여현금흐름 Free Cash Flow to Firm, FCFF 을 사용하여 배당 정책과 무관하게 기업의 현금 창출 능력을 반영합니다. 한편, DDM은 실제 배당금만을 반영하기 때문에, 배당금이 없는 기업에는 적용하기 어렵습니다.
- DCF는 할인 시, WACC(가중평균자본비용)를 사용하여 자본 구조상의 이해관계자들을 모두 고려합니다. 하지만 DDM은 주주입장에서의 자본비용인 자기자본비용 Cost of Equity 만 사용합니다.

적용 관점에서 생각해 본다면,
- DCF 모델은 스타트업, 성장 기업뿐만 아니라, 이익을 배당하지 않고 재투자하는 성숙한 기업 등 다양한 산업과 기업 유형에 폭넓게 적용 가능합니다. 배당 정책과 무관하게 기업의 영업 성과를 유연하게 모델링할 수 있다는 장점이 있습니다.
- 반면, DDM은 유틸리티나 필수소비재 기업 등, 배당이 일정하고 안정적인 성숙 기업에 보다 적합합니다. 정기적으로 배당을 지급하지 않거나 배당 정책의 변동성이 큰 기업에는 신뢰도가 떨어질 수 있습니다.

Q DDM(Dividend Discount Model)이 DCF(Discounted Cash Flow)에 비해 실무에서 덜 사용되는 이유는 무엇인가요?

배당할인모형 DDM 은 미래 배당금의 현재가치를 기반으로 기업을 평가하며, 배당이 주주 수익의 주요 원천이라는 전제에 의존합니다. 하지만 배당을 지급하지 않거나, 배당 외 수익 요소가 중요한 기업에는 적용이 어려워 실무에서는 DCF보다 활용도가 낮습니다.

추가 설명

DDM은 기업이 미래에 지급할 배당금을 주된 수익원으로 간주하고, 이들의 현재가치를 합산하여 주주가치 Equity Value 를 산출하는 방식입니다. 이론적으로는 의미 있는 모델이지만, 다음과 같은 이유로 실무에서는 널리 사용되지 않습니다.
- **적용 대상의 제한**: 배당을 지급하지 않거나, 배당 정책이 불규칙한 기업은 DDM으로 정확한 평가가 어렵습니다. 특히 이익을 재투자하는 성장 기업이나 스타트업은 배당이 없기 때문에, DDM을 적용하기에는 부적절합니다.
- **배당 이외의 기업가치 반영의 어려움**: DDM은 오직 배당금만을 기준으로 가치를 산정하기 때문에, 이익 재투자, 자사주 매입, 주가 상승에 따른 자본이득 등 다른 형태의 주주 수익은 반영하지 못합니다. 특히 미래 성장의 원천이 재투자에 기반한 경우, 이 모델은 기업 가치를 온전히 포착하지 못하게 됩니다.

02 Free Cash Flow

Q Free Cash Flow(FCFF, Unlevered Cashflow)란 무엇인가요?

FCFF ^{Free Cash Flow to the Firm, 잉여현금흐름} 는 기업이 영업에 필수적인 지출을 모두 마친 뒤, 부채 및 자본 투자자 모두에게 사용 가능한 현금흐름을 의미합니다. 계산식은 다음과 같습니다. FCFF = EBIT + 감가상각비 ^{Depreciation} + 무형자산상각비 ^{Amortization} − 세금 − 자본적지출 ^{CAPEX} − 운전자본의 변동. FCFF는 미래 현금흐름을 추정하고 이를 할인하여 기업가치를 도출하는 DCF Valuation의 핵심입니다.

추가 설명

Free Cash Flow ^{FCF}, 또는 FCFF ^{Free Cash Flow to the Firm}, 혹은 Unlevered Free Cash Flow는 기업의 운영에 필요한 모든 비용을 지불한 후, 부채 및 자본 투자자에게 남는 현금흐름을 의미합니다. 이름은 "현금흐름"이지만 실제 계산은 일반적으로 영업이익 ^{EBIT} 에서 시작합니다. 이 수치는 인건비, 마케팅, 매출원가 ^{COGS}, 연구개발비 등 대부분의 영업비용이 이미 차감된 수치입니다. 하지만 이 영업이익이 모두 투자자에게 귀속될 수 있는 것은 아니므로, 아래의 세 가지 주요 항목을 추가적으로 차감해야 합니다. 첫 번째는 세금인데, 정부에 반드시 납부해야 하므로, 이는 투자수익을 챙길 수 있기 전에 먼저 제외해 준다는 가정을 하고 있습니다. 두 번째는 CAPEX(자본적 지출)입니다. 설비, 기술, 인프라 등에 대한 투자로, 사업 유지 및 성장을 위해 필수적입니다. 일부는 연구개발비나 M&A 비용도 이 항목에 포함시키는 경우가 있습니다. 세 번째는 운전자본의 변동 ^{Net Working Capital Changes} 입니다. 기업의 정상적인 영업을 위해 반드시 필요한 유동성을 반영해 줍니다. 이 세 가지를 영업이익 ^{EBIT} 에서 차감하여 실제 투자자들 입장에서 수취 가능한 잉여현금흐름 ^{Free Cash Flow} 을 구합니다.

단, 추가적으로, D&A(감가상각비 및 무형자산상각비)는 비현금성 항목이기 때문에 영업이익 ^{EBIT} 에 다시 더해집니다. 회계상으로는 비용처리 되었지만 실제 현금유출이 없었기 때문에 가용 현금흐름에 다시 반영하는 것입니다. 이때, 필요시 주식보상비, 대손충당금, 퇴직급여 등 기타 비현금 항목들도 조정될 수 있습니다.

마지막으로, FCFF는 영업이익 ^{EBIT} 이나 순이익 $^{Net\ Income}$, 영업활동현금흐름 $^{Operating\ Cash\ Flow}$ 등 다양한 출발점을 기준으로 조금씩 다른 방식으로 계산될 수 있습니다. 이는 실무적으로도 유연하게 허용되는 편입니다. 결과적으로, FCFF 도출을 위한 대표적인 계산식들은 다음과 같습니다.

- Free Cash Flow ^{FCFF} = EBIT + Depreciation + Amortization - Tax - CAPEX - Changes in Net Working Capital
- Free Cash Flow ^{FCFF} = Operating Cash Flow + Interest Expense × (1 - Tax Rate) - CAPEX
- Free Cash Flow ^{FCFF} = Net Income + Depreciation + Amortization + Interest Expense × (1 - Tax Rate) - CAPEX - Changes in Net Working Capital

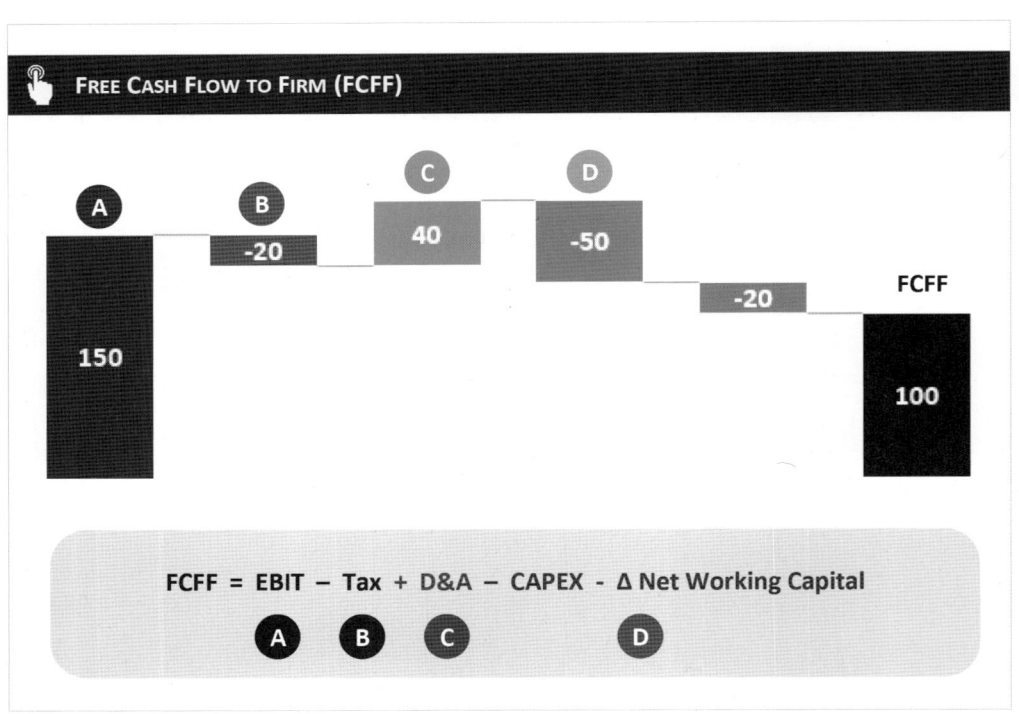

Q FCFE(Levered Free Cash Flow)는 무엇이며, FCFF와 어떤 점이 다른가요?

FCFE $^{\text{Free Cash Flow to Equity}}$ 는 기업이 영업비용, 자본적지출, 운전자본 변동, 부채 관련 현금흐름을 반영한 후 오직 보통주 주주에게 귀속되는 현금흐름을 의미합니다. FCFF가 모든 투자자(채권자 및 주주) 입장에서 바라본 잉여현금흐름이라면, FCFE는 주주 입장에서 바라본 잉여현금흐름입니다. FCFE는 특히 부채가 사업 구조의 핵심인 은행, 보험사, 유틸리티 기업 등의 가치 평가에 유용합니다.

추가 설명

FCFE는 모든 비용, 투자, 부채 관련 현금흐름을 반영한 후, 보통주 주주에게 남는 순현금흐름입니다. FCFF가 기업 전체의 현금흐름을 의미하며 기업가치 $^{\text{Enterprise Value}}$ 를 산정할 때 사용되는 반면, FCFE는 주주가치 $^{\text{Equity Value}}$ 를 산출할 때 사용됩니다.

개념적으로 이해하는 좋은 방법은, FCFF는 "모든 투자자(채권자 및 주주) 입장", FCFE는 "주주 입장"에서 현금흐름을 보는 것입니다. 그러므로, FCFF에서 FCFE로 전환하기 위해서는 채권자들과 관련된 부채 관련 현금흐름 조정이 필요합니다. 즉, 세후 이자비용을 차감하고, 순차입 $^{\text{Net Borrowing}}$ 을 더하거나 빼줍니다. 대표적인 계산식은 다음과 같습니다.

- FCFE = FCFF - Interest × (1 - Tax Rate) + Net Borrowing
- FCFE = Net Income + Depreciation + Amortization - CAPEX - Changes in Net Working Capital + Net Borrowing

FCFE는 특히 부채 비중이 크고, 레버리지가 경영전략의 핵심인 기업에 적합합니다. 예를 들어, 은행은 고객의 예금을 바탕으로 자산을 운용하며, 보험사는 장기 지급여력에 기반한 투자 전략을 수행합니다. 이러한 산업에서는 부채가 필수 불가결한 요소이기 때문에, 주주만을 기준으로 한 FCFE 접근이 오히려 더 실질적인 가치 평가가 될 수 있습니다.

Q 법인세율(Tax Rate)이 낮아지면 DCF 밸류에이션에 어떤 영향을 미치나요?

법인세율 $^{\text{Tax Rate}}$이 낮아지면 세후 영업이익 ^{NOPLAT}이 증가하여 Free Cash Flow to the Firm ^{FCFF}이 커지므로, DCF 밸류에이션은 일반적으로 상승합니다. 절세 효과 $^{\text{Tax Shield}}$가 줄어들어 WACC(가중평균자본비용)가 소폭 상승할 수 있으나, 대부분의 경우 FCFF 증가 효과가 더 커 전체 기업가치가 상승합니다.

추가 설명

법인세율 인하는 일반적으로 DCF 밸류에이션에서 산출되는 기업가치를 증가시키는 경향이 있습니다. 그 주요 이유는 기업의 잉여현금흐름 $^{\text{Free Cash Flow to the Firm, FCFF}}$이 증가하기 때문입니다. FCFF는 영업이익에서 세금 등을 차감해 계산되므로, 법인세율이 낮아질 경우 세후 영업이익 ^{NOPLAT}이 증가하고, 그 결과 예상 잉여현금흐름 또한 증가합니다. 이렇게 증가한 현금흐름을 현재가치로 할인하면, 다른 조건들이 모두 동일할 경우 더 높은 기업가치 $^{\text{Enterprise Value}}$가 산출됩니다.

- Free Cash Flow ^{FCFF} = EBIT + Depreciation + Amortization - Tax - CAPEX - Changes in Net Working Capital

한편, 세율 인하는 현금흐름 외에도 WACC(Weighted Average Cost of Capital, 가중평균자본비용)에 영향을 미칩니다. 특히, 세후 부채비용 $^{\text{after-tax cost of debt}}$을 변화시킵니다. WACC는 (부채 비중 × 부채 비용 × (1 - 세율) + (자기자본 비중 × 자기자본 비용)으로 구성되어 있기에, 여기에서 세율이 낮아지면 이자비용에 대한 세금 절감 효과 $^{\text{Tax Shield}}$가 줄어들어 세후 부채비용이 증가하게 됩니다. 결과적으로 WACC가 상승하게 되며, 이는 FCFF 증가로 인한 가치 상승 효과를 일부 상쇄시킬 수 있습니다. 그러나 대부분의 경우, FCFF 증가에 따른 플러스 효과가 WACC 증가로 인한 마이너스 효과보다 크기 때문에, 결과적으로는 DCF 밸류에이션이 상승하는 효과가 발생합니다.

- WACC = (부채% × 부채 비용 × (1 - 세율)) + (자기자본% × 자기자본 비용)

Q 왜 애널리스트들은 DCF 모델에서 Mid-Year Discounting을 사용하나요?

Mid-Year Discounting은 현금흐름이 매년 말이 아니라 연중 고르게 발생한다는 현실적 가정을 반영하여, 보다 정확한 현재가치 계산을 가능하게 해 줍니다.

추가 설명

표준적인 DCF 모델에서는 현금흐름이 각 연도 말에 수취된다는 가정하에 할인됩니다. 그러나 실제 기업 활동은 연중 내내 이루어지며, 매출과 비용은 지속적으로 발생합니다. Mid-Year Discounting은 이러한 현실을 반영하여, 현금흐름이 연중 중간(6월 말 등)에 수취된다고 가정합니다. 이로 인해 할인 시점이 0.5년씩 앞당겨지며, 할인 효과가 줄어들고, 결과적으로 현금흐름의 현재가치가 높아집니다. 이로 인해 Year-End Discounting에 비해 밸류에이션이 소폭 상승하게 됩니다. 이 방식은 실제 기업의 자금 유입 타이밍과 일치하므로, 보다 정밀한 기업가치를 산출할 수 있습니다.

다만, 일부 산업에서는 이 접근법이 부적절할 수 있습니다. 예를 들어, 대부분의 매출이 4분기에 집중된 소매업이나, 수확 시점에 따라 현금이 집중적으로 발생하는 농업과 같이 현금흐름이 계절성에 따라 특정 시기에 집중적으로 발생하는 산업의 경우, Mid-Year Discounting은 실제보다 기업가치가 과대평가될 수 있습니다. 이런 경우에는 기존의 Year-End Discounting을 적용하는 것이 현금흐름 발생 시점과 더 잘 부합하며, 보다 현실적인 평가가 가능합니다.

03 Terminal Value

Q Terminal Value(영구가치)는 어떻게 계산하나요?

Terminal Value(영구가치)는 정의된 예측 기간(보통 5~10년) 이후의 기업가치를 의미하며, Perpetuity Growth Method 또는 Exit Multiple Method 중 하나로 계산합니다. Perpetuity Growth Method는 기업이 일정한 성장률로 영원히 성장한다고 가정하며, 다음의 공식으로 계산합니다. Terminal Value = Free Cash

Flow × (1 + g) / (r - g). Exit Multiple Method는 마지막 추정 연도의 재무지표에, 시장 기반 멀티플을(예: EV/EBITDA) 적용하여 Terminal Value를 산출합니다. 멀티플은 유사기업비교 Trading Comps 나 과거거래 Transaction Comps 를 기반으로 도출하면 됩니다.

추가 설명

Terminal Value(영구가치)는 Perpetuity Growth Method 또는 Exit Multiple Method 중 한 가지를 사용하여 계산됩니다. Perpetuity Growth Method는 예측 기간 이후에도 회사가 일정한 성장률로 성장한다고 가정하며, Exit Multiple Method는 예측 기간 종료 시점의 회사 재무지표에 시장 멀티플을 적용합니다.

Perpetuity Growth Method

$TV_n = FCF_{n+1}/(r-g)$ 또는 $FCF_n × (1 + g) / (r - g)$

- FCF_{n+1} = 예측 마지막 해의 FCF에 g(영구성장률)를 반영한 값. 즉, 마지막 추정 연도의 바로 다음 연도.
- r = 할인율(Unlevered DCF에서는 가중평균자본비용(WACC), Levered DCF에서는 Cost of Equity)
- g = 기업 잉여현금흐름의 영구성장률

Exit Multiple Method

$TV_n = EBITDA_n × EV/EBITDA_n$

- 사용되는 재무지표는 EBITDA 외에도 EBIT, 순이익 등일 수 있지만 일반적으로 EBITDA가 가장 널리 사용됩니다.
- EV/EBITDA 등의 Exit Multiple은 유사 기업 분석, 거래 사례, 과거 밸류에이션을 통해 도출됩니다.

Terminal Value – Perpetuity Growth Method

$$\text{Terminal Value}_5 = \frac{FCF\,6}{(WACC - g)} = \frac{FCF5 \times (1+g)}{(WACC - g)}$$

Principle – Geometric Series

$$\sum_{k=1}^{\infty} ar^{k-1} = \frac{a}{(1-r)}$$

Terminal Value - Exit Multiple Method

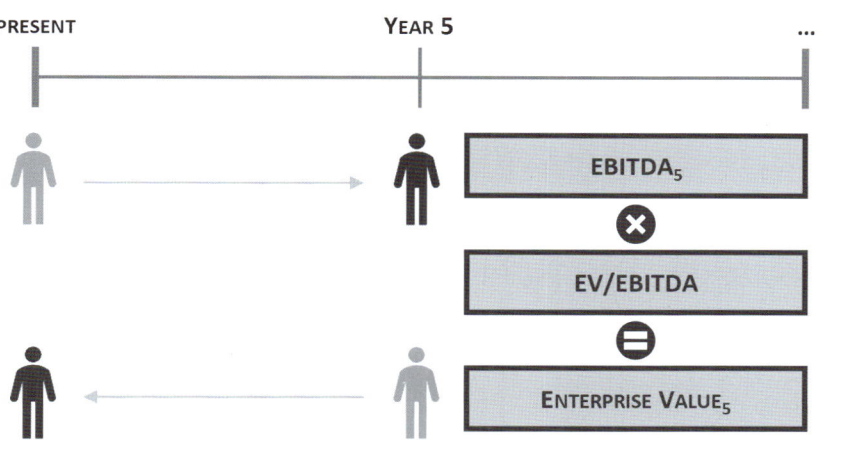

Q Perpetuity Growth Method를 사용할 때, 영구성장률(Terminal Growth Rate)은 어떻게 정하나요?

Perpetuity Growth Method에서의 영구성장률 Terminal Growth Rate 은 정의된 예측 기간이 끝난 이후, 기업의 잉여현금흐름이 영구적으로 얼마나 성장할지를 나타냅니다. 일반적으로 0~3% 수준의 낮은 수치를 사용하며, 이는 기업이 안정적이고 성숙한 단계에 진입했다고 가정하기 때문입니다. 실무에서는 인플레이션율이나 GDP 성장률 등 현실적인 기준에 기반해 이 수치를 설정합니다. 영구성장률은 소폭의 변화만으로도 밸류에이션에 큰 영향을 줄 수 있기 때문에, 신중하게 결정되어야 합니다.

추가 설명

Perpetuity Growth Method에서의 영구성장률은 예측 기간 이후 영구적으로 성장할 기업의 잉여현금흐름에 대한 기대치를 반영합니다. 일반적으로 성숙 단계에 진입한 기업을 전제로 하기 때문에, 0~3% 수준의 보수적인 수치를 적용하는 것이 일반적입니다. 하지만 이는 기업의 지속 가능성, 산업 구조, 경제 전반의 상황 등에 따라 달라질 수 있습니다. 실무에서는 지나친 낙관을 피하기 위해, 성장률을 너무 높게 설정하지 않으며, 작은 변화만으로도 전체 밸류에이션에 큰 영향을 줄 수 있다는 점을 인식하고 설정합니다.

따라서 성장률은 보통 대상 회사의 성장단계나 산업 내 포지션을 반영해서 **인플레이션율, GDP 성장률, 혹은 장기 산업 성장률**과 같은 지표들을 활용합니다.

1. **인플레이션율**(예: 선진국 기준 0~3%): 기업이 영구적으로 물가 상승 속도에 맞춰 성장한다고 가정하는 방식입니다. 성숙하고 확장 여력이 적은 기업에 적합한, 가장 보수적인 기준입니다.
2. **GDP 성장률**(예: 선진국 2~3%, 신흥국은 더 높을 수 있음): 기업이 경제 전반과 동일한 속도로 성장할 것이라는 가정입니다. 시장 점유율을 꾸준하게 유지할 것으로 예상되는 기업 또는 경제 매크로와 함께 움직이는 기업들에 적합합니다.
3. **장기 산업 성장률**: 재생에너지, IT, 바이오텍 등 구조적으로 높은 성장 잠재력을

가진 산업의 경우, 신뢰 가능한 장기 트렌드를 근거로 다소 높은 성장률을 설정할 수 있습니다. 다만, 이 경우에도 일반적으로 GDP 성장률 이상은 넘지 않도록 제한합니다. 이는 기업이 경제 전체를 영구적으로 앞지를 수 없다는 점을 보수적으로 고려한 것입니다.

Q Exit Multiple Method를 사용할 경우, 산정된 영구가치 (Terminal Value)의 타당성을 어떻게 검증하거나 교차 확인할 수 있나요?

Exit Multiple Method를 사용하여 영구가치 Terminal Value 를 계산할 때, 예측 기간 마지막 해에 적용되는 멀티플이 타당하고, 현재 또는 과거의 유사 기업들의 멀티플과 일치하는지 확인해야 합니다. 이 값의 타당성을 교차 검증하려면, Perpetuity Growth Method를 함께 활용할 수 있습니다. 두 방법에서 계산된 영구가치가 동일하다는 전제하에, Perpetuity Growth Method의 영구성장률 Terminal Growth Rate 을 역산해 볼 수 있습니다. 그 결과 도출된 성장률이 현실적인 범위 내에 있다면, 선택한 Exit Multiple은 타당하다고 볼 수 있는 것입니다. 이러한 sanity check는 과대평가 또는 과소평가를 방지하고, DCF 모델의 신뢰도를 높이는 데 기여합니다.

Q DCF에서 Exit Multiple Method의 가장 큰 한계는 무엇인가요?

Exit Multiple Method는 DCF에서 널리 사용되지만, 여러 한계점들을 안고 있습니다. 가장 큰 문제는 이 방식이 EV/EBITDA와 같은 시장 기반 멀티플에 의존한다는 점입니다. 이러한 멀티플은 일시적인 시장 상황, 투자자 심리, 경기 순환과 같은 외부 요인에 민감하게 반응하기 때문에, DCF 모델이 지향하는 내재적이고 미래지향적인 평가 방식에 맞지 않을 수 있습니다. 또한, 멀티플의 선택 자체가 주관적이며, 아주 작은 변화만으로도 영구가치 Terminal Value 와 전체 밸류에이션에 큰 영향을 미칠 수 있습니다. 예를 들어, 고성장 기업이나 혁신 기업 Disruptive Companies 의 경우, 신뢰할 수 있는 유사 기업이 없거나 향후 예측되는 멀티플이 매우 불확실하기 때문에, 합리적인 Exit Multiple을 설정하는 것이 특히 어렵습니다.

04 WACC - General

Q Unlevered DCF와 Levered DCF에서는 어떤 할인율을 사용하나요?

DCF 분석에서 할인율의 선택은 모델이 Unlevered DCF인지 Levered DCF인지에 따라 달라집니다. Unlevered DCF는 Free Cash Flow to the Firm ^{FCFF}을 사용하여 전체 기업가치 $^{Enterprise\ Value}$를 평가하므로, 적절한 할인율은 Weighted Average Cost of Capital ^{WACC}입니다. WACC는 부채와 자기자본 조달 비용을 모두 반영한 비율이기 때문입니다. 한편, Levered DCF는 Free Cash Flow to Equity ^{FCFE}를 사용하여 주주가치 $^{Equity\ Value}$를 평가하기 때문에, 자기자본비용 $^{Cost\ of\ Equity}$이 적절한 할인율입니다.

Q WACC(가중평균자본비용)는 무엇이며, 어떻게 계산하나요?

WACC $^{Weighted\ Average\ Cost\ of\ Capital}$는 기업이 자금을 조달하기 위해 투자자들에게 제공해야 하는 평균 수익률을 의미하며, 자본구조 내에서 자기자본과 부채의 비용을 각각의 비율에 따라 가중 평균하여 계산합니다. WACC는 DCF 분석에서 할인율 $^{Discount\ Rate}$로 사용되며, WACC가 높을수록 기업가치는 낮아지고, WACC가 낮을수록 기업가치는 높아집니다.

WACC는 세후 부채비용(After-Tax Cost of Debt)과 자기자본비용 $^{Cost\ of\ Equity}$을 결합해 계산되며, 투자 결정 시 중요한 기준 역할을 합니다.

추가 설명

WACC는 기업이 투자자(주주와 채권자 모두)를 만족시키기 위해 제공해야 하는 평균 기대 수익률을 의미합니다. 이는 DCF 분석에서 할인율로 사용되며, 해당 자본을 다른 유사 리스크의 투자에 사용했을 때의 기회비용을 반영합니다. WACC가 높을수록 투자자들은 더 높은 수익을 요구한다는 뜻이고, 동시에 리스크가 높다고 판단하는 것입니다. 이에 따라 미래 현금흐름의 현재가치가 낮아져 기업가치가 줄어듭니다. 반대로

WACC가 낮으면 리스크가 적다고 판단되는 상황이며, 이에 따라 요구하는 수익률도 함께 낮아지며, 결과적으로 기업가치는 상승합니다. 따라서 WACC를 정확히 추정하는 것이 투자 및 기업 가치평가에 결정적입니다.

WACC는 자본구조 내 각 자본 요소(자기자본과 부채)의 비중에 따라 각각의 자본비용을 가중 평균하여 계산합니다. 자기자본비용은 주주가 요구하는 기대 수익률을 반영하며, 일반적으로 자본자산가격결정모형 $^{Capital\ Asset\ Pricing\ Model,\ CAPM}$ 등을 사용해 추정합니다. 부채비용은 이자 비용이 세금 공제 대상이기 때문에 세후 기준으로 조정됩니다. 이러한 자본 비용들을 가중 평균한 WACC는 기업의 전체 자본비용을 종합적으로 나타내며, 투자 기회나 전략, 재무 관련 의사결정을 평가하는 데 있어 핵심적인 벤치마크로 사용됩니다.

WACC 공식은 다음과 같습니다.

- **WACC** = (Debt% × Cost of Debt × (1 − Tax Rate)) + (Equity% × Cost of Equity)

기업에 우선주 $^{Preferred\ Shares}$ 가 있는 경우 확장식은 다음과 같습니다.

- **WACC** = (Debt% × Cost of Debt × (1 − Tax Rate)) + (P/S% × Cost of Preferred Shares) + (Equity% × Cost of Equity)

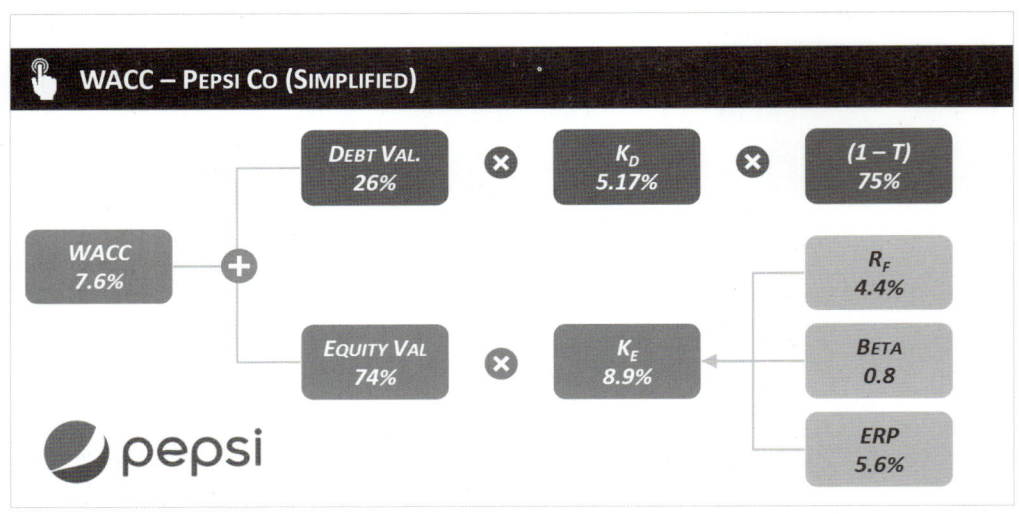

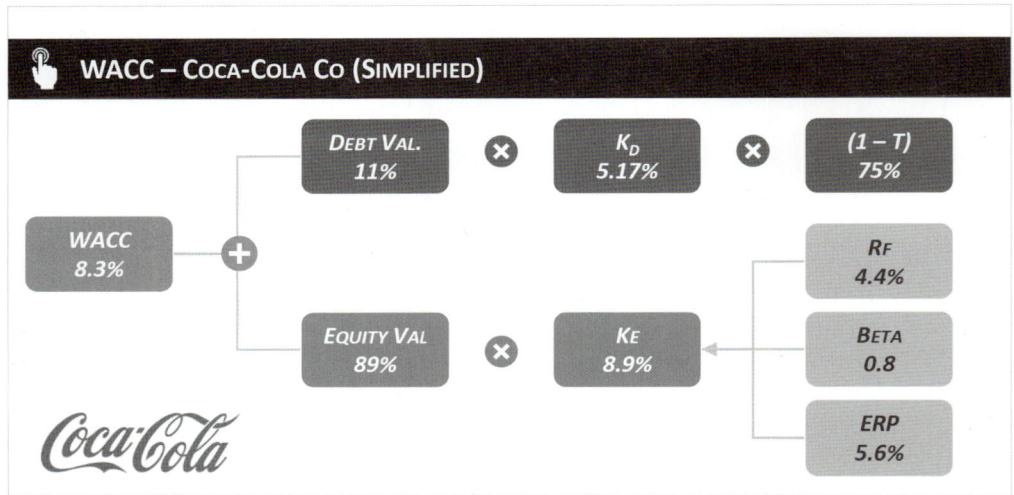

Q 일반적으로 자기자본비용(Cost of Equity)과 부채비용(Cost of Debt) 중 어느 쪽이 더 높은가요? 그 이유는 무엇인가요?

일반적으로 자기자본비용 Cost of Equity 이 부채비용 Cost of Debt 보다 높습니다. 이는 투자자들의 입장에서, 자기자본(주식)이 일반적으로 더 큰 리스크를 수반하기 때문입니다. 부채(채권)는 고정 이자 지급이 보장되며, 파산 시에도 채권자가 자산에 대해 우선적으로 청구권을 가집니다. 반면, 주식 투자자는 모든 부채 상환 이후에야 이익을 분배

받을 수 있기 때문에 더 큰 리스크를 감수하게 됩니다. 결과적으로, 더 큰 리스크로 인해서, 주식 투자자들은 더 높은 수익률을 요구하게 되고, 이는 자본조달을 하는 기업 입장에서는 더 높은 자본조달비용으로 이어집니다. 여기에 더해, 부채의 경우 이자비용이 세금 공제가 가능하여 실질적인 비용이 더 낮아지는 반면, 주식에는 이와 같은 세제 혜택이 없습니다. 이러한 요소들이 결합되어 일반적으로 자기자본비용이 부채비용보다 더 높게 나타납니다.

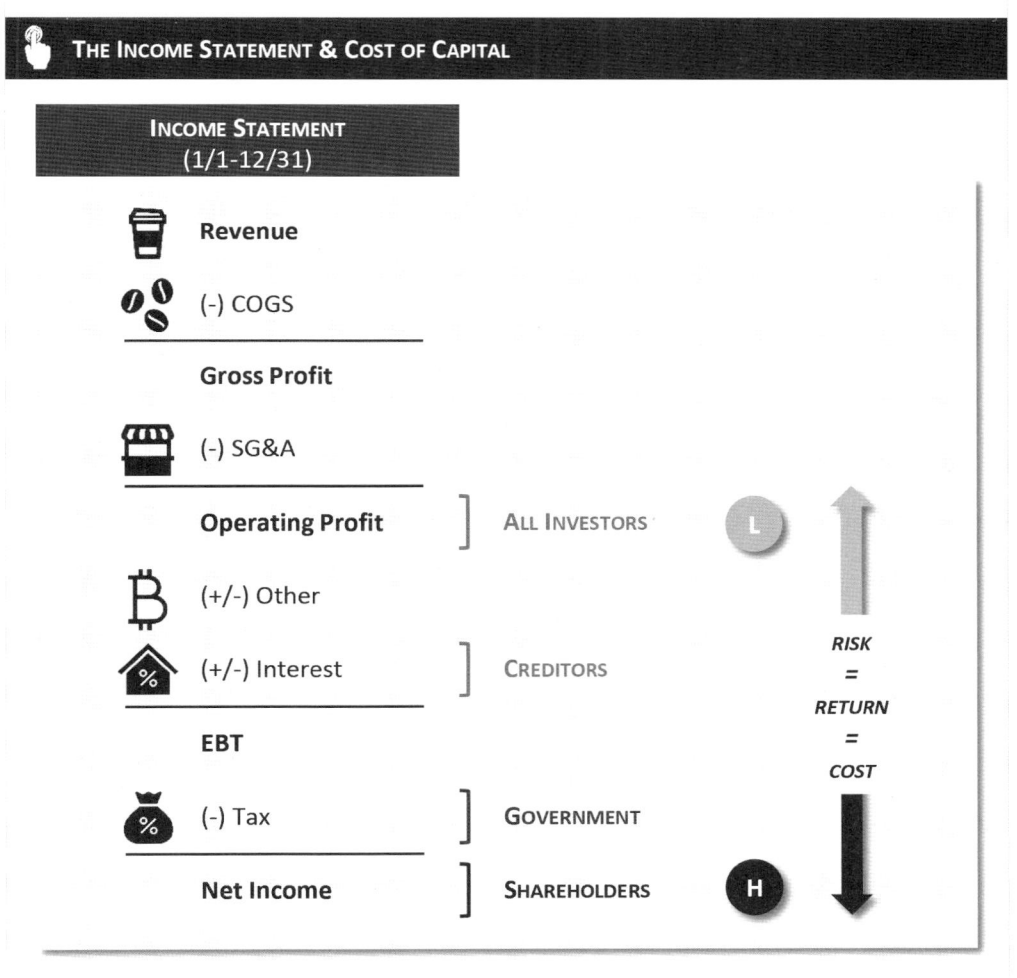

Q 기업이 100% 부채로 자금을 조달하지 않는 이유는 무엇인가요?

기업이 전적으로 부채로만 자금을 조달하지 않는 이유는 두 가지입니다. 첫째, 일부 기업은 애초에 부채 조달이 불가능하다는 점입니다. 둘째, 과도한 부채는 재무적으로 심각한 리스크를 초래할 수 있기 때문입니다. 높은 레버리지는 이자 상환 부담을 증가시키고 차입 비용을 높이며, 기업의 전략적 유연성을 제한합니다. 결국 이는 부채비용 상승으로 이어지며, 기업은 이러한 균형을 관리하기 위해 WACC를 최소화하고 기업가치를 극대화하는 최적 자본구조를 추구합니다.

추가 설명

기업이 부채만으로 자금을 조달하지 않는 이유는 다음 두 가지 범주로 나뉩니다.

- **신용이나 구조적 제약으로 인해 부채 조달이 어려운 경우**: 스타트업이나 초기 단계 기업은 운영 이력이 부족하거나 이자 상환 능력이 부족하고, 담보 자산이 없는 경우가 많습니다. 이로 인해 대출 승인을 받지 못하거나 매우 높은 이자율을 적용받게 됩니다. 결과적으로, 이런 기업들은 자기자본 조달에 더 의존하게 됩니다.

- **부채 조달이 가능하더라도 과도한 부채 사용에 따른 단점**: 성숙한 기업도 과도하게 부채에 의존하면 고정 이자 부담이 증가하고, 현금흐름 압박으로 인해 재무적 어려움을 겪을 수 있습니다. 부채비율이 높아질수록 차입 비용이 올라가며, 이는 결국 자기자본비용보다 높은 수준으로 치솟을 수 있습니다. 또한, 신용등급 하락, 엄격한 부채약정 Covenants, 전략적 유연성 상실 등 부정적인 결과가 나타날 수 있습니다. 결론적으로 과도한 부채는 주주가치 하락과 파산 위험 증가로 이어질 수 있습니다.

이러한 모든 요소들을 고려해 기업은 WACC를 최소화하고 기업가치를 극대화하는 최적 자본구조를 설정합니다. 이를 통해 재무적 유연성을 확보하고, 지속 가능한 성장과 효율적인 자본 운용이 가능해집니다.

Q 가중평균자본비용(WACC) 계산 시 부채비율은 어떻게 정해야 하나요?

가중평균자본비용 WACC 을 계산할 때 부채비율은 이상적으로 기업이 장기적으로 유지하고자 하는 목표 자본구조 Target Capital Structure 를 반영해야 합니다. 이 비율은 업계 평균, 경쟁사 벤치마크, 기업의 전략적 계획 등에 기반해 설정됩니다. 만약 목표 자본구조 정보가 없다면, 장부가 Book Value 가 아닌 시장가 Market Value 기준의 부채와 자기자본 비율을 직접 계산합니다. 시장가는 현재 투자자들의 기대와 자본조달 환경을 더 잘 반영하기 때문에, WACC가 보다 정확하게 기업의 기대수익률(즉, 자본비용)을 나타낼 수 있어 신뢰도 높은 밸류에이션 결과를 도출할 수 있습니다.

추가 설명

WACC를 계산할 때 사용하는 부채/자기자본 비율은 기업의 목표 자본구조를 반영해야 합니다. 이는 기업이 장기적으로 유지하고자 하는 부채와 자기자본의 비율로, 현재 자본구조와 다를 수 있습니다. 이 비율은 위험과 수익을 균형 있게 조절하여 전체 자본비용을 최소화하도록 설정됩니다. 목표비율은 업계 평균, 경쟁사 자본구조, 또는 경영진의 전략적 성장 계획에 기반해 설정되며, 특히 미래 현금흐름을 할인하는 DCF 분석처럼 미래지향적인 밸류에이션에서는 필수적인 전제입니다.

만약 명확한 목표 구조가 없다면, 대부분 시장가를 활용해서 부채와 자기자본 비율을 직접 계산합니다. 예를 들어, 자기자본의 시가총액은 주식 투자자의 기대와 심리를 반영하고, 부채의 시장가치는 현재 금리 및 신용위험을 반영합니다. 따라서 시장기반 가중치를 활용하면 WACC 계산이 실제 자본시장 환경을 반영할 수 있으며, 기업의 실질적인 자본비용을 더 현실적으로 추정할 수 있습니다. 궁극적으로, 목표 기반이든 시장가치 기반이든 적절한 자본구조를 사용하는 것이 WACC의 타당성을 높이고, 정확한 투자 및 기업가치평가에 기여합니다.

Q 기업이 자기자본(Equity)으로만 자금을 조달할 경우, 가중평균자본비용(WACC)은 어떻게 되나요?

기업에 부채가 전혀 없고, 100% 자기자본으로 자금을 조달했다면 WACC는 자기자본비용 Cost of Equity 과 동일해집니다. 이 경우, 자본구조에 부채나 우선주가 없으므로, 해당 항목들이 공식에서 제외되고 WACC는 오직 자기자본비용만으로 구성됩니다. 일반적으로 자기자본비용은 부채나 우선주보다 더 높으며, 이자비용에 대한 세금공제 혜택도 없기 때문에, 부채와 자기자본을 혼합한 기업보다 전체 자본비용이 더 높게 나타납니다.

Q 일반적으로 부채비용(Cost of Debt)은 어떻게 추정하나요?

부채비용을 추정하는 가장 정확한 방법은 기업이 발행한 채권의 만기수익률 Yield to Maturity, YTM 을 활용하는 것입니다. YTM은 현재 시장 조건과 신용위험을 반영합니다. 상장 채권이 없다면, 유사 기업의 신용 스프레드 Credit Spread 나 최근 차입 이자율을 활용해 추정할 수 있습니다. 마지막 수단으로 과거 평균 이자율인 실효이자율 Effective Interest Rate 을 사용할 수도 있으나, 이는 현재 조달 환경을 정확히 반영하지 못할 수 있습니다. 마지막으로, 어떤 방법을 사용하든, 항상 (1 − 세율)을 곱해 세후 부채비용으로 조정해야 합니다.

추가 설명

부채비용은 기업이 보유한 다양한 부채의 가중 평균 이자율을 반영해야 합니다.
부채의 조건, 만기, 우선순위 등에 따라 같은 기업 안에서도 이자율은 달라지며, 이는 시장기반이든 과거 기준이든 동일하게 적용됩니다.
- 가장 정확한 방식은 회사가 발행한 채권의 만기수익률 Yield to Maturity, YTM 을 사용하는 것이 가장 현실적입니다. 이는 신용위험과 시장금리를 반영합니다.
- 채권이 없을 경우, 유사 기업의 신용 스프레드나 최근 차입 이자율을 기반으로 추정할 수 있습니다.

- 마지막 수단으로, 과거 실효이자율 ^{Effective Interest Rate} 을 사용하는 방법도 있으나, 이는 현재 시장 환경이나 신용 상태를 반영하지 못할 수 있습니다.

이후 결괏값은 반드시 세금효과를 반영하여 조정합니다.
- **세후 부채비용** = 세전 부채비용 × (1 – 세율)

Q 잉여현금흐름(Free Cash Flow)과 가중평균자본비용(WACC) 계산 시, 한계세율(Marginal Tax Rate)과 유효세율(Effective Tax Rate) 중 어떤 것을 사용해야 하나요?

잉여현금흐름 ^{Free Cash Flow} 과 가중평균자본비용 ^{WACC} 계산에서는 일반적으로 한계세율 ^{Marginal Tax Rate} 을 사용하는 것이 더 적절합니다. 한계세율은 기업이 벌어들이는 추가 과세소득에 적용되는 세율로, 미래 현금흐름을 예측해야 하는 DCF와 같은 상황에서는 보다 일관되고 현실적인 기준이 됩니다. 한편, 기업의 유효세율 ^{Effective Tax Rate} 은 주로 과거 숫자에 기반할 뿐만 아니라, 일회성 조정, 비영업 항목, 세액공제 등에 의해 왜곡될 수 있으므로, 장기적인 분석과 예측이 중요한 DCF에서는 법정세율 기반의 한계세율을 사용하는 것이 타당합니다.

WACC Calculation – Marriott International

Peer Groups for WACC Calculation

Company	Curr.	Market Cap.	IBD	Debt / Total	Debt / Equity	Tax Rate	Beta Observed	Beta Unlevered	Beta Adjusted	Beta Relevered
Marriott International Inc.	USD	69,634	12,734	15.5%	18.3%	25.0%	1.67	1.47	1.31	1.53
Hilton Worldwide Holdings Inc.	USD	48,052	9,523	16.5%	19.8%	25.0%	1.39	1.21	1.14	1.32
InterContinental Hotels Group PLC	USD	15,485	2,958	16.0%	19.1%	25.0%	1.40	1.23	1.15	1.34
Hyatt Hotels Corporation	USD	13,530	3,371	19.9%	24.9%	25.0%	1.52	1.28	1.19	1.38
Choice Hotels International Inc.	USD	5,840	1,505	20.5%	25.8%	25.0%	1.24	1.04	1.03	1.19
High				20.5%	25.8%	25.0%	1.67	1.47	1.31	1.53
Average				17.7%	21.6%	25.0%	1.44	1.25	1.16	1.35
Median				16.5%	19.8%	25.0%	1.40	1.23	1.15	1.34
Low				15.5%	18.3%	25.0%	1.24	1.04	1.03	1.19

Cost of Equity Calculation

(+) Risk-Free Rate	5-Year Avg	2.3%
(+) Equity Risk Premium	Damodaran	4.6%
(x) Selected Beta	5Y Monthly	1.35
(+) Country Risk (If Any)		0.0%
(+) Size Risk (If Any)		0.0%
(+) Company Specific Risk (If Any)		0.0%
(=) Cost of Equity		8.5%

WACC Calculation

(+) Debt % of Total Capital	17.7%
(x) Pre-Tax Cost of Debt	3.7%
(x) (1 - Tax Rate)	75.0%
(+) Equity % of Total Capital	82.3%
(x) Cost of Equity	8.5%
(=) WACC	7.5%

Data Input

Cost of Debt

Effective Interest Rate	3.7%
Marginal Tax Rate	25.0%

Risk Free Rate

10-Year US Government Bond - Current	4.1%
10-Year US Government Bond - 5 Year Average	2.3%
Kroll Recommended	3.5%

Equity Risk Premium

Damodaran	4.6%
Kroll Recommended	5.5%

05 WACC – Cost of Equity

Q 자기자본비용(Cost of Equity)을 계산하기 위한 자본자산가격결정모형(CAPM)을 설명해 주세요.

자본자산가격결정모형 Capital Asset Pricing Model, CAPM 은 자기자본비용을 추정하기 위해 사용되는 모델로, 무위험수익률 Risk-Free Rate 에 주식의 시장 민감도인 베타 를 곱한 주식시장 위험프리미엄 Equity Risk Premium 을 더하여 계산합니다. 이 모델은 투자자들이 위험을 감수하는 대가로 요구하는 기대수익률을 정량화하는 데 도움을 줍니다.

추가 설명

CAPM은 무위험수익률로 시작하여 특정 주식이 전체 시장에 비해 얼마나 변동성이 크고 위험한지에 따라 위험 프리미엄을 추가하여 주식 투자자들이 요구하는(혹은 기대하는) 수익률을 추정합니다. 이 공식은 수익률의 구성 요소를 세분화하여 투자자가

합리적으로 기대할 수 있는 수익률을 예측합니다.

- Cost of Equity = Risk-Free Rate + β × (Equity Risk Premium)

각 구성 요소는 다음과 같습니다.

무위험수익률 Risk-FreeRate, Rf

- "안전한" 투자자산의 수익률, 즉, 일반적으로 장기 국채 수익률 Long-Term Government Bond 을 의미하며, 이는 투자자들이 디폴트위험이 전혀 없는 Zero Risk of Default 투자에서 얻을 수 있는 이론적인 수익률을 나타냅니다.
- "투자자가 가장 안전한 투자로부터 기대하는 최소한의 수익률은 얼마인가?"

주식시장위험프리미엄 Equity Risk Premium 또는 Market Risk Premium

- 투자자들이 무위험자산(장기국채)보다 주식시장에 투자함으로써 추가로 요구하는 수익률로, 주식시장에 대한 위험 Equity Risk or Market Risk 을 감수하는 대가입니다.
- "투자자들이 국채 같은 무위험 자산 대신 주식시장(NYSE, NASDAQ, KOSPI 등)에 투자할 때, 그 위험을 감수하는 대가로 얼마나 더 높은 수익을 요구하는가?"

베타 Beta, β

- 개별주식이 시장 변동성 대비 얼마나 민감하게 반응하는지를 측정하는 지표입니다. β가 1보다 크면 시장보다 더 높은 변동성을 가짐을 의미하고, β가 1보다 작으면 주식시장 전체보다 변동성이 적다는 것을 의미합니다.
- "해당 기업은 주식시장(e.g. NASDAQ)에 비해 얼마나 더 위험하거나 덜 위험한가요?"

한편, CAPM은 자기자본비용 Cost of Equity 을 계산하는 데 가장 널리 사용되는 모델이지만, 시장 데이터가 제한적이거나 신뢰도가 낮은 경우에는 채권수익률 + 리스크 프리미엄 방식 Bond Yield + Risk Premium , 또는 Build-Up 방식과 같은 대체 방법도 사용할 수 있습니다.

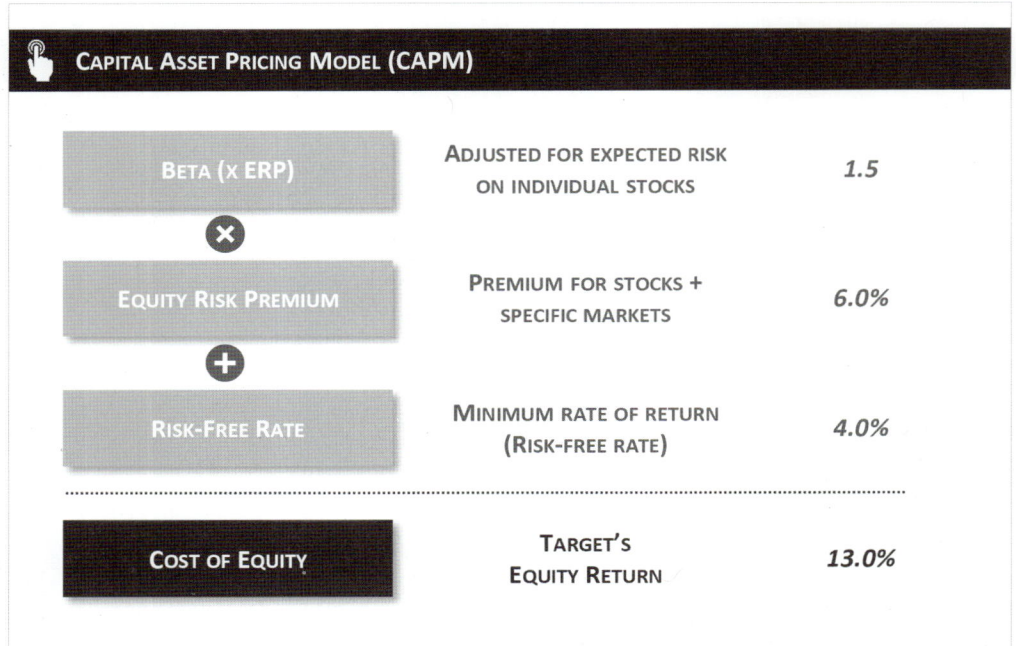

Q 무위험이자율(Risk-Free Rate)은 어떤 요소에 따라 선택하나요?

무위험이자율 Risk-Free Rate 은 일반적으로 신용위험이 없고 유동성이 풍부한 정부 채권 수익률을 기준으로 합니다. 가장 자주 사용되는 것은 해당 국가의 10년 만기 국채 수익률입니다. 선택하는 만기는 DCF 분석에서 평가하려는 현금흐름의 기간 Duration 과 일치하는 것이 이상적이며, 이 때문에 장기채권이 선호됩니다. 또한, 이론적으로는 분석 대상의 현금흐름의 통화와 동일한 통화로 표시된 채권이면 더욱 일관성을 확보할 수 있습니다. 하지만 실무에서는 안정성, 유동성, 장기 밸류에이션의 적합성 간의 균형을 고려해, 미국 10년 만기 국채 수익률을 가장 많이 사용합니다.

Q 저금리 환경은 DCF 기반의 기업가치 평가 결과에 어떤 영향을 주나요?

저금리 환경에서는 무위험이자율 Risk-Free Rate, 즉 할인율의 핵심 구성요소 중 하나가 낮아지게 됩니다. 무위험이자율이 낮아지면, CAPM 공식을 통해 계산되는 자기자본비용 Cost of Equity 과 경우에 따라 부채비용 Cost of Debt 까지 하락하게 됩니다. 결과적으로 전체 가중평균자본비용 ᵂᴬᶜᶜ 이 낮아지며, 이는 예상 잉여현금흐름과 영구가치의 현재가치를 증가시켜, 기업가치 상승으로 이어집니다. 따라서 저금리 환경은 장기 성장에 기반한 자산이나 기업의 가치가 더 높게 평가되는 유리한 조건이 됩니다.

Q CAPM 모델에서 주식시장위험프리미엄(Equity Risk Premium)의 역할을 설명해 주세요.

CAPM 모델에서 주식시장위험프리미엄 ᴱᑫᵘⁱᵗʸ ᴿⁱˢᵏ ᴾʳᵉᵐⁱᵘᵐ, ᴱᴿᴾ 은 투자자가 무위험자산 대신 특정 주식시장에 투자할 때 요구하는 추가 수익률을 의미합니다. 이는 투자자가 시장 위험 ᴹᵃʳᵏᵉᵗ ᴿⁱˢᵏ 을 감수하는 대가이며, CAPM의 핵심 구성요소입니다. ERP는 기업의 베타(β)와 곱해져, 개별 기업이 시장 변동성에 얼마나 노출되어 있는지를 반영한 자기자본비용 ᶜᵒˢᵗ ᵒᶠ ᴱᑫᵘⁱᵗʸ 을 산출합니다. 일반적으로 ERP가 높을수록 시장의 불확실성이 크다는 의미이며, 반대로 낮은 ERP는 투자자 신뢰가 높고 요구 수익률이 낮다는 것을 시사합니다.

추가 설명

CAPM에서 주식시장위험프리미엄 ᴱᑫᵘⁱᵗʸ ᴿⁱˢᵏ ᴾʳᵉᵐⁱᵘᵐ 은 투자자가 국채와 같은 무위험자산보다 주식을 선택할 때 추가로 요구하는 수익률을 의미합니다. 쉽게 말해, 이는 NYSE, NASDAQ, KOSPI 등 전체 주식시장에서 기대되는 수익률에서 무위험이자율(예: 정부채권 수익률)을 뺀 값입니다. ERP는 시장 위험에 대한 보상을 나타내며, ERP가 높다는 것은 투자자들이 높은 불확실성 또는 위험을 인식하고 있어 더 높은 수익을 요구한다는 의미입니다. 반면 낮은 ERP는 시장에 대한 신뢰가 높고 상대적으로 낮은 수익률만으로도 투자자들이 만족할 수 있다는 것을 의미합니다.
ERP는 CAPM 공식의 핵심 항목입니다.

- Cost of Equity = Risk-Free Rate + β × (Equity Risk Premium)

이 공식에서 ERP는 베타와 곱해져 개별 기업의 위험을 반영한 수치로 전환됩니다.

또한, ERP는 교과서나 이론서에서 다음과 같이 표현되기도 합니다.

- Equity Risk Premium = Rm(ExpectedMarketReturn)-Rf(Risk-FreeRate)

하지만 이 방식에는 한 가지 한계가 있습니다. 시장의 기대 수익률(Rm)은 실제로 관측할 수 있는 값이 아니기 때문에, 보통은 과거의 수익률 데이터를 기반으로 추정하게 됩니다. 그러나 이러한 추정은 미래를 직접적으로 반영하지 못하고, 역사적 수익률의 선택 방식과 기간 선정 등 수많은 가정에 의존하게 됩니다. 따라서, 실무에서는 ERP를 산정하기 위해 다른 다양한 방법론들이 사용됩니다.

Q 실무에서는 주식시장위험프리미엄(Equity Risk Premium, ERP)을 어떻게 결정하나요?

실무에서 투자은행이나 사모펀드의 애널리스트들은 일반적으로 Bloomberg, Capital IQ, Damodaran과 같은 신뢰할 수 있는 소스를 활용하여 ERP를 참고합니다. 개념적으로는 과거 초과 수익률 기반의 역사적 접근법 $^{Historical\ Approach}$ 과, 시장 가격과 기대 현금흐름을 반영한 내재적 접근법 $^{Implied\ Approach}$ 이 대표적인 방법입니다. 이 외에도 투자자 설문조사나, 특히 신흥국 시장에서는 신용스프레드 보정 방식을 통해 ERP를 추정하기도 합니다. 많은 전문가들은 이러한 방법들을 혼합하여 $^{Blended\ Approach}$ 보다 신뢰성 있는 수치에 도달합니다.

추가 설명

실무에서 ERP는 다양한 방식으로 추정되며, 실제로는 Bloomberg, Capital IQ, Damodaran, Duff & Phelps ^{Kroll} 등의 데이터를 기반으로 즉시 사용 가능한 ERP 수치를 참고하는 경우가 많습니다. 이러한 데이터는 시장에서 일관된 기준을 제공하며, 모델 간 정합성을 유지하는 데 유용합니다.

하지만 개념적으로, 주식시장위험프리미엄 $^{Equity\ Risk\ Premium,\ ERP}$ 은 일반적으로 두 가지 주요 방법을 통해 추정됩니다. 첫 번째는 역사적 접근법 $^{Historical\ Approach}$ 이고, 두 번째는 내재적 접근법 $^{Implied\ Approach}$ 입니다. 역사적 접근법은 S&P 500과 같은 일반적인 주식

시장지수가 무위험이자율을 초과하여 기록한 평균 수익률을 장기간에 걸쳐 계산하는 방식입니다. 이 방법은 간단하지만, 과거의 수익률이 미래의 기대 수익률을 반영할 것이라는 가정을 전제로 하기 때문에 한계가 있습니다. 반면, 내재적 접근법은 현재 시장 가격과 미래의 기대 현금흐름(예: 이익이나 배당금)을 이용하여 시장이 요구하는 수익률을 역산하는 방식입니다. 이 방법은 보다 미래지향적이지만 가정에 민감하게 반응한다는 특징이 있습니다.

그 외에도 실무에서는 투자자와 애널리스트를 대상으로 한 설문조사를 통해 시장 기대를 반영하거나, 특히 신흥시장에서는 국가의 신용스프레드를 기반으로 ERP를 추정하기도 합니다. 이 신용기반 방식은 국가의 디폴트 스프레드에 주식과 채권 간의 상대적 변동성을 조정하여 계산합니다. 실제 실무에서는 이러한 다양한 방식들을 혼합해 사용함으로써 보다 균형 잡히고 합리적인 ERP 추정값을 도출하는 경우가 많습니다.

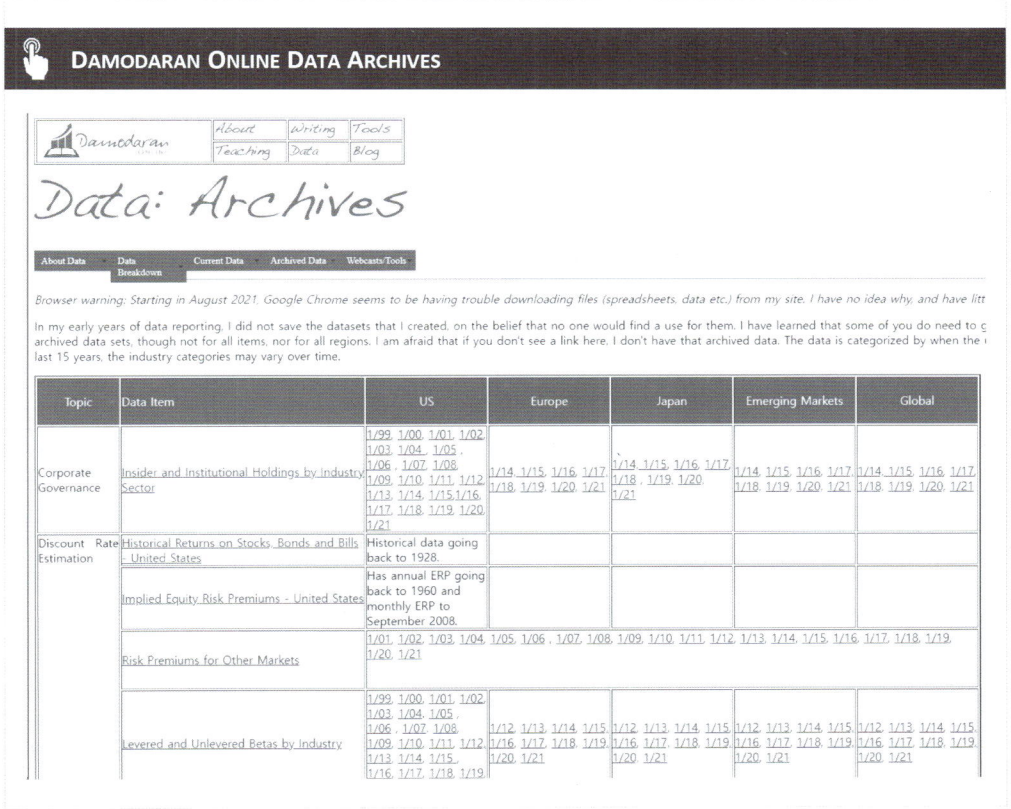

Q 베타(Beta)란 무엇이며, DCF 평가에 어떤 영향을 미치나요?

베타(β)란 주식이 시장의 움직임에 얼마나 민감하게 반응하는지를 측정하는 지표로, 체계적 위험 Systematic Risk 을 나타냅니다. 이는 시장 전체가 1% 변동할 때 해당 주식이 얼마나 움직일지를 나타내며, DCF Discounted Cash Flow 평가에서 자기자본비용 Cost of Equity 을 계산하기 위한 CAPM Capital Asset Pricing Model 공식에 사용됩니다. 베타가 높을수록 자기자본비용이 상승하고 WACC가 높아져 기업가치가 낮아지며, 반대로 베타가 낮을수록 할인율이 낮아져 기업가치가 높아지는 효과를 가집니다.

추가 설명

베타(β)는 주식의 수익률이 시장 전체 움직임에 얼마나 민감하게 반응하는지를 나타내며, 포트폴리오의 다양화 Diversification 로 제거할 수 없는 체계적 위험을 반영합니다. 이는 주식 수익률이 S&P 500이나 NASDAQ 같은 시장 지수가 1% 움직일 때 평균적으로 얼마나 변동하는지를 의미합니다. 예를 들어, 베타가 1.2인 경우, 시장이 1% 오르면 주가는 평균적으로 1.2% 상승하며, 베타가 0.8인 경우 시장이 1% 오르더라도 주가는 0.8%만 변동하는 경향이 있다는 뜻입니다.

DCF 분석에서 베타는 CAPM의 핵심 가정치로 사용되며, 공식은 다음과 같습니다.

- Cost of Equity = Risk-Free Rate + β × (Equity Risk Premium)

베타가 높아지면 자기자본비용이 상승하여 WACC가 증가하고, 이는 미래 잉여현금흐름의 현재가치를 낮춰 기업가치가 하락합니다. 반대로, 베타가 낮으면 할인율이 낮아져 기업가치가 상승합니다.

BETA CALCULATION – MARRIOTT INTERNATIONAL

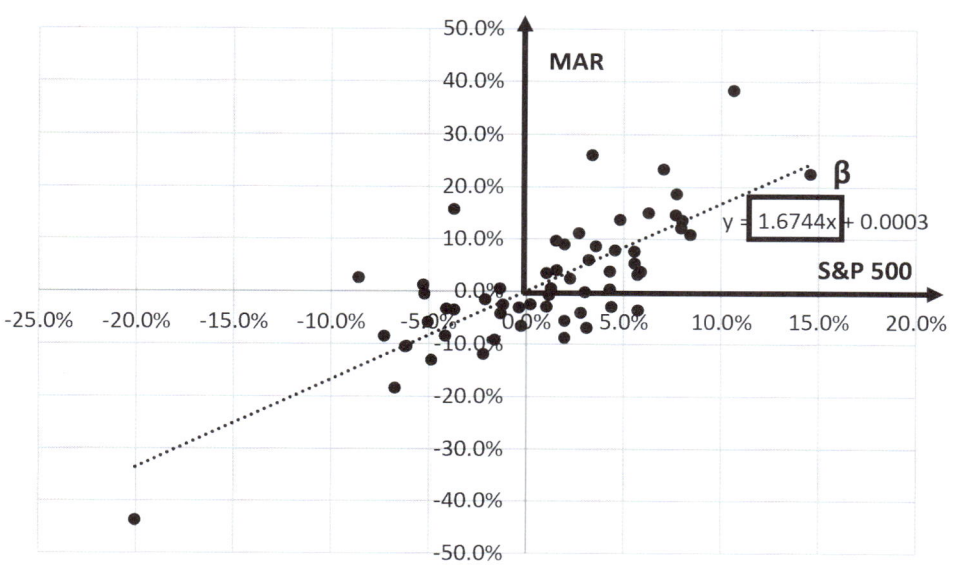

Q 어떤 산업이 고(高)베타 또는 저(低)베타를 가지나요?
베타가 음수일 수도 있나요?

고베타 산업에는 기술, 소비재, 중소형 성장주 등이 있으며, 이들은 일반적으로 시장 사이클에 더 민감하고 변동성이 높습니다. 반면, 저베타 산업으로는 유틸리티, 헬스케어, 필수소비재 등이 있으며, 이들은 시장 변동에 덜 민감하고 보다 안정적입니다. 베타가 음수인 경우도 드물게 존재하며, 이는 주식이 시장과 반대 방향으로 움직이는 경향이 있음을 나타냅니다. 일부 헤지 상품이나 인버스 ETF 등에서 볼 수 있습니다.

추가 설명

- **고베타(>1):** T 이러한 주식들은 **시장보다 변동성이 크고**, 시장 움직임을 증폭시키는 경향이 있어 투자자 심리, 성장 기대감, 경기 사이클에 특히 민감합니다. 주로 **기술**, 바이오테크, 기타 **성장 중심 산업**에서 발견됩니다.

- ✓ **Tesla Inc.** ᵀˢᴸᴬ – *베타 ~2.0*: 테슬라 주가는 일반적으로 시장보다 두 배 정도 움직입니다. 시장이 1% 변동할 경우 테슬라 주가는 평균적으로 2% 변동하며, 이는 혁신, 투자자 심리, 거시경제 상황에 대한 높은 민감도를 반영합니다.
- ✓ **Advanced Micro Devices** ᴬᴹᴰ – *베타 ~1.9*: 반도체 산업에 속한 고성장 주식으로, 기술 트렌드와 시장 변동성에 매우 민감하게 반응합니다.

- **베타 ≈ 1**: β ≈ 1인 주식은 **시장 전체와 유사한 움직임**을 보이며, 평균적인 시장 위험을 반영합니다. 보통 **분산이 잘된 대형주나 ETF에서 나타납니다.**
  - ✓ **Apple Inc.** ᴬᴬᴾᴸ – *베타 ~1.0*: 애플의 주가는 시장과 거의 동일한 방향과 강도로 움직이며, 특별히 더 큰 변동성이나 안정성을 보이지 않습니다.
  - ✓ **SPDR S&P 500 ETF Trust** ˢᴾʸ – *베타 1.0*: 이 ETF는 S&P 500 지수를 그대로 추종하므로, 시장 움직임의 기준이 되는 자산입니다.

- **저베타(<1)**: 저베타 주식은 **시장 변동성에 덜 민감하며**, 일반적으로 **유틸리티, 필수소비재, 헬스케어 등 방어적인 산업군에서** 나타납니다. 하락장에서 비교적 가치 유지가 잘됩니다.
  - ✓ **Coca-Cola Co.** ᴷᴼ – *베타 ~0.55*: 필수소비재 기업으로, 경기 불확실성에도 낮은 변동성과 안정적인 실적을 보입니다.
  - ✓ **Procter & Gamble** ᴾᴳ – *베타 ~0.45*: 생활용품 기업으로, 꾸준한 수요가 있어 시장 변동에도 비교적 안정적입니다.
  - ✓ **Verizon Communications** ⱽᶻ – *베타 ~0.3*: 필수 통신 서비스를 제공하여 안정적인 현금흐름을 꾸준히 기록하고 있으며, 시장의 움직임에 거의 영향을 받지 않습니다.

- **베타 = 0**: β = 0인 자산은 **시장과 전혀 상관관계가 없으며**, 시장의 변동성과 무관한 수익을 냅니다. 이는 주식에서는 드물지만, **위험이 없는 자산이나 채권형 자산**에서는 일반적입니다.
  - ✓ **미국 단기 국채** ᵀ⁻ᴮⁱˡˡˢ – *베타 0*: 위험이 없는 자산으로 간주되며, 주식시장의 변동성과 무관하게 일정한 수익률을 제공합니다.

- ✓ **머니마켓펀드** ^{MMF} – *베타 ~0*: 가치의 안정성을 유지하도록 설계된 상품으로, 시장 위험에서 거의 벗어나 있습니다.
- **음의 베타(<0)**: 음의 베타는 자산이 시장과 **반대로 움직이는 경향**이 있다는 것을 의미합니다. 매우 드물지만 포트폴리오 내 헤지 수단으로 활용됩니다.
  - ✓ **ProShares Short S&P 500** ^{SH} – *베타 ~-1.0*: S&P 500의 대형 및 중형주에 대해 반대 방향의 수익률을 추구합니다. S&P 500이 1% 하락할 경우, 해당 ETF는 1% 상승을 목표로 합니다.

Q 실무에서는 대상 회사(Target Company)의 베타(Beta)를 어떻게 추정하나요?

베타는 일반적으로 회귀분석 Regression analysis 또는 유사기업 벤치마킹 Peer Benchmarking 을 통해 추정되며, 두 방법 모두 분석 기간 및 데이터 빈도에 대한 가정이 필요합니다. Excel의 SLOPE 함수를 통해 직접 계산할 수도 있으나, 대부분의 실무자들은 Bloomberg나 Capital IQ와 같은 도구를 활용하여 효율적이고 일관성 있게 베타를 추정합니다.

추가 설명

실무에서는 베타를 다음 두 가지 주요 방식으로 추정합니다.

1. **회귀분석 방식** Regression Analysis : 대상 회사의 과거 주가 수익률을 S&P 500 등 광범위한 시장 지수와 선형 회귀 Linear Regression 하여 산출하는 방식입니다.
2. **유사기업 벤치마킹** Peer Benchmarking : 대상 회사의 거래 데이터가 충분하지 않다면, 비슷한 상장기업들을 활용해 베타를 추정합니다. 이 방식은 비상장 기업이나 거래량이 적은 상장 기업의 경우에도 활용 가능하며, 다음과 같은 절차를 따릅니다.
   - ✓ 유사 기업들의 베타와 자본 구조 관련 데이터를 수집합니다.
   - ✓ 각 유사 기업의 자본 구조 영향을 제거하기 위해 Unlevering 과정을 거쳐 베타를 조정합니다.

✓ 계산된 Unlevered 베타들을 평균 냅니다.
✓ 이 평균값에 대상 기업의 자본 구조를 적용하여 Relevering함으로써 최종 베타를 도출합니다.

두 방식 모두, 과거 주가 수익률과 벤치마크 지수 수익률 데이터를 보유하고 있다면 Excel의 SLOPE 함수를 사용해 직접 베타를 계산할 수 있습니다. 그러나 실제 실무에서는 Bloomberg, Capital IQ 등의 플랫폼을 활용해 미리 계산된 베타 수치를 활용함으로써 분석을 보다 효율적으로 수행합니다.

Q 애널리스트들이 베타(Beta) 산정 시 회귀분석(Regression Analysis)보다 Peer Benchmarking 방법을 선호하는 이유는 무엇인가요?

회귀분석 Regression Analysis 은 수학적으로 직접적인 방식이긴 하지만 몇 가지 한계가 있습니다. 충분한 과거 주가 데이터가 필요하며, 이상치 Outlier 포함여부, 분석 기간의 선택, 단기적인 변동성 등에 매우 민감할 수 있습니다. 또한, 기업의 사업 구조나 자본 구조가 최근에 변동된 경우, 과거 데이터를 기반으로 한 회귀분석은 해당 기업의 현재 또는 미래의 리스크 수준을 제대로 반영하지 못할 수 있습니다. 특히 비상장사, 신규 상장 기업, 구조조정 중인 기업에는 부적절할 수 있습니다.

반면, Peer Benchmarking 방식은 이러한 회귀분석의 단점을 피할 수 있어 애널리스트들이 더 선호합니다. 특히 거래 이력이 부족한 비상장사나 유동성이 낮은 기업을 평가할 때도 유용하며, 유사한 상장사를 기준으로 하여 사업 리스크와 재무 리스크를 분리할 수 있습니다. 이후 대상 회사의 자본 구조를 적용하여 보다 정교하고 현실적인 베타를 도출할 수 있어 실무에서 많이 사용됩니다.

Q 베타(Beta)를 추정할 때 적절한 기간(Timeframe)과 빈도(Frequency)는 어떻게 선택하나요?

베타 계산 시에는 통계적 신뢰도와 시장 반영성 간의 균형을 고려해 데이터 기간과 빈도를 선택해야 하며, 기업의 사업 안정성도 중요한 판단 기준입니다. 안정적인 기업에는 5-Year Monthly Returns와 같은 장기·저빈도 데이터가, 변화가 많은 기업에는 2-Year Weekly Returns나 1-Year Daily Returns와 같은 단기·고빈도 데이터가 더 적합합니다.

추가 설명

베타를 계산할 때 사용하는 데이터의 기간과 빈도는 통계적 유의성(신뢰도)과 적시성(현실 반영도) 간의 균형을 고려해 선택해야 하며, 기업의 사업 모델이 얼마나 안정적인지도 중요한 판단 기준이 됩니다.

- **5년 치 월간 수익률** 5-Year Monthly Returns 은 가장 일반적으로 사용되는 방식으로, 데이터가 충분히 많아 통계적으로 안정적인 결과를 제공합니다. 성숙하고 안정적인 기업에 적합합니다.
- **2년 치 주간 수익률** 2-Year Weekly Returns 은 최신성 측면에서 상대적으로 우수하면서도 충분한 데이터양을 확보할 수 있어, 중간 수준의 변동성을 가진 기업에 적합합니다.
- **1년 치 일간 수익률** 1-Year Daily Returns 은 빠르게 변하는 사업 환경에 있는 기업이나 최근 변화가 있었던 기업에 유용하지만, 이상치나 노이즈에 민감하여 베타가 불안정해질 수 있습니다.

최종적으로는 과거의 사업 안정성을 중시할지, 현재의 시장 반응성을 더 반영할지를 고려해 기간과 빈도를 결정해야 합니다.

Q 레버리지(Leverage)는 베타(Beta)에 어떤 영향을 미치나요?

레버리지는 일반적으로 기업의 Beta Levered Beta 를 증가시킵니다. 이는 부채가 주주들이 감수해야 할 리스크를 증폭시키기 때문입니다. 기업이 부채를 더 많이 사용할수록, 수익의 변동성이 커지며 이는 결국 주가의 변동성(주주의 수익률 변동성)을 증가시킵니다. 이러한 구조적 특성 때문에, 다른 사업적인 리스크가 동일하더라도 베타는 더 높아지게 됩니다. 이러한 관계로 인해, 애널리스트들은 일반적으로 피어 그룹의

Levered Beta에서 자본구조의 영향을 제거하여 Unlevered Beta를 산출한 후, 대상 기업의 자본구조를 적용하여 Relevered Beta를 다시 계산합니다. 정리하자면, 레버리지가 높을수록 주식 수익률은 시장에 비해 더 민감해지고, 이는 자기자본비용 Cost of Equity 을 높이며, 결국 WACC(가중평균자본비용)까지도 영향을 미치게 됩니다.

Q Levered Beta, Unlevered Beta, Relevered Beta란 무엇인가요?

Levered Beta는 기업의 자본구조 영향을 포함한 기업의 전체 리스크(사업 리스크 + 재무 리스크)를 반영하는 값입니다. 한편, Unlevered Beta는 자본구조의 영향을 제거하고, 순수한 사업 리스크만을 반영하는 베타입니다. 이는 일반적으로 상장된 유사 기업들을 통해 추정됩니다. Relevered Beta는 Unlevered Beta에 대상 회사의 부채비율을 적용하여, 해당 기업의 자본구조를 반영한 맞춤형 베타를 계산하는 방식입니다. 이는 DCF에서 CAPM을 통한 자기자본비용 Cost of Equity 산출 시 사용됩니다.

추가 설명

피어 벤치마킹 Peer Benchmarking 방법을 통해 베타를 추정할 때, 특히 비상장 기업이나 거래 이력이 적은 기업의 경우, 기업의 자본구조에 따른 재무 리스크 Financial Risk 와 실질적인 사업 리스크 Business Risk 를 분리하는 것이 중요합니다. 이를 위해 일반적으로 Unlevering과 Relevering의 과정을 거칩니다.

- Levered Beta(또는 Observed Beta)는 Bloomberg나 Capital IQ 같은 데이터 플랫폼에서 공시된 상장 유사 기업들의 주식 베타로, 실제 주가가 벤치마크 지수 대비 어떻게 움직였는지를 나타냅니다. 이 값은 사업 리스크와 재무 리스크 모두를 반영합니다.
- 피어 기업들의 자본구조 영향, 즉 재무 리스크를 제거하기 위해, 다음 공식을 사용하여 Unlevered Beta를 계산합니다.
    - ✓ Unlevered Beta = Observed Beta ÷ [1 + (1 − Tax Rate) × (Debt/Equity of Peer)]

- 이를 통해 부채 비중에 따른 왜곡 없이 순수한 사업 리스크만을 반영하는 베타 값을 얻을 수 있습니다.
- 여러 피어의 Unlevered Beta를 평균한 후, 대상 기업의 자본구조를 반영하여 Relevered Beta를 계산합니다.
    - ✓ Relevered Beta = Unlevered Beta × [1 + (1 - Tax Rate) × (Debt/Equity of Target)]

이 Relevered Beta는 유사 기업들의 사업 리스크를 기반으로 가치평가 대상 회사의 재무 레버리지를 적용한 베타로, CAPM을 이용한 DCF 평가에서 자기자본비용 Cost of Equity 산정 시 많이 사용됩니다.

UN-LEVERING AND RE-LEVERING BETA

Company	Market Cap.	IBD	Debt / Equity	Beta Observed	Beta Unlevered
Marriott	69,634	12,734	18.3%	1.67	1.47
Hilton	48,052	9,523	19.8%	1.39	1.21
Intercontinental	15,485	2,958	19.1%	1.40	1.23
Hyatt	13,530	3,371	24.9%	1.52	1.28
Choice Hotels	5,840	1,505	25.8%	1.24	1.04
High			25.8%	1.67	1.47
Average			21.6%	1.44	1.25
Median			19.8%	1.40	1.23
Low			18.3%	1.24	1.04

1. UNLEVER
2. AVG.
3. RELEVERED BETA = 1.32

Q Adjusted Beta란 무엇인가요?

Adjusted Beta는 시간이 지남에 따라 기업의 베타가 전체 시장 평균인 1로 수렴하는 경향을 반영한, 미래 지향적인 조정 Beta입니다. 일반적으로, 관측된 역사적 베타

Raw Beta 의 2/3와 시장 베타(보통 1로 가정)의 1/3을 가중평균 하여 계산합니다. 이 방식은 극단적인 수치를 완화하고, 시간이 지나면서 장기적으로는 각 기업의 리스크 수준이 시장 평균과 비슷해지는 경향성을 반영하므로, 가치평가 모델에서 더 안정적인 입력값으로 활용됩니다.

- *Adjusted Beta = (Raw Beta × 2/3) + (1 × 1/3)*

06 Others

Q 다음 가정들 중 DCF 결과에 가장 큰 영향을 미치는 것은 무엇인가요? 1) 가중평균자본비용(WACC), 2) 영구성장률(Terminal Growth Rate), 3) 매출 성장(Revenue Growth)

가중평균자본비용 ^{WACC}, 영구성장률 $^{Terminal\ Growth\ Rate}$, 매출 성장률 $^{Revenue\ Growth}$ 은 모두 DCF 분석에서 핵심적인 가정입니다. 다만 영구성장률은 DCF의 마지막 시점에 적용되는 Terminal Value에만 영향을 주는 반면, WACC와 매출 성장률은 예측 기간 전체에 걸쳐 영향을 미치기 때문에 일반적으로 더 큰 영향을 줍니다. 이 중에서도 동일한 변동폭(예: 1% 포인트 조정)이 주어졌을 때, WACC가 기업가치에 더 큰 영향을 주는 경우가 많습니다. 이는 WACC가 모든 미래 현금흐름의 할인율로 직접 작용하기 때문입니다. 다만, WACC는 구성 요소(자본구조, 자본비용 등)들이 구조적으로 결정되는 경우가 많기 때문에, 큰 폭으로 조정하는 것이 실무적으로 쉽지 않습니다. 반면 매출 성장률은 bottom-up 또는 top-down 방식으로 다양한 근거를 통해 조정할 수 있어 유연성이 높고, 실무적으로도 DCF 결과 분석 시 중요한 변수로 간주됩니다.

E

Valuation Methodologies

E ▶ Valuation Methodologies

01 Valuation Methodologies

Q 밸류에이션의 주요 접근 방식에는 어떤 것들이 있나요?

밸류에이션은 자산 기반, 수익 기반, 시장 기반 또는 SOTP ^{Sum-of-the-Parts} 방식으로 구분하며, 사업의 유형과 상황에 따라 적합성이 달라집니다. 자산 기반 방식은 순자산 가치 ^{Net Asset Value} 에 초점을 두고, 수익 기반 방식(예: DCF, DDM)은 미래 현금흐름을 현재가치로 환산하여 내재가치 ^{Intrinsic Value} 를 산출합니다. 시장 기반 방식은 유사 기업 및 거래와의 비교 ^{Comparable Analysis} 와 밸류에이션 배수(EV/EBITDA, P/E 등의 Multiples)에 의존합니다. SOTP 밸류에이션은 각 사업부를 개별 평가한 후 합산하며, 실무에서는 보다 정확하고 균형 잡힌 결과를 위해 여러 방법을 함께 사용합니다.

추가 설명

각 방법론은 장점과 한계가 뚜렷하므로, 실무에서는 여러 접근 방식을 병행하여 기업가치를 비교분석 하는 경우가 흔합니다.

- **자산 기반 접근법** ^{Asset-Based Approach} : 기업 보유 자산의 공정가치 ^{Fair Market Value} 를 자산에서 부채를 차감하여 산정합니다. 회계 장부가법 ^{Book Value Approach} 방식과 청산 가치법 ^{Liquidation Valuation} 이 대표적이며, 후자는 기업 자산을 부분별로 매각할 때 발생할 순수익 ^{Net Proceeds} 을 추정합니다. 이 접근법은 특히 자산 비중이 큰 산업이나 부실기업 ^{Distressed} 상황에서 주로 활용됩니다.

- **수익 기반 접근법** ^{Income-Based Approach} : DCF ^{Discounted Cash Flow} 와 DDM ^{Dividend Discount Model} 이 해당되며, 이는 기업의 예상 현금흐름(또는 배당금)을 예측하고 이를 적절한 할인율 ^{WACC} 로 할인해 내재가치를 구하는 방법입니다. 이 접근법들은 특히 안정적이고 현금을 창출하고 있는 사업들에 유용합니다.

- **시장 기반 접근법** Market-Based Approach : 기업을 Trading Comps(유사 기업비교법)와 Transaction Comps(유사거래비교법)를 통해 기업을 평가합니다. 이는 EV/EBITDA, P/E, P/B 등 배수를 적용해 벤치마킹할 기업가치를 산정하기 위함입니다.
- **SOTP** Sum-of-the-Parts : 다각화된 기업의 각 사업 부문이나 자산을 자산·수익·시장 기반 방법을 조합하여 개별적으로 평가한 뒤 이를 합산해 총Enterprise Value(기업가치)를 산정하는 접근 방식입니다. 서로 다른 위험 및 성장 가능성을 지닌 대기업 Conglomerates 이나 다양한 비즈니스 모델들을 지닌 기업들에 특히 적합합니다.

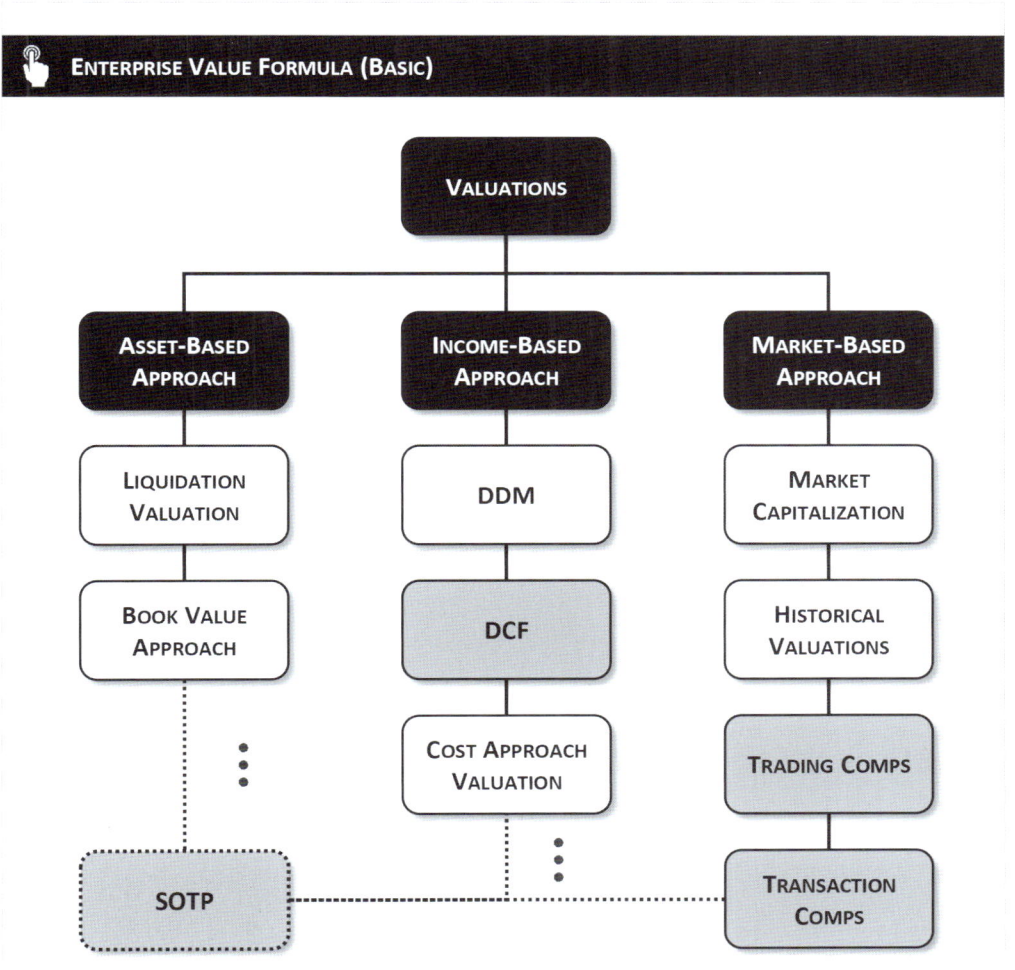

Q 현업에서 가장 자주 사용되는 밸류에이션 방법들은 무엇입니까?

금융업계에서 가장 일반적으로 사용되는 밸류에이션 방법은 DCF $^{Discounted\ Cash\ Flow}$, 유사기업평가법 $^{Trading\ Comps\ Analysis}$, 과거 유사 거래 사례 비교법 $^{Transaction\ Comps\ Analysis}$ 세 가지입니다.

추가 설명

- Discounted Cash Flow ^{DCF} : 회사의 예상 미래 현금흐름 $^{Future\ Cash\ Flow}$ 을 회사의 자본 비용 $^{Cost\ of\ Capital}$ 으로 할인해 현재 가치로 환산합니다. 가정 의존도는 높지만 기업의 내재가치 $^{Intrinsic\ Value}$ 를 추정할 수 있습니다.
- Trading Comps Analysis: EV/EBITDA, P/E 등 밸류에이션 배수 $^{Valuation\ Multiples}$ 를 활용해 유사 상장사와 비교하여 시장가치를 추정합니다.
- Transaction Comps Analysis: 과거 M&A 거래를 조사해 유사 기업 인수 가격을 기반으로 가치 산정하며, 일반적으로 경영권 프리미엄 $^{Control\ Premium}$ 이 포함됩니다.

Q (동일한 조건을 가정했을 때) DCF, Trading Comps, Transaction Comps 중 일반적으로 가장 높은 기업가치가 나오는 방법은 무엇인가요?

Transaction Comps가 가장 높은 기업가치를 제시하는 경우가 많습니다. 이는 M&A 거래에서 경영권 프리미엄 $^{Control\ Premium}$ 과 시너지 ^{Synergy} 가 가격에 반영되기 때문입니다.

추가 설명

세 개 밸류에이션 방법론 중에 ― DCF, Trading Comps, and Transaction Comps ― Transaction Comps는 일반적으로 가장 높은 밸류에이션을 산출합니다. 이는 M&A 거래에서 매수자가 대주주 지분을 확보하여 의사 결정권을 갖기 위해 경영권 프리미엄 $^{Control\ Premium}$ 을 지불하는 경우가 많기 때문입니다. 또한, 전략적 인수의 경우, 두 회사를 결합함으로써 발생할 수 있는 비용 절감 또는 매출 증대와 같은 시너지가 더 높은 인수가격을 정당화할 수 있습니다.

반대로, DCF 밸류에이션은 가정에 크게 의존하므로 결과가 광범위하게 변동할 수 있습니다. 공격적인 가정을 사용할 경우 DCF가 더 높은 값을 낼 수도 있지만, 일반적으로(일반화하기는 매우 어렵지만) 두 개의 배수 기반 접근법 사이에 위치하는 경향이 있습니다. 한편, Trading Comps는 상장 회사의 현재 시장 가치를 반영하므로 대체로 Transaction Comps보다 낮은 밸류에이션을 산출하는데, 이는 인수 프리미엄을 포함하지 않기 때문입니다.

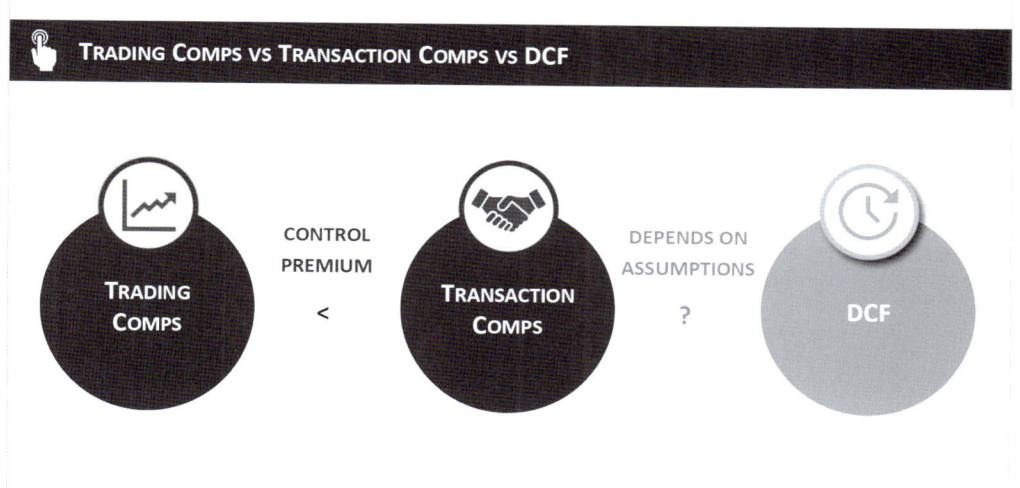

Q 세 가지 주요 밸류에이션 방법 가운데 결과 변동성이 가장 큰 방법은 무엇인가요?

세 가지 주요 밸류에이션 방법 가운데 DCF가 가장 높은 변동성을 보입니다. 그 이유는 DCF가 미래 매출 성장률 $^{Revenue\ Growth}$, 이익률 ^{Margin}, 자본적 지출 ^{CapEx}, 할인율 ^{WACC}, 영구가치 $^{Terminal\ Value}$ 등 다수의 주관적 가정들에 의존하기 때문입니다. 이러한 입력값이 조금만 변해도 최종 밸류에이션이 크게 달라져, DCF는 매우 민감하고 결과가 널뛰기식으로 바뀔 가능성이 높습니다.

반면, Trading Comps와 Transaction Comps는 실제 시장 데이터에 기반하므로 상대적으로 안정적입니다. 다만, Transaction Comps 역시 거래별 경영권 프리미엄 Control Premium 과 시너지 Synergy 수준 차이에 따라 변동성이 존재합니다. 그럼에도 DCF가 가장 가정 중심으로 움직이기 때문에 예측 난이도가 가장 높은 방법으로 간주됩니다.

Q DCF 분석은 비교분석법(Comparable Company Analysis)들과 어떻게 다른가요?

Discounted Cash Flow DCF 접근법은 회사의 내재 가치 Intrinsic Value 를 기준으로 회사를 평가하는 반면, Trading Comps 접근법은 시장 기반 밸류에이션 배수 Valuation Multiples 를 사용하여 유사 상장 회사와 비교함으로써 회사를 상대가치로 평가합니다.

추가 설명

DCF는 회사의 미래 현금흐름을 예측하고, WACC(가중평균자본비용)와 같은 적절한 할인율로 이를 현재가치로 할인합니다. 이 방법은 가정에 크게 의존하며 예상 성장률, 할인율, 터미널 가치 가정에 민감합니다.

반면 Trading Comps는 EV/EBITDA 또는 P/E와 같은 밸류에이션 배수를 사용하여 회사 가치를 유사 상장사와 비교하여 결정합니다. 이 접근법은 시장 중심적이며 현재 투자자 심리를 반영하지만, 회사의 장기적 잠재력을 반드시 고려하지는 않습니다.

DCF는 회사 펀더멘털에 기반한 상세하고 독립적인 밸류에이션을 제공하는 반면, Trading Comps는 빠른 시장 기반 시각을 제공하지만 일시적 시장 상황에 영향을 받을 수 있습니다.

Q 가장 적절한 밸류에이션 방법을 결정하는 주요 요인들은 무엇인가요?

밸류에이션 방법 선택은 회사의 재무상태, 산업 특성, 분석 목적 등에 따라 달라지며, 교차 검증을 위해 여러 방법을 함께 사용하는 경우가 많습니다. DCF는 안정적이고 현금 창출력이 강한 기업에 이상적이고, Trading Comps와 Transaction Comps는 벤치마크나 M&A 상황에서 유용하며, 자산 기반 평가는 청산 상황이나 자산 비중이 큰 산업에서 더욱 관련성이 높습니다.

추가 설명

방법 선택은 회사의 재무상태, 산업 특성, 분석 목적 등에 따라 달라지고, 종종 여러 방법을 함께 사용하여 결과를 비교분석 하며, 좀 더 포괄적인 기업가치를 확보합니다. 각 방법이 적합한 시나리오는 다음과 같습니다.

- Discounted Cash Flow ^{DCF} : 예측 가능한 현금흐름, 강한 펀더멘털, 장기 성장 잠재력이 있는 기업에 가장 적합합니다. 실무에서 가장 널리 사용되는 방법입니다. 다만, 음(-)의 Free Cash Flow를 보이거나 현금흐름 변동성이 큰 스타트업이나 경기 순환 산업에는 신뢰도가 낮을 수 있습니다.
- Trading Comps Analysis: 유사한 비지니스모델을 가진 상장 피어 회사가 충분할 때 유용합니다. 실시간 시장 벤치마크를 제공하지만 일시적 시장 상황에 의해 왜곡될 수 있습니다.
- Transaction Comps Analysis: M&A 밸류에이션에 적합하며, 경영권 프리미엄과 시너지를 반영합니다. 그러나 관련 데이터 확보가 어렵고 과거 거래가 현재 시장 조건과 일치하지 않을 수 있습니다.
- 자산 기반 밸류에이션 $^{Asset\text{-}Based\ Valuation}$: 청산 시나리오나 자산 집약적 사업에서 자산 가치가 미래의 수익 잠재력보다 기업가치를 더 잘 설명할 때 사용됩니다.

Q Sum-of-the-Parts(SOTP) 밸류에이션이란 무엇이며, 일반적으로 어떤 상황에서 사용되나요?

Sum-of-the-Parts ^{SOTP} 밸류에이션은 회사의 각 사업 부문이나 자산을 가장 적합한 방법으로 별도로 평가한 뒤 그 가치를 합산하여 회사의 총가치를 추정합니다. GE, SoftBank, Pfizer와 같이 다양한 사업부를 보유하거나, 수많은 자회사들을 평가해야 하는 경우, 혹은 중요한 파이프라인 자산을 보유해 단일 방법으로는 가치를 포착하기 어려운 기업에 특히 유용합니다. 또한 복잡한 지주 구조, 사모펀드 포트폴리오 또는 M&A 상황에서 사업을 분해해 숨겨진(또는 잠재적으로 실현 가능한) 가치를 드러내는 데 자주 쓰입니다.

추가 설명

SOTP 밸류에이션은 회사의 각 사업 부문이나 자산을 별도로 평가한 후 합산하여 회사의 총가치를 결정하는 방법입니다. 이 방법은 회사가 다양한 사업부에서 상이한 비즈니스 모델, 리스크 수준, 재무 구조 등으로 운영될 때, 단일 방법으로 회사 전체의 가치를 포착하기 어려울 때 특히 유용합니다.

SOTP가 사용되는 일반적 상황은 다음과 같습니다.

- 회사가 소매, 소프트웨어, 제조 등 서로 다른 부문이나 시장에서 운영되는 다양한 사업 부문을 보유하고 있어, 각 부문마다 서로 다른 밸류에이션 가정 및 비교 대상이 필요할 때 SOTP가 사용됩니다. 예컨대 GE는 항공, 헬스케어, 에너지 사업 각각에 대해 별도의 가치평가 기법이 요구될 수 있습니다.
- 각 사업 부문이 독립적인 재무 분석이 가능할 만큼 충분히 큰 자회사를 보유한 지주회사나 사업이 다각화된 대기업 Conglomerate 인 경우에 사용될 수 있습니다. 예를 들어 SoftBank를 가치평가 하는 경우, ARM, Alibaba, 통신 부문 등 주요 보유 지분을 개별적으로 평가하는 경우가 많습니다.
- 회사가 바이오텍 또는 제약처럼 파이프라인 중심 산업에서 운영되어 각 자산(예: 신약 후보)이 고유한 리스크 수준, 개발 일정, 잠재적 가치를 갖고 있어 독립적인 평가가 필요할 때 사용됩니다. 예컨대 Pfizer는 항암제, 백신, 항바이러스 치료제 등 개별 파이프라인 자산을 서로 다른 현금흐름 기대치를 기반으로 평가할 수 있습니다.

참고로 이런 경우, 특히 단일 밸류에이션 방법만으로는 가치 산정이 어려울 때가 많습니다. 이러한 상황에서 SOTP는 각 사업 부문을 DCF, Trading Comps, Transaction Comps 등 가장 적합한 방법으로 개별 평가한 뒤 합산하여 회사의 총 기업가치 Enterprise Value 를 산정합니다.

마지막으로, 이 방식은 다수의 사업 라인을 가진 대기업뿐 아니라, 다양한 포트폴리오 회사를 운용하는 사모펀드 Private Equity 에도 적용될 수 있습니다. 또한 사업 부문을 인적 분할 Spin-off 하거나 매각 Divestiture 할 때 통합 상태를 유지하는 것보다 가치가 높아지는지를 판단해야 하는 M&A 상황에서도 매우 유용합니다.

Q 청산가치법(Liquidation Valuation)이란 무엇이며, 일반적으로 어떤 상황에서 사용되나요?

청산가치는 회사가 모든 자산을 매각하고 부채를 상환할 경우 창출될 순현금 Net Cash 을 추정하는 방법으로, 주로 파산·부실 Distressed 상황이나 자산 처분 Asset Divestiture 시나리오에서 사용됩니다. 청산가치는 밸류에이션의 하한선 Valuation Floor 으로 유용하지만, 미래 수익의 잠재력을 무시하므로 정상 기업에는 거의 적용되지 않습니다.

추가 설명

청산가치법 Liquidation Valuation 은 회사의 모든 자산을 매각하고 부채를 상환할 경우 창출될 순현금 Net Cash 을 추정합니다. 이 방법은 일반적으로 부실 Distressed 또는 비영업 Non-Operating 상태에서 적용되며, 자산이 강제 매각 Forced Sale 될 때 실제로 회수할 수 있는 금액을 반영하기 위해 보수적이고 할인된 가치를 부여합니다. 따라서 이 방법은 파산 또는 지급불능 Insolvency 상황, 대출 담보 평가 Collateral Assessment , 부진하거나 비핵심 자산 Non-core Assets 의 처분 Exit Value 평가 등에 폭넓게 활용됩니다.

청산가치법을 수행할 때, 애널리스트는 먼저 유형자산과 무형자산을 포함한 회사의 모든 자산을 정리한 후, 강제 매각 Forced Sale 또는 정리 매각 Orderly Sale 조건에서의 실현 가능 가치 Realizable Value 를 추정하며, 이때 장부가 대비 큰 폭의 할인율 Discount 을 적용하는 경우가 많습니다. 그다음 담보부 Secured 및 무담보 Unsecured 부채 Debt , 매입 채무

Accounts Payable, 기타 모든 미지급 채무 Outstanding Obligations 를 전액 차감하여 주주에게 귀속될 순청산가치 Net Liquidation Value 를 계산합니다.

그러나 청산가치법은 회사가 곧 영업을 중단할 것이라는 가정을 전제로 하므로, 건전하게 운영 중인 기업에는 자주 사용되지 않습니다. 이 방법은 미래 수익 잠재력뿐만 아니라, 일부 무형 자산가치, 그리고 기업의 전략적가치 등을 무시하기 때문에 기업가치를 과소평가 Undervalue 하는 경향이 있으며, 주로 투자자나 채권자가 최악의 상황에서 기대할 수 있는 가치 하한선 Valuation Floor 으로 활용됩니다.

Q 비상장사(Private Company)와 상장사(Public Company)의 밸류에이션에서 핵심적인 차이점은 무엇인가요?

비상장사 Private Company 의 기업가치는 시장 가격의 부재, 제한적 재무정보, 표준화되어 있지 않은 재무 공시, 낮은 유동성 등 때문에 상장사 Public Company 보다 평가가 어렵습니다. 따라서 추가적인 가정치 설정 및 조정작업, 유동성 할인 Discount for Lack of Marketability, DLOM 이 필요하며, 복잡한 자본 구조가 밸류에이션을 더욱 복잡하게 만들 수 있습니다.

추가 설명

비상장사 평가는 정보 부족·가격 부재·유동성 저하 때문에 상장사보다 더 많은 가정과 신중한 판단을 요구합니다.

1. **시장 가격 부재** – 상장사는 실시간 주가가 있으나 비상장사는 없기 때문에, 내재 가치법 Intrinsic Valuation 또는 상대 가치법 Relative Valuation 사용 시 더욱 어려울 수 있습니다.
2. **데이터 및 회계 기준** – 비상장사들의 재무제표는 상장사들 대비 정보가 제한적일 수 있습니다. 또한 상대적으로 표준화된 상장사들과는 다른 회계·세무 기준을 적용하고 있을 수도 있고, 감사가 이루어지지 않은 경우들도 있으므로 이를 고려해서 조정작업이 필요할 수 있습니다.
3. **유동성 할인** – 비상장사들은 주식시장에서 지분을 신속하게 시장가로 매각하기 어렵기 때문에 이에 따른 유동성 할인 DLOM 을 적용하는 경우가 많습니다.

4. **자본 구조 및 소유권 복잡성** - 우선주, 전환 사채 ^Convertible Note, Earn-out 조항 등 복잡한 특성을 지닌 증권들이 존재할 수 있어 추가적인 가치 배분에 대한 고려가 필요합니다.

Q 회화(그림)나 기타 고유 자산의 가치를 어떻게 추정할 수 있나요?

회화는 현금흐름이 없으므로 DCF ^Discounted Cash Flow 같은 수익 기반 접근이 부적절합니다. 대신 최근 비슷한 작품의 경매 결과나 사설 거래 사례를 활용한 유사거래평가법 ^Transaction Comps 으로 평가가 가능합니다. 예술 시장의 트렌드, 컬렉터 수요, 경제 여건 등이 가격에 영향을 주며, 전문가 감정 ^Appraisal 과 보험 평가 ^Insurance Valuation 가 추가적으로 가이드라인을 제공합니다. 회화가치는 주관적이고 유동성이 낮으므로, 내재 사업 실적을 핵심으로 삼는 금융 자산들의 밸류에이션과 큰 차이가 있습니다.

F

Equity & EPS Calculation

F. Equity & EPS Calculation

01 Preferred Shares

Q 우선주(Preferred Shares)란 무엇이며, 보통주(Common Shares)와 어떻게 다른가요?

우선주 Preferred Shares 는 고정 배당금 Fixed Dividend Payments 을 지급하고 배당 및 청산 시 보통주보다 우선순위를 가지는 주식형 증권입니다. 주요 차이는 의결권, 배당 구조 Payout Structure, 청구 우선순위 Claim Hierarchy 등에 있습니다.

추가 설명

우선주 Preferred Shares 는 부채와 자본의 하이브리드 증권으로, 채권처럼 고정 배당금 Fixed Dividend Payments 을 제공하면서도 보통주와 같이 회사의 소유권을 나타냅니다. 보통주와 달리 우선주 주주에게는 일반적으로 의결권이 없으나, 배당은 보통주보다 먼저 지급됩니다. 또한 청산 Liquidation 시 우선주 주주는 보통주보다 자산에 대한 청구권이 높지만 부채 보유자보다는 후순위에 위치합니다.

아울러 일부 우선주는 전환 가능 Convertible 하여 보유자가 이를 보통주로 전환할 수 있고, 일부는 상환 가능 Redeemable 하여 일정 기간 후 정해진 가격으로 회사에 되팔 수 있는 권리가 부여됩니다. 이러한 유연성과 보호 기능 덕분에 우선주는 안정성과 배당 Payouts 에 우선순위를 중시하는 투자자들에게 매력적이며, 회사 성장에 따른 잠재 이익은 크게 누리지만 리스크를 더 많이 부담하는 보통주 주주에 비해 상대적으로 낮은 리스크를 제공합니다.

Q 우선주(Preferred Shares)의 종류에는 어떤 것이 있나요?

우선주 Preferred Shares 는 고정 배당을 통해 재무적 안정성을 제공하지만 의결권이 없으며, 누적 Cumulative 여부, 참가형 Participating 여부, 전환 Conversion 가능성, 상환 Redeemable 조건 등에 따라 다양한 형태로 설계됩니다. 밸류에이션 시에는 그 특성에 따라 부채에 가까운 자본으로 보거나, 보통주에 준하는 주주지분으로 분류되어 기업가치 Enterprise Value 나 주주가치 Equity Value 계산에 각각 반영됩니다.

추가 설명

우선주는 보통주와 달리 대개 의결권을 부여하지 않지만, 고정 배당금을 통해 더 높은 재무적 안정성을 제공합니다. 또한, 여러 가지 조건들을 부여할 수 있어서, 그 종류가 다양합니다.

- **누적** Cumulative vs **비누적** Non-Cumulative : 누적 우선주는 과거에 지급되지 못한 배당을 누적하여 이후에 우선적으로 지급해야 하지만, 비누적 우선주는 미지급 배당이 누적되지 않습니다.
- **참가형** Participating vs **비참가형** Non-Participating : 참가형 우선주는 고정 배당률을 초과하여 회사 실적에 연동된 추가 배당을 받을 수 있고, 비참가형 우선주는 고정 배당만을 수령합니다.
- **전환형** Convertible vs **비전환형** Non-Convertible : 전환형 우선주는 미리 정해진 비율로 보통주로 전환할 수 있어 유연성이 높으며, 비전환형 우선주는 우선주 형태를 계속 유지합니다.
- **상환형** Redeemable : 상환형 우선주는 일정 기간 이후 정해진 가격으로 주식을 회사에 되팔 수 있는 권리를 투자자에게 부여하여 추가적인 유연성과 하방 Floor 보호를 제공합니다.

밸류에이션 측면에서 우선주는 보통주와는 구분되는 자본으로 취급됩니다. 전환 불가능하여 사실상 부채와 유사하게 기능하는 우선주들은 자본 구조의 일부로 간주되어 기업가치 Enterprise Value 계산에 반영될 수 있고, 반대로 전환 가능하거나 주식 Equity 에 가까운 특성을 지닌 우선주는 주주가치 Equity Value 산정 시에도 고려됩니다.

02 Shares

Q 발행주식수(Issued Shares), 유통주식수(Outstanding Shares), 완전희석주식수(Fully Diluted Shares)의 차이는 무엇인가요?

발행주식수 Issued Shares 는 회사가 투자자에게 발행·판매한 총주식수로, 투자자 보유분과 회사가 자사주로 매입한 자기주식 Treasury Stock 을 모두 포함합니다. 유통주식수 Outstanding Shares 는 현재 주주들이 실제 보유 중인 주식수로, 자기주식은 제외됩니다. 완전희석주식수 Fully Diluted Shares 는 유통주식수에 전환사채 Convertible Bonds, 스톡옵션 Stock Options, 신주인수권 Warrants 등 잠재적으로 주식으로 전환될 모든 증권을 더한 수치입니다.

추가 설명

- **발행주식수** Issued Shares : 회사가 법적으로 발행하여 투자자에게 판매한 총주식수로, 유통주식과 아직 소각하지 않은 자기주식을 모두 포함합니다(한국/일본의 경우 발행주식수가 주요 재무지표 계산 시 사용될 수 있습니다).
- **유통주식수** Outstanding Shares : 투자자들이 보유하고 있는 주식수로, 자기주식은 제외됩니다(대부분의 국가에서 주요 재무지표 계산 시 유통주식수가 사용됩니다).
- **완전희석주식수** Fully Diluted Shares : 스톡옵션, 전환사채, 신주인수권, 양도제한조건부주식 Restricted Stock Unit, RSU 등 모든 전환증권이 행사될 경우 존재하게 될 주식수를 뜻합니다. 이는 잠재적 희석 효과를 포함한 밸류에이션 분석을 가능하게 하며, 주주가치 Equity Value, P/E 등의 지표들이 보수적으로 계산되게 됩니다.

이러한 구분을 정확히 이해하는 것은 밸류에이션에서 매우 중요합니다. 주식수는 주주가치 Equity Value 산정에 직접적으로 영향을 미치며, P/E 배수와 같은 시가총액 기반의 지표들에 영향을 주기 때문입니다.

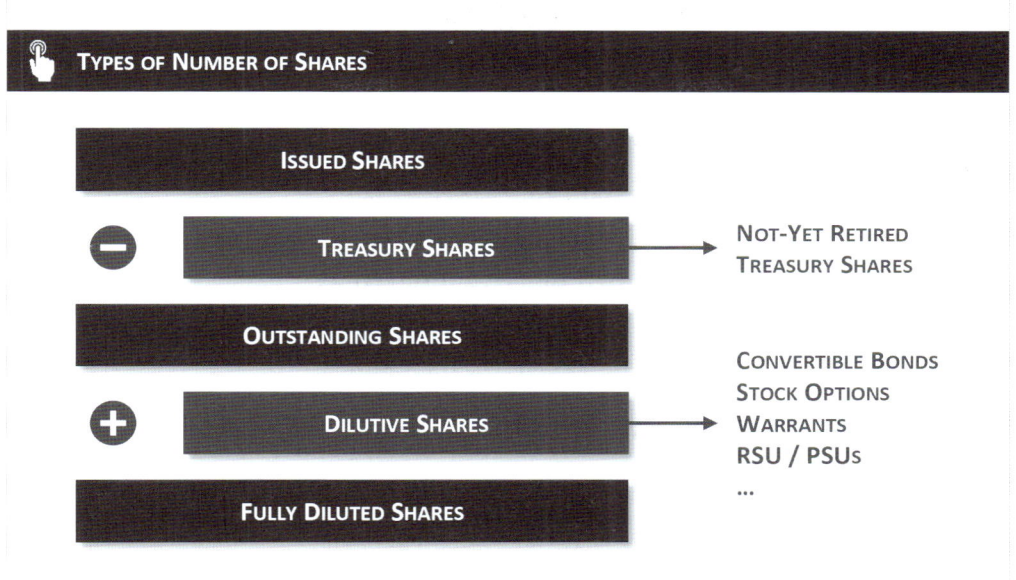

Q 주식수 증가로 인해 지분 희석(Dilution)이 발생할 수 있는 상황을 몇 가지 제시해 주세요.

희석 Dilution 은 회사가 추가 주식을 발행하여 기존 주주의 소유 지분율이 감소할 때 발생합니다. 이는 직원들의 스톡옵션 Stock Option 행사, 전환사채 Convertible Bonds 나 전환우선주 Convertible Preferred Shares 보통주 전환, 신주인수권 Warrant 행사, 자본 조달을 위한 신규 주식 발행, 또는 M&A에서 주식형 인수대금 지급 등의 상황에서 일어날 수 있습니다.

추가 설명

희석은 유통주식수 Outstanding Shares 가 증가해 기존 주주의 소유 비율이 줄어들 때 발생합니다. 일반적으로 희석을 초래하는 상황은 다음과 같습니다.

- **직원 스톡옵션 행사** Employee Stock Option Exercises, ESOPs : 스톡옵션이 행사되면 신주가 발행되어 주식수가 증가할 수 있습니다.
- **전환사채 또는 전환우선주** Convertible Bonds or Preferred Shares : 해당 증권을 보통주로 전환할 경우 주식수가 증가할 수 있습니다.

- **신주인수권** Warrants **행사**: 발행된 신주인수권이 행사되면 추가 주식이 발행될 수 있습니다.
- **신규 유상증자** New Equity Issuances : 회사가 자본 조달 목적으로 유상증자 시, 주식이 추가적으로 발행됩니다.
- **인수·합병** Mergers & Acquisitions : 인수 대가로 현금을 지급하는 대신 주식을 지급하는 경우, 피인수 회사 주주에게 인수 회사의 신주가 발행되어 희석이 발생합니다.

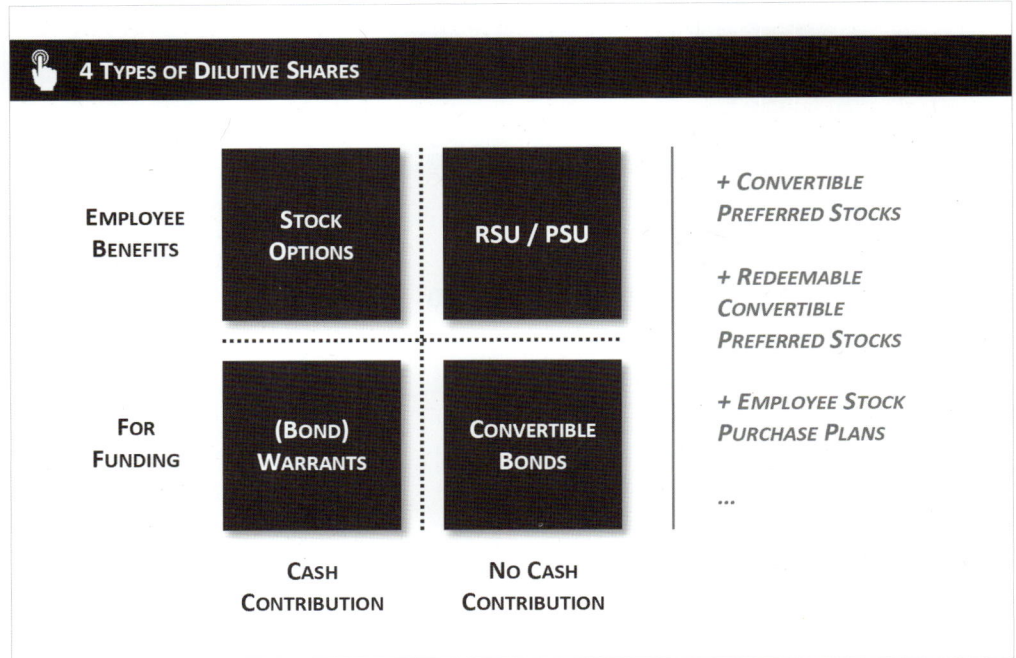

Q 회사의 기본주식수(Basic Share Count)와 희석주식수(Diluted Share Count)는 어떻게 예측하나요?

예측은 현재의 유통주식수 Outstanding Shares 를 출발점으로 하여, 신규 주식 발행, 자사주 매입, 그리고 전환 증권 Convertible Securities 으로 인한 잠재적 희석 등을 반영해 조정합니다.

추가 설명

- **기본주식수** Basic Share Count 는 현재의 보통주 수에 향후 발행될 것으로 예상되는 주식(자본 조달 목적 등), 그리고 자사주 매입 예상치를 반영하여 계산합니다.
- **희석주식수** Diluted Share Count 는 스톡옵션, RSU, 전환사채, 전환우선주 등 보통주로 전환될 수 있는 모든 증권의 영향을 포함합니다.
- 예측 시에는 과거 추세, 경영진 가이던스, 향후 자본 조달 및 투자자 보상 계획 등을 종합적으로 고려합니다. EPS와 같은 주당 지표는 희석 효과에 민감하므로, 애널리스트는 정확한 주식수 산정을 통해 밸류에이션 오류를 최소화할 수 있습니다.

Q 스톡옵션(Stock Options)을 회사의 주식수 계산에 어떻게 반영하나요?

회사의 희석주식수 Diluted Share Count 를 산정할 때는 자기주식법 Treasury Stock Method, TSM 을 적용하여 스톡옵션을 반영합니다.

추가 설명

자기주식법 Treasury Stock Method **적용 절차**

1. **내가격** in-the-money; 인 더 머니 **옵션들을 식별합니다.**
   - ✓ 옵션의 행사가 Exercise Price 가 현재 주가 Current Market Price 보다 낮은 옵션들을 확인합니다.
   - ✓ 예: 행사가 $10 < 현재 주가 $20인 주식
2. **모든 내가격의 옵션/워런트가 행사되었다고 가정합니다.**
   - ✓ 이 경우, 총발행주식수가 증가합니다.
   - ✓ 예: 옵션 100만 주 행사 → 100만 주 신주 발행
3. **옵션 행사로 유입되는 현금을 계산합니다.**
   - ✓ 옵션 수 × 행사가로 현금 유입액을 산정합니다.
   - ✓ 예: 100만 주 × $10 = $1,000만 현금 유입

4. **유입 현금으로 자기주식을 재매입하는 것으로 가정합니다.**
   - ✓ 재매입 가격은 현재 주가를 사용합니다.
   - ✓ 예: $1,000만 ÷ $20 = 50만 주 재매입

5. **순증주식수를 계산합니다.**
   - ✓ 행사주식수에서 재매입주식수를 차감합니다.
   - ✓ 예: 100만 주 – 50만 주 = 50만 주 순증

6. **순증주식수를 기본주식수** Basic Share Count **에 추가합니다.**
   - ✓ 이를 통해 희석주식수 Diluted Share Count 를 산정하여 희석 EPS 또는 완전희석지분 가치 Fully Diluted Equity Value 에 활용합니다.

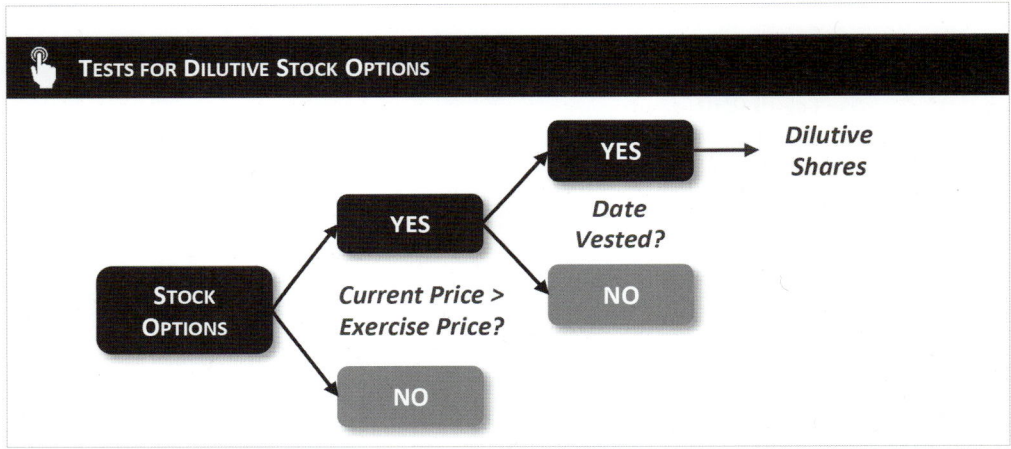

Q 조건부주식(Restricted Stocks)은 주식수 계산 시 어떻게 처리하나요?

조건부주식 Restricted Stocks 은 임직원들이 시간이나 성과 조건을 충족해야(베스팅) 소유권이 이전되며, 조건을 아직 충족하지 않은 주식은 일반적으로 유통주식수에 포함되지 않습니다. 그러나 밸류에이션 시에는 베스팅 가능성이 높은 조건부주식을 보수적으로 Fully Diluted Shares에 포함시켜 희석 효과를 반영하는 경우가 많습니다.

추가 설명

조건부주식은 임직원에게 부여되지만 시간 경과 ^Time-based Vesting^ 또는 성과 달성 ^Performance Milestone^ 과 같은 베스팅 조건을 충족해야 완전히 소유권이 이전됩니다. 이때, 이미 발행되어 유통 중인 조건부주식은 기본주식수 ^Basic Share Count^ 에 포함되지만, 베스팅 조건을 충족하지 않아 아직 발행되지 않은 조건부주식은 유통주식수에서 제외합니다. 밸류에이션 관점에서 완전희석주식수 ^Fully Diluted Shares^ 를 계산할 때는 베스팅 가능성이 높지만 아직 실현되지는 않은 조건부주식을 최대한 보수적인 관점으로, 반영해 주는 경우가 많습니다. 이는 스톡옵션을 Treasury Stock Method로 조정하는 것과 유사하게, 성과 기준을 충족했거나 충족할 것으로 예상되는 제한주를 희석주식수에 포함하여 주주가치 ^Equity Value^ 및 각종 지표들을 정확히 산정하는 과정입니다.

Q 전환사채(Convertible Bonds)는 주식수 계산 시 어떻게 처리하나요?

전환사채는 완전희석주식수 ^Fully Diluted Share Count^ 를 계산할 때 **전환가정법** ^If-Converted Method^ 을 적용합니다. 전환가격이 현재 주가보다 낮아 내가격 ^in-the-money^ 상태이면 보통주로 전환된 것으로 간주하고, 반대로 전환가격이 주가보다 높아 외가격 ^out-of-the-money; ^**아웃 오브 더 머니** 일 경우에는 부채로 남아 희석에 영향을 주지 않습니다.

추가 설명

전환가정법 ^If-Converted Method^ **적용 절차**

1. **내가격** ^in-the-money; 인 더 머니^ **전환사채를 식별합니다.**
   - ✓ 예시: 회사가 $1,000,000 규모의 전환사채를 보유하고 있으며, 전환가격이 $20, 현재 주가가 $30이므로 내가격 상황입니다.
2. **모든 전환사채가 보통주로 전환된다고 가정합니다.**
   - ✓ $1,000 액면당 50주로 전환 가능하다면, $1,000,000 ÷ $1,000 = 1,000개 사채가 존재하고, 그러면 결과적으로 1,000개 × 50주 = 50,000주가 새로 발행되어 주식수에 추가됩니다.

3. **세후 이자비용을 순이익** Net Income **에 가산해 줍니다.**
   - ✓ 금리가 5%라면 연 이자비용은 $50,000이며, 세율 25% 적용 시 세후 이자 = $50,000 × (1 − 0.25) = $37,500
   - ✓ 전환 시 더 이상 이자를 지급하지 않으므로 이 $37,500을 순이익에 더합니다.

4. **전환된 주식을 기본주식수** Basic Share Count **에 더해 희석주식수** Diluted Share Count **를 계산합니다.**
   - ✓ 기존 기본주식수에 새로 발행된 50,000주를 합산하여 희석주식수를 산정합니다.

5. **조정된 순이익과 희석주식수를 사용해 희석 EPS** Diluted EPS **및 완전희석주주가치** Fully Diluted Equity Value **를 계산합니다.**
   - ✓ 증가된 순이익(기존 순이익 + $37,500)을 새 희석주식수(기존 주식 + 50,000주)로 나누어 희석 EPS를 구하거나, 이를 활용해 완전희석주주가치를 산출합니다.

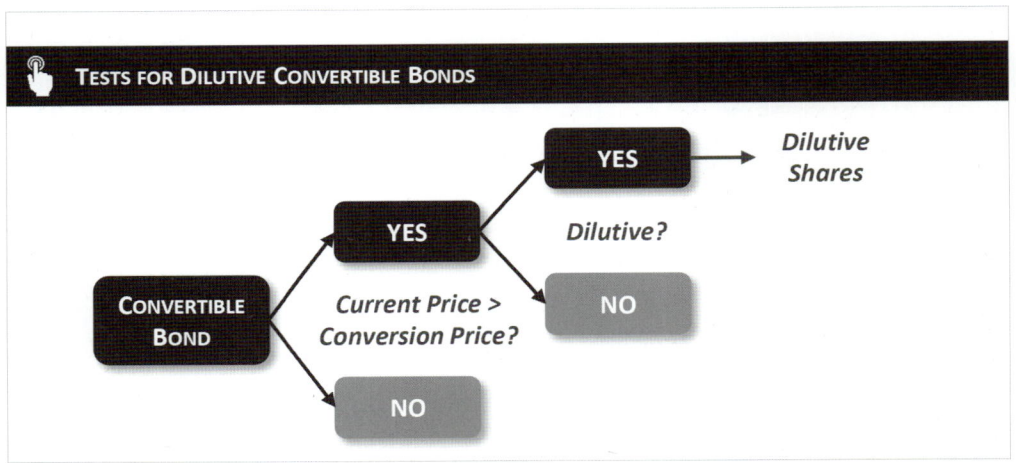

03 EPS

Q EPS(Earnings Per Share)를 계산하는 방법에는 어떤 두 가지가 있나요?

주당순이익 ^{EPS} 은 회사의 수익성을 주식 1주당 기준으로 나타내는 지표이며, 두 가지 방식으로 계산됩니다. 기본 EPS $^{Basic\ EPS}$ 는 현재의 보통주만을 기준으로 계산하고, 희석 EPS $^{Diluted\ EPS}$ 는 스톡옵션이나 전환사채 등 잠재적으로 보통주로 전환될 수 있는 모든 희석 가능 증권의 영향을 포함합니다. Basic EPS는 단순한 수익성 지표를 제공하는 반면, Diluted EPS는 보다 보수적이고 현실적인 수익성을 보여 줍니다.

추가 설명

- Basic EPS
  - Basic EPS = (Net Income - Preferred Dividends) / Weighted Average Common Shares Outstanding
  - 이 방식은 유통 중인 보통주만을 분모로 사용하며, 전환 가능 증권 등으로 인한 잠재적 희석 효과는 고려하지 않습니다.
- Diluted EPS 9
  - Diluted EPS = (Net Income - Preferred Dividends) / Weighted Average Diluted Shares Outstanding
  - 이 방식은 스톡옵션 $^{Stock\ Options}$, 전환사채 $^{Convertible\ Bonds}$, 전환우선주 $^{Convertible\ Preferred\ Stocks}$ 등 주식수를 증가시킬 수 있는 모든 잠재적 증권을 포함하여 계산합니다.

EPS는 회사가 주당 얼마나 이익을 창출했는지를 나타내는 지표입니다. Basic EPS는 보통주 주주에게 귀속되는 이익을 단순하게 보여 주며, Diluted EPS는 모든 희석 증권이 보통주로 전환된다고 가정해 더 보수적인 이익 지표를 제시합니다. 이러한 구분은 밸류에이션 모델, 특히 P/E 배수 $^{P/E\ Multiple}$ 계산이나 DCF, Comps 분석 등에서 완전희석주식수를 평가할 때 매우 중요합니다.

Q 신주 발행(Share Issuance)을 통해 자금을 조달하면 주당순이익(Earnings Per Share)에 어떤 영향이 있나요?

EPS는 기본적으로 순이익을 유통주식수로 나눠서 계산합니다. 회사가 자본 조달을 위해 신주를 발행하면 분모가 커지므로 EPS가 즉시 낮아집니다. 이와 같은 희석은 P/E 배수 P/E Ratio 등 밸류에이션 배수에도 부정적인 영향을 줄 수 있습니다. 그러나 장기적으로는 새로 조달한 자본이 고수익 투자에 투입되어 추가 이익을 창출할 수 있습니다. 자본이 효과적으로 사용될 경우, 초기 희석 효과가 상쇄되거나 오히려 EPS 증가로 전환될 수도 있습니다.

Q 자사주 매입(Share Repurchase)이 주당순이익(Earnings Per Share)에 미치는 영향은 무엇인가요?

자사주 매입은 통상적으로 유통주식수 Outstanding Shares 를 줄여 EPS를 높입니다. EPS는 순이익 Net Income 을 주식수로 나누어 계산하므로, 순이익이 동일하다고 가정할 때 주식수가 감소하면 EPS가 상승하며 회사는 주당 기준으로 더 수익성이 높아 보입니다.

다만 매입 자금을 어떻게 조달하느냐에 따라 장기적으로 순이익에 미치는 영향은 달라질 수 있습니다. 회사가 보유 현금을 사용하면 미래의 이자 수익이 줄어들거나 향후 투자 유연성이 제한될 수 있고, 차입으로 자금을 마련하면 이자 비용이 증가하여 순이익을 잠식할 수 있습니다. 이러한 요인은 모두 장기적인 EPS 개선 효과를 상쇄하거나 오히려 부정적으로 작용할 가능성도 있습니다.

Q 완전희석주식수(Fully Diluted Shares Outstanding)는 어떻게 계산하나요?

완전희석주식수는 기본주식수 Basic Shares Outstanding 에 스톡옵션 Stock Options, 전환사채 Convertible Bonds, 조건부주식 Restricted Stock 등 희석 가능 증권 Dilutive Securities 을 모두 더해 산출합니다.

추가 설명

완전희석주식수는, 발행될 수 있는 모든 잠재적 주식을 반영하여 EPS 계산 시 정확한 밸류에이션을 가능하게 합니다.

- **스톡옵션 및 신주인수권** Stock Options & Warrants → Treasury Stock Method ^{TSM} 적용
- **전환사채 및 전환우선주** Convertible Bonds & Preferred Stocks → If-Converted Method 적용
- **조건부주식** RSUs, Restricted Stock Units → 이미 가득 ^{Vesting} 되었거나 가득 될 것으로 예상되는 주식을 직접 추가

04 Initial Public Offering

Q Initial Public Offering(IPO)이란 무엇인가요?

IPO $^{Initial\ Public\ Offering}$ 는 비상장 기업이 처음으로 주식을 공개 발행하여 자본을 조달하고 시장에 상장되는 절차를 말합니다. 이를 통해 회사는 성장 자금을 확보하고, 브랜드 인지도를 높이며, 기존 주주에게 유동성을 제공합니다. 다만 규제 준수 비용, 재무 정보 공개 의무, 단기 실적 압박 등 부정적 요소도 수반됩니다.

추가 설명

IPO $^{Initial\ Public\ Offering}$ 는 비상장 회사가 증권거래소에 상장해 처음으로 주식을 일반 투자자에게 공개 매도(공모)하는 과정입니다. IPO의 주요 목적은 성장 자금을 조달하고, 부채를 상환하며, 초기 투자자와 창업자가 보유 지분 일부를 현금화할 수 있도록 지원하는 데 있습니다.

상장을 통해 기업은 대규모 자본 풀에 접근할 수 있고, 시장에서의 가시성과 신뢰도가 높아지며, 기존 주주에게 유동성 ^{Liquidity} 을 제공합니다. 반면, 높은 상장 비용, 민감한 재무 정보 공개 의무, 단기 시장 기대치를 충족해야 하는 압박과 같은 단점도 존재합니다.

투자은행 Investment Bank 은 IPO 과정에서 주관사 Underwriter 로서 핵심적인 역할을 수행합니다. 이들은 기업가치 Valuation 산정, 공모가 IPO price 결정, 규제 서류 Regulatory Filings 준비, 기관·개인 투자자 대상 마케팅을 담당합니다. 목표는 IPO를 성공적으로 완료하여 상장 첫날 모든 주식이 전량 배정 Fully Subscribed 되도록 하는 것입니다.

Q Pre-IPO의 목적은 무엇인가요?

Pre-IPO는 기업이 정식 상장 IPO 이전에 진행하는 사모 Private 자금 조달 라운드로, 기관투자자, 사모펀드 Private Equity, 고액자산가 High-Net-Worth Individuals 등으로부터 자금을 확보할 수 있게 해 줍니다.

추가 설명

Pre-IPO의 핵심 목적은 추가 자금을 마련해 상장 전 재무 구조를 강화하는 데 있습니다. 이를 통해 기업가치를 안정화 Stabilize Valuation 하고, IPO 리스크를 완화하며, 초기 투자자에게 상장 전 더 낮은 가격으로 지분을 확보할 기회를 제공합니다. 또한 Pre-IPO는 업계 전문성과 신뢰도를 제공할 수 있는 전략적 투자자 Strategic Investor 를 유치하는 수단이 되기도 합니다.

Q 두 회사의 재무가 유사하다면 시가총액(Market Cap)이 더 높은 쪽은 상장사(Public)인가요, 비상장사(Private)인가요?

동일한 재무상태를 가정할 경우, 일반적으로 상장사 Public Company 가 비상장사 Private Company 보다 더 높은 시가총액 Market Capitalization 을 기록합니다.

추가 설명

상장사는 유동성 Liquidity 이 높고, 시장 가시성 Market Visibility 과 투자자 기반 Investor Base 이 넓어 더 높은 평가를 받는 경향이 있습니다. 주식을 공개 시장에서 자유롭게 매매할 수 있기 때문에 수요가 증가하여 주가가 상승할 수 있으며, 자본 시장 접근성 Capital

Market Access 이 뛰어나고 공시 투명성이 높아 프리미엄 Premium 이 붙는 경우가 많습니다. 또한, 지수 펀드 Index Funds 나 기관투자자 Institutional Investors 의 패시브 자금 유입도 시가총액을 끌어올리는 요인이 됩니다. 반면, 비상장사는 유동성이 낮고 잠재 매수자 풀 buyer pool 이 제한적이어서 유동성 할인 Liquidity Discount 을 적용받아 상대적으로 낮은 평가를 받을 수 있습니다.

Q Primary Market과 Secondary Market의 차이는 무엇인가요?

Primary Market은 IPO Initial Public Offering 등과 같이 기업이 신규 증권을 처음 발행·판매하는 시장이고, Secondary Market은 NYSE·NASDAQ와 같은 증권거래소에서 투자자 간에 이미 발행된 증권을 사고파는 시장입니다.

추가 설명

Primary Market에서는 기업이 투자자에게 직접 신주를 발행·판매하여 자본을 조달하며(IPO, Private Placement 등), 그 대금은 전액 회사로 유입됩니다. 반면 Secondary Market에서는 이전에 발행된 증권이 투자자들 사이에서 매매될 뿐, 발행사(기업)는 거래 대금을 받지 않습니다. Secondary Market은 증권의 유동성 Liquidity 을 제공하고, 수요·공급에 따라 기업의 주식·채권 가격을 형성함으로써 시장가치를 결정하는 기능을 수행합니다.

05 Others

Q 기업 ×××의 순이익이 20% 증가를 발표했는데도 주가가 하락했습니다. 그 원인에는 어떤 것들이 있을 수 있나요?

순이익이 20% 늘었음에도 주가가 하락한 것은 시장 컨센서스 미달, 약한 향후 가이던스, 거시경제·산업 전반의 악재 등 다양한 요인이 복합적으로 작용했을 가능성이 큽니다. 강한 실적만으로는 주가 상승이 보장되지 않으며, 시장 심리, 밸류에이션 수준, 미래 전망 등이 투자자 반응을 결정짓는 핵심 요소로 작용합니다.

추가 설명

기업 ×××의 주가가 실적 호조에도 하락한 이유는 다음과 같은 요인들일 수 있습니다.

- **예상치 미달** Missed Expectations : 애널리스트들이 순이익의 25% 이상 증가를 기대했다면, 20% 증가는 오히려 실망으로 해석될 수 있습니다.
- **약한 가이던스** Weak Future Guidance : 향후 성장, 마진율 전망이 약하다면, 투자자들의 기대가 약화될 수 있습니다.
- **거시경제 요인** Macroeconomic Conditions : 금리 상승, 인플레이션, 경기 둔화 등의 거시경제 요인은 기업 퍼포먼스에 상관없이 주가에 부정적 영향을 줄 수 있습니다.
- **산업 전반 이슈** Industry-Wide Issues : 공급망 차질, 규제 강화 등으로 섹터 전체가 압박을 받을 수 있습니다.
- **고평가** High Valuation : 이미 성장에 대한 프리미엄이 반영된 상태라면 강한 실적도 주가의 추가 상승을 정당화하지 못할 수 있습니다.
- **차익 실현** Profit-Taking : 기관투자가들이 수익을 실현하기 위해 오히려 해당 주식을 매도할 경우 주가가 압박을 받을 수 있습니다.
- **시장 심리 및 기술적 요인** Market Sentiment & Technical Factors : 투자 심리 악화, 저항선 Resistance Level , 알고리즘 매매 등이 하락을 촉발할 수 있습니다.

결과적으로 강력한 실적 자체는 주가 상승의 필요조건일 뿐 충분조건은 아니며, 시장 기대치, 향후 전망, 외부 환경이 주가 움직임을 결정짓는 중요한 변수로 작용합니다.

Q 공매도(Short Sales)란 무엇인가요?

공매도 Short Sales 는 투자자가 보유하지 않은 주식을 먼저 매도한 뒤, 추후 주가가 하락했을 때 더 낮은 가격으로 다시 매입 Buy Back 하여 주가 하락분만큼 차익을 얻으려는 거래 방식입니다.

추가 설명

공매도에서 투자자는 브로커로부터 주식을 차입 ᴮᵒʳʳᵒʷ 한 후 시장가로 판매합니다.
- 이후, 주가가 하락하면 투자자는 더 낮은 가격으로 주식을 다시 매입하여 브로커에게 반환하고, 매도가와 매입가의 차액을 이익으로 확보합니다.
- 이후, 주가가 상승하면 투자자는 더 높은 가격으로 주식을 되사야 하므로 손실을 입게 됩니다.

공매도는 주로 투기 ˢᵖᵉᶜᵘˡᵃᵗⁱᵒⁿ 나 헤지 ᴴᵉᵈᵍⁱⁿᵍ 목적으로 사용되지만, 주가는 이론적으로 무한히 상승할 수 있으므로 손실 위험 역시 무제한 ᵁⁿˡⁱᵐⁱᵗᵉᵈ ᴿⁱˢᵏ 이라는 점에 유의해야 합니다.

Q 공매도(Short Selling)는 전통적인 매수투자(Long Investment)보다 더 높은 확신이 필요한가요?

공매도는 주식 차입 수수료 ᴮᵒʳʳᵒʷⁱⁿᵍ ᶠᵉᵉˢ, 마진 이자 ᴹᵃʳᵍⁱⁿ ᴵⁿᵗᵉʳᵉˢᵗ, 배당금 보전 ᴰⁱᵛⁱᵈᵉⁿᵈ ᴾᵃʸᵐᵉⁿᵗˢ 과 같은 추가 비용과 위험이 뒤따르므로, 일반적인 매수투자 ᴸᵒⁿᵍ ᴵⁿᵛᵉˢᵗᵐᵉⁿᵗ 보다 더 높은 확신이 요구됩니다. 또한, 주가가 상승할 경우 손실이 무제한 ᵁⁿˡⁱᵐⁱᵗᵉᵈ 으로 확대될 수 있으므로, 공매도 투자자는 자신의 분석과 타이밍에 대해 특히 강한 신뢰가 필요합니다.

추가 설명

공매도는 추가적인 위험과 비용이 수반되므로 일반적인 매수투자보다 더 강한 확신이 필요합니다. 공매도를 할 때 투자자는 주식을 빌려 즉시 매도하고, 이후 주가가 하락했을 때 더 낮은 가격으로 다시 매입해 차익을 얻으려 합니다. 하지만 공매도에는 다음과 같은 차입 비용이 발생합니다.
- **주식 차입 수수료** ˢᵗᵒᶜᵏ ᴮᵒʳʳᵒʷⁱⁿᵍ ᶠᵉᵉˢ : 특히 차입이 어려운 종목의 경우 비용이 높을 수 있습니다.

- **마진 이자** Margin Interest : 거래에 레버리지를 사용하는 경우 마진 계좌 이자를 부담해야 합니다.
- **배당금 보전** Dividend Payments Obligation : 차입 주식에 배당이 발생하면 원주주에게 동일 금액을 지급해야 합니다.

마지막으로, 공매도는 그 거래의 특성상, 주가 상승 시에는 되사야 할 주식의 가격이 계속 올라갈 수 있어 기대 손실이 무제한인 반면, 주가가 0이 되더라도 기대 수익은 100%로 제한됩니다. 이러한 이유로 공매도는 전통적인 롱 포지션보다 훨씬 높은 수준의 분석과 투자에 대한 확신, 그리고 타이밍 능력이 요구됩니다.

G

Mergers & Acquisitions

G Mergers & Acquisitions

01 M&A Concepts

Q M&A란 무엇이고, 합병(Merger)과 인수(Acquisition)의 차이점은 무엇인가요?

M&A는 다양한 금융 거래를 통해 기업이나 자산을 통합 Consolidation 하는 것을 의미합니다. 합병 Merger 은 일반적으로 대등한 기업 간의 상호 결합인 한편, 인수 Acquisition 는 한 기업이 다른 기업을 인수하고 그 경영권을 획득하는 것을 뜻합니다.

상세 설명

- **합병** Merger : 일반적으로 두 기업이 새로운 단일 법인을 형성하기 위해 동등한 파트너로서 결합하기로 합의합니다. 이 과정에서 소유권, 경영, 의사결정이 공유되는 경우가 많습니다. 대표적인 사례로, 1998년 Daimler-Benz와 Chrysler의 합병을 통해 DaimlerChrysler AG가 탄생하였으며, 이는 양사 모두 대서양을 아우르는 자동차 기업으로 성장하고자 하는 목적이었습니다.
- **인수** Acquisition : 한 기업이 다른 기업을 인수하여 경영, 조직, 운영을 완전히 흡수하는 것을 말합니다. 인수 기업이 우위를 점하며, 피인수 기업은 보통 독립 법인으로서의 지위를 상실합니다. 예를 들어, Facebook은 2012년에 Instagram을 인수하여 모바일 사진 공유 시장에 진출하는 동시에, Instagram의 운영과 브랜드를 완전히 지배할 수 있었습니다.

Q 수평적(Horizontal), 수직적(Vertical), 복합적(Conglomerate) 합병의 주요 차이점은 무엇인가요?

수평적 합병 Horizontal Merger 은 같은 산업 내, 같은 밸류체인 Value Chain 단계에 있는 기업 간의 결합으로, 시장 점유율 확대, 경쟁 제거, 규모의 경제 실현 등을 주목적으로 합니다. 수직적 합병 Vertical Merger 은 같은 산업 내, 서로 다른 생산 혹은 유통 단계의 기업 간 결합으로, 공급망 효율화와 통제를 지향합니다. 복합적 합병 Conglomerate Merger 은 전혀 관련 없는 산업 간의 기업 결합으로, 주로 다각화, 위험 분산, 자본 효율화 등을 목적으로 진행됩니다.

상세 설명

- **수평적 합병** Horizontal Merger : 같은 산업과 동일한 밸류체인 단계에 있는 두 기업 간의 결합입니다. 시장 점유율 확대, 경쟁 제거, 규모의 경제 달성 등을 목표로 합니다. 예를 들어, 1999년 Exxon과 Mobil의 합병으로 탄생한 ExxonMobil은 석유 탐사·정제·유통 분야에서 시너지를 극대화하고 에너지 시장의 글로벌 지배력을 강화하였습니다.
- **수직적 합병** Vertical Merger : 같은 산업 내에서 서로 다른 생산·유통 단계를 담당하는 기업 간의 결합으로, 공급망 효율화와 비용 절감, 원재료나 유통망 통제를 목적으로 합니다. 예를 들어, 2017년 Amazon의 Whole Foods 인수는 식료품 유통망과 기존의 전자상거래·배송 인프라를 통합해, 물류·소비자 접점에서의 경쟁력을 강화하였습니다.
- **복합적 합병** Conglomerate Merger : 전혀 관련 없는 산업 간의 기업 결합입니다. 주로 사업 다각화, 위험 분산, 자본 재배분 등을 목표로 합니다. 1986년 GE의 RCA 인수는 산업 전반의 기술·인프라 기업인 GE가 RCA의 방송·전자 사업을 통해 소비자 전자·미디어 분야로 포트폴리오를 확장한 대표 사례입니다.

Q 수직적 통합(Vertical Integration) 맥락에서 전방 통합(Forward Integration)과 후방 통합(Backward Integration)의 차이점은 무엇인가요?

수직적 통합 Vertical Integration 은 기업이 밸류체인 Value Chain 을 따라 확장하는 전략을 뜻하며, 후방 통합 Backward Integration 과 전방 통합 Forward Integration 으로 구분됩니다. 후방 통합

은 원재료나 부품 생산 등 상류 단계로의 확장을 통해 비용을 절감하고 공급을 안정화합니다. 반면, 전방 통합은 유통 및 소매 등 하류 단계로의 진출을 통해 최종 고객과 직접 접점을 확보하고 더 많은 가치를 창출합니다.

상세 설명

- **후방 통합** Backward Integration : 원재료나 부품을 스스로 생산하거나 공급망을 확보하는 방식으로, 비용 절감, 품질 통제, 공급 안정화 등을 목표로 합니다. 예를 들어, Tesla는 자체 배터리 생산 시설 Gigafactory 을 통해 배터리 공급망을 통제하고 의존도를 낮추며 전기차의 핵심 부품 품질을 관리합니다.
- **전방 통합** Forward Integration : 유통 및 최종 고객 접점으로의 확장을 의미하며, 마진 확대, 고객 경험 통제, 시장 지배력 강화를 추구합니다. Apple은 자체 오프라인 매장과 온라인 채널을 통해 제3자 소매업체를 거치지 않고 직접 제품을 판매하며, 소비자 경험을 완전히 통제하고 있습니다.

Q 기업들이 M&A를 추진하는 주요 이유는 무엇인가요?

M&A의 목적은 크게 재무적 동기 Financial Motive 와 전략적 동기 Strategic Motive 로 나눌 수 있습니다. 재무적 동기는 저평가된 자산 인수, 자본 수익률 개선, 세금 최적화 등을 포함합니다. 전략적 동기는 시너지 창출, 신규 시장 진출, 공급망 통제, 기술 및 인재 확보, 다각화에 의한 리스크 분산 등을 지향합니다.

상세 설명

재무적 투자 목적 Financial Investment Motives

이런 목적의 M&A는 재무지표들의 개선이나, 기업가치의 창출, 자본의 효율적인 활용 등을 목적으로 합니다. 대표적 목적은 다음과 같습니다.

- **투자 수익** Return on Capital : 여유 자금을 보유한 기업은 안정적 현금흐름이 있는 성숙 기업을 인수하여 배당금이나 기업가치 증가로 투자수익을 극대화할 수 있습니다.

예를 들어, 사모펀드 Private Equity 들은 유틸리티나 소비재 기업들을 인수하여 안정적 배당 및 현금흐름을 통해 수익률을 극대화합니다.

- **세금 최적화** Tax Optimization : 이월 결손금 NOL 활용이나 낮은 법인세율 지역으로의 본사 이전 등을 통해 세금 구조를 개선할 수 있습니다. 2014년 Medtronic의 Covidien 인수는 본사를 아일랜드로 이전하며 법인세 부담을 경감한 대표 사례입니다.

전략적 투자 목적 Strategic Investment Motives

전략적 M&A는 성장, 통합, 혁신을 통해 장기적인 경쟁 우위를 확보하는 것을 목표로 합니다.

- **시너지** Synergies : 비용 절감(공유 자원) 또는 매출 확대(제품·서비스 통합)를 목적으로 할 수 있습니다. Disney의 2006년 Pixar 인수는 창의적인 IP를 활용해 애니메이션 부문의 경쟁력을 재건하고, 테마파크 및 굿즈사업까지 더욱 확대하였습니다.
- **시장 확대** Market Expansion : 새로운 지역 및 고객층으로의 진출을 가속화할 수 있습니다. Walmart는 2018년 인도 전자상거래 기업 Flipkart를 인수하여 인도 시장 진출 장벽을 단숨에 해소했습니다.
- **수직적 통합** Vertical Integration : 공급망 및 유통망을 직접 통제하여 비용, 시장 리스크를 낮추고 생산 및 판매 속도를 향상시킬 수도 있습니다. 예를 들어, IKEA는 산림과 풍력발전소들을 인수하여 목재와 에너지 비용을 통제하고 지속가능성 목표를 강화하고 있습니다.
- **기술·인재 확보** Acqui-hire : 기술력, IP, 핵심 인재를 M&A를 통해 단숨에 확보할 수 있습니다. Google은 2014년 DeepMind를 인수해 AI 연구진과 기술을 흡수하며, 머신러닝과 자동화 기술을 빠르게 발전시켰습니다.
- **다각화** Diversification : 새로운 산업 진출로 기존 시장 의존도를 낮추고 리스크를 분산시킬 수 있습니다. GE는 RCA를 인수하여 산업·미디어를 아우르는 포트폴리오를 완성하였습니다.

**Q   M&A 거래가 초기 협상 이후에도 무산될 수 있는 이유에는
어떤 것들이 있나요?**

M&A 협상이 무산되는 이유로는 기업 문화의 차이, 규제기관의 관여, 과도한 기업가치평가 Valuation, 통합의 복잡성 등이 있습니다. M&A 시, 기업문화의 부조화는 내부 갈등, 인력 이탈, 생산성 저하를 초래할 수 있으며, 시장 경쟁 저해 우려로 규제 당국이 개입할 수도 있습니다. 또한, 시너지 과대평가와 같은 과도한 기업가치평가로 인해 과도한 인수비용이 발생한다면, M&A의 결과 기업가치가 오히려 훼손될 수 있으며, 실사 Due Diligence 과정에서 전략, 지배구조, 비즈니스 모델 등 생각지 못한 문제점들이 드러나면 협상이 최종적으로 결렬될 수 있습니다.

**Q   M&A 거래가 논리적으로 타당해 보였는데도 불구하고
결국 가치를 창출에 실패하는 경우는 어떤 이유들이 있을까요?**

M&A 거래는 통합 과정의 문제, 시너지 과대평가, 기업 문화적 불일치, 과도한 인수가격, 불분명한 사후 전략 등으로 인해 실패할 수 있습니다. 통합 과정이 원활하지 못하면 기대했던 비용 절감 및 매출 확대 효과가 지연될 수 있고, 기업문화의 충돌로 핵심 인력이 이탈하거나 그들의 몰입도가 저하될 수 있습니다. 또한, 지나친 기대치를 반영해 과도한 가격을 지불하거나 시장 환경 변화로 수익이 예상만큼 발생하지 않는다면, M&A는 기존의 기대에 미치지 못할 수 있습니다.

Q   M&A에서 승자의 저주(Winner's Curse)란 무엇인가요?

승자의 저주 Winner's Curse 란 경쟁 입찰 압박이나 지나치게 낙관적인 가정으로 인해 인수자가 과도한 가격을 지불하게 되는 현상을 말합니다. 이는 거래 이후 수익성이 저하되고, 비현실적인 목표 달성 압박으로 이어져 궁극적으로 실패한 거래로 이어질 수 있습니다. 대표적인 사례로, 2000년 AOL의 Time Warner 인수는 시너지 과대평가로 최종적으로 역사상 가장 가치 파괴적인 M&A 사례 중 하나로 남았습니다. 따라서, 전략적·재무적 투자자 모두 경쟁적 입찰 환경에서도 가치평가의 원칙을 유지하는 것이 중요합니다.

02 Synergies

Q M&A 맥락에서 시너지(Synergies)란 무엇이며, 그 중요성은 무엇인가요?

시너지 Synergies 는 두 기업이 결합할 때 개별적으로 달성할 수 있는 것보다 더 높은 효율성, 수익성 및 가치를 창출하는 것을 말합니다. 이는 M&A의 핵심 논리 중 하나로, 보통 비용 절감 효과(중복 기능 제거, 조달 효율화 등)와 매출 증대 효과(교차판매, 신규 시장 진출 등)로 구분됩니다. 비용 시너지는 단기적으로 측정과 달성이 상대적으로 용이한 반면, 매출 시너지는 보다 복잡한 통합과 전략적 실행을 요구합니다. 이러한 시너지를 정확히 파악하고 실현하는 것은 인수 프리미엄을 정당화하는 핵심 요소로, 실사 Due Diligence 와 사후 통합 Post-Merger Integration 단계에서 집중적으로 검토됩니다.

Q M&A에서 전략적 투자자(Strategic Buyer)와 재무적 투자자(Financial Buyer)의 차이는 무엇인가요?

전략적 투자자 Strategic Buyer 는 기존 사업의 확장 및 보완을 목적으로 다른 회사를 인수하려고 하는 투자자입니다. 주로 제품, 시장, 역량 측면에서의 시너지 창출과 장기적 가치 극대화를 추구합니다. 반면, 재무적 투자자 Financial Buyer 는 사모펀드 Private Equity 와 같이 자본 구조 최적화 Financial Engineering , 운영 효율화를 통해 매각이나 IPO를 통해 Exit 시 수익을 극대화하는 데 중점을 둡니다. 즉, 전략적 투자자는 통합과 장기적 가치 창출을, 재무적 투자자는 투자 성과를 우선시합니다.

Q 전략적 투자자(Strategic Buyer)와 재무적 투자자(Financial Buyer) 중, 일반적으로 누가 더 높은 프리미엄(Premium)을 지불하나요? 그 이유는 무엇인가요?

일반적으로는 전략적 투자자 Strategic Buyer 가 더 높은 프리미엄을 지불하는 경우가 많습니다. 이들은 인수 후 비용 절감, 매출 증대와 같은 시너지를 실현할 수 있기 때문에, 이러한 시너지를 반영하여 높은 인수가를 정당화할 수 있습니다. 반면, 재무적 투자자

Financial Buyer 는 내부 수익률 IRR 목표, 레버리지 한도, 시너지의 부재 등으로 제약이 더 따릅니다. 따라서 전략적 투자자는 가치평가 시 유연성이 크고, 경쟁 입찰 상황에서 더 신속하게 움직일 수 있습니다.

Q M&A에서 프리미엄 분석(Premiums Paid Analysis)은 어떻게 수행됩니까?

프리미엄 분석 Premiums Paid Analysis 은 인수자가 피인수 기업의 거래 발표 전 주가 Unaffected Share Price 대비 얼마를 더 지불했는지를 평가하는 절차입니다. 보통 거래 발표 1일, 1주일, 혹은 1개월 전 주가를 기준으로 계산합니다. 프리미엄은 다음과 같이 계산합니다. (인수 가격 ÷ 거래 발표 전 주가) - 1. 이 분석은 거래 유형, 섹터, 규모별로 다수의 다른 거래들과 비교하여 업계 벤치마크를 형성하고, M&A 거래에서 가치평가, 공정성 의견 Fairness Opinion, 거래 정당성 논의 등에 기초 자료로 활용됩니다.

03 Transaction Process

Q 매각자문(Sell-Side Advisory) 과정에서 투자은행(Investment Bank)의 주요 역할은 무엇인가요?

매각자문 Sell-Side Advisory 과정에서 투자은행 Investment Bank 은 고객사의 매각 전략을 수립하고, 마케팅 자료를 준비하며, 잠재적 인수자들을 발굴 및 접촉합니다. 또한, 입찰 과정을 관리하고 거래 조건을 협상합니다. 투자은행의 최종 목표는 고객사의 기업가치 Valuation 를 극대화하고, 경쟁 환경을 유지하며, 거래가 기밀로 진행되고 효율적으로 마무리되도록 지원하는 것입니다.

> **상세 설명**
>
> 투자은행의 관점에서 전형적인 매각자문 과정은 아래와 같습니다.
> 1. **킥오프 및 사전 준비** Kickoff & Preparation : 이 과정은 투자은행과 고객 간 첫 미팅으로 시작되며, 기업가치 Valuation 기대치, 일정 Timeline, 그리고 잠재적 인수자 Target

Buyer 프로필 등 주요 목표를 조율합니다. 이 과정에서 뱅커들은 고객사의 재무, 운영, 시장 포지셔닝 등을 포함한 세부 정보를 수집하고 분석하며, 예비 가치평가 Preliminary Valuation 를 수행하여 매각 스토리를 정립합니다.

2. **마케팅 자료 준비** Marketing Material Preparation : 이후 뱅커는 티저 Teaser 를 준비합니다. 이는 매도자의 신원을 밝히지 않고 잠재적 인수자의 초기 관심을 유도하기 위해 작성된 짧고 익명화된 문서입니다. 동시에 Confidential Information Memorandum CIM 을 작성하는데, 이 문서는 고객사의 재무 실적, 운영, 경영진, 성장 스토리를 상세히 기술한 자료입니다. 또한, 후속 단계에서 활용될 Management Presentation Deck도 마케팅 자료의 종류 중 하나입니다.

3. **인수 의향자 파악 및 접촉** Buyer Identification & Outreach : 뱅커는 산업에 대한 전문 지식과 네트워크를 활용하여 전략적 Strategic 및 재무적 Financial 잠재 인수자 리스트를 구축합니다. Teaser를 배포하고, 잠재 인수자와 비밀유지계약 NDA 을 체결하여 CIM과 더 민감한 정보들도 공유할 수 있도록 조율합니다.

4. **예비 입찰 심사 단계** Initial Bid Round IOIs : 관심 있는 잠재 인수자들은 초기의 대략적인 인수 가격 범위와, 전략적 논리를 담은 Indications of Interest IOIs 를 제출합니다. 뱅커는 고객사가 이러한 입찰을 평가하고, 전략적 적합성과 신뢰도가 높은 인수자를 선별해서 다음 단계로 진행되도록 지원합니다.

5. **경영진 미팅 및 실사 단계** Management Meetings & Due Diligence : 최종 후보들은 고객사 경영진과 미팅을 갖습니다. 투자은행에서는 발표 및 질의응답 Q&A 세션을 준비하도록 경영진을 지원하고, 데이터룸을 관리하며, 인수자의 질의에 응답하고 문서 접근을 조율하면서 심층적인 실사를 지원합니다.

6. **최종 입찰 심사 단계** Final Bid Round(LOIs) : 최종 입찰자들은 가격, 조건 및 구조를 포함한 상세한 내용을 담은 Letter of Intent LOI 를 제출합니다. 투자은행에서는 이러한 제안을 비교하고, 가치평가, 거래 구조 및 주요 조건을 중심으로 협상을 주도합니다. 필요시, 현장 방문이나 추가 경영진 미팅도 주선합니다.

7. **협상 및 거래 체결** Negotiation & Signing : 뱅커들은 고객 및 법률 자문과 협력하여 최종

매매계약을 협상합니다. 진술 및 보증, 보상, 에스크로 Escrow, 언아웃 Earn-out 등과 관련된 쟁점을 해결하고, 거래의 모든 부분이 일정에 맞춰 진행되도록 관리합니다.

8. **종결** Closing : 마지막 단계에서, 투자은행은 잔여 실사 항목을 조율하고, 규제기관 및 이사회 승인 확보를 지원하며, 최종 마무리 절차를 이끌어 갑니다. 필요시 거래 발표 및 사후관리와 관련해서도 서비스를 지원합니다.

Q 매수자문(Buy-Side Advisory) 과정에서 투자은행(Investment Bank)의 주요 역할은 무엇인가요?

매수자문 Buy-Side Advisory 과정에서 투자은행은 고객이 인수대상 Target 을 발굴·평가하는 과정부터, 초기 접촉 및 실사 거래 구조의 설계 및 거래조건의 협상까지 지원합니다. 투자은행의 역할은 M&A가 고객사의 목표에 부합하도록 하면서 리스크를 최소화하고 가치를 극대화하는 데 있습니다.

상세 설명

1. **인수 전략 및 기준 수립** Define Acquisition Strategy & Criteria : 투자은행은 고객사의 새로운 시장 진입, 기술 확보, 규모 확대 등의 전략적 목표를 이해한 후, 거래 규모, 산업군, 지역, 재무 요건 등을 포함한 기준을 설정하도록 지원합니다.

2. **시장 스크리닝 및 잠재 매물 탐색** Market Screening & Target Identification : 이 단계에서 뱅커들은 산업 리포트 및 관련 데이터베이스, 그리고 자체 네트워크 등을 최대한 활용하여 잠재적 인수대상 목록을 구축합니다. 이 목록에는 이미 공개된 매물뿐 아니라 비공개 Off-Market 매물들도 포함되며, 전략적 적합성과 예비 재무 분석을 기반으로 최종 후보를 압축합니다.

3. **초기 접촉 단계** Initial Outreach & Target Engagement : 비공개 매물이나 비공개 기업의 경우, 투자은행에서는 일반적으로 고객의 신원을 밝히지 않고 인수 의사를 타진하고, 최소한의 기본 정보를 수집합니다. 공개 매각 절차에 참여할 경우, 투자은행은 고객을 잠재적 인수자로서 효과적으로 포지셔닝하도록 조율합니다.

4. **예비 가치평가 및 딜 구조화** Preliminary Valuation & Deal Structuring : 관심 있는 후보가 생기면, 투자은행에서는 DCF, 유사기업평가법 Trading Comps Analysis, 유사거래평가법 Transaction Comps Analysis 등을 활용하여 가치평가를 수행합니다. 잠재적 시너지 효과를 평가하고, 현금·주식 등 거래 구조와 자금조달 방안 등을 조언합니다.

5. **인수의향서 제출** Indicative Offer Submission LOI or IOI): 투자은행은 인수자가 제안하는 평가액, 거래 구조, 주요 조건 등을 포함한 비구속적 예비 인수의향서 IOI 또는 인수의향서 LOI 를 작성하고 제출하는 과정을 지원합니다. 이때 제안 내용이 인수자의 전략과 협상 전략에 부합하도록 조율하는 역할을 합니다.

6. **실사 지원** Due Diligence Support : 거래가 진전되면, 투자은행은 본실사 Due Diligence 를 지원합니다. 법률, 회계, 세무 자문과 협력하여 재무, 운영, 법적 위험, 계약, 시너지 등을 검토하며, 실사 과정이 효율적이고 목표 지향적으로 진행되도록 관리합니다.

7. **최종 협상 및 딜 구조화** Final Negotiations & Deal Structuring : 투자은행은 실사 결과를 반영하여 최종 인수 가격, 거래 조건, 조정 사항 등에 대해 자문을 제공합니다. 또한, 인수자와 매도자 간의 리스크 관리와 인센티브 정렬을 위해 언아웃 Earn-Out, 에스크로 Escrow, 운전자본 조정 Working Capital Adjustment 등 다양한 구조적 장치의 설계를 지원합니다.

8. **승인 및 거래 종결** Approvals & Closing : 최종 합의된 조건으로 고객사가 이사회 승인, 자금조달, 규제 신고를 진행하도록 지원하며, 거래가 원활하게 마무리될 수 있도록 관리하고, 필요시 후속 통합 Post-Deal Integration 계획을 지원합니다.

Q   M&A 거래에서 일반적으로 사용되는 자료와 문서에는 어떤 것들이 있나요?

매각자문 Sell-Side Advisory 과정에서, 투자은행들은 우선적으로 Pitchbook을 작성하여 고객사의 자문 프로젝트를 수주하고, 이후 잠재 인수자에게 Teaser를 배포하여 관심을 유도합니다. 비밀유지계약서 NDA 가 체결되면, 인수자들은 CIM을 수령하고 경영진 미팅과 실사를 진행한 후, LOI를 제출합니다. 이 과정은 최종적으로 협상 및 매매계약서 Sale & Purchase Agreement, SPA 체결로 마무리됩니다.

상세 설명

일반적으로 M&A 거래에서 사용되는 자료들은 다음과 같은 순서로 사용됩니다.

1. Pitchbook
   - 투자은행이 고객사에 자문 서비스를 제안할 때 사용되는 자료입니다.
   - 간단한 기업가치평가, 잠재적 인수자 리스트, 시장 포지셔닝, 거래 전략 등이 포함됩니다.

2. Teaser
   - 매도자의 신원을 익명으로 유지하면서 잠재 인수자의 관심을 유도하기 위해 배포됩니다.
   - 보통 NDA Invitation과 함께 공유됩니다.

3. NDA ^{Non-Disclosure Agreement}
   - 인수자가 상세한 기업 정보를 수령하기 전 반드시 체결해야 하는 계약입니다.

4. CIM ^{Confidential Information Memorandum}
   - NDA 체결 후 전달되며, 매도기업의 운영, 재무, 전략, 경영진, 성장 가능성 등에 대한 정보를 심층적으로 포함하는 자료입니다.

5. IOI ^{Indication of Interest}
   - 예비적 가격 범위와 전략적 근거를 담은 비구속적 초기 제안서입니다.

6. Management Presentation & Due Diligence Access
   - 최종 후보자들은 경영진과의 미팅을 통해 기업을 심층 검토하며, 데이터룸에 접근해 세부 정보를 검토합니다.

7. LOI ^{Letter of Intent}
   - 제안 가격, 구조, 자금조달 방식, 일정, 주요 조건을 담은 비구속적 제안서로, 보통 2차 혹은 최종 입찰 과정에서 제출됩니다.

8. SPA ^{Sale & Purchase Agreement} / Definitive Agreement
   - 선정된 인수자와 협상 완료된 최종적인 법적 구속력을 가진 계약서입니다.

Q M&A Pitchbook에는 보통 어떤 내용이 포함되나요?

M&A Pitchbook은 투자은행이 자문 프로젝트를 수주하기 위해 자사의 전문성, 실적, 전략적 사고를 보여 주는 마케팅 문서입니다. 일반적으로 시장 개요, 거래 논리, 잠재적 인수자·타겟 분석, 유사 거래 사례, 거래 및 가치평가 제안 등이 포함됩니다. 또한, 제안 거래 절차와 일정, 잠재적 시너지, 자금조달 옵션 및 거래 구조를 제시하며, 관련 거래 경험을 보유한 주요 팀원과 회사의 트랙 레코드 $^{Track\ Record}$를 강조합니다. 이 자료는 투자은행의 신뢰성과 시장 경쟁력을 부각시키기 위한 중요한 역할을 합니다.

Q M&A 거래에서 Teaser의 목적과 내용은 무엇인가요?

Teaser는 매각자문 초기 단계에서 작성되는 1~2페이지의 짧고 익명화된 문서로, 잠재적 인수자의 첫 관심을 유도하면서 매도자의 기밀을 유지하는 역할을 합니다. 산업, 재무 주요 지표, 성장 가능성, 투자 매력 등의 내용을 간략히 담되, 기업명은 공개하지 않습니다. NDA 체결이 완료되어야 잠재 인수자들은 비로소 CIM 등 상세 자료를 열람할 수 있습니다. 그 전까지 Teaser는 거래의 초기 인상을 결정짓는 중요한 자료로, 투자자들의 깊은 관심을 이끌어 내는 역할을 합니다.

Q Confidential Information Memorandum(CIM)은 주로 어떤 내용을 담고, 누구를 위해 작성되나요?

Confidential Information Memorandum ^{CIM}은 NDA를 체결한 잠재 인수자들에게 제공되는 마케팅 자료로, 초기 실사 및 가치평가 과정에서 핵심적인 역할을 합니다. 보통 기업의 연혁, 비즈니스 모델, 산업 환경, 경영진, 제품·서비스, 고객 기반, 경쟁력, 과거 및 예상 재무 실적 등을 포괄적으로 다룹니다. Teaser나 Pitchbook보다 훨씬 더 긴 문서로, 보통 30~80페이지 이상의 분량으로 작성되어, 인수자가 거래에 계속 참여할지 여부를 판단할 수 있는 충분한 정보를 제공합니다.

Q 기업실사(Due Diligence)란 무엇이며, 보통 어떤 항목을 검토하나요?

기업실사 Due Diligence 는 인수자가 거래를 완료하기 전, 인수대상의 영업, 재무, 잠재 리스크 등을 철저히 검증하는 과정입니다. 이를 통해 인수자가 실제로 무엇을 인수하는지 명확히 파악할 수 있습니다. 주요 검토 영역은 재무 성과(예: 수익의 건전성 평가, 이익 조정 작업 등), 법적 문제(계약, 준법, 소송이슈 등), 상업적 경쟁력(시장과 경쟁 분석), 세무, 인사, 기술 인프라, 공급망, 미래 확장성 등입니다.

보통 2~8주 정도 소요되며, 법무, 재무, 비지니스 전문가들로 구성된 인수자 팀이 데이터룸을 통해 기밀문서들을 검토합니다. 이 과정에서 후속 질의응답, 경영진 미팅, 현장 방문도 자주 이루어집니다. 목표는 거래 모델의 가정들을 검증하고 리스크를 식별하며, 발견된 이슈를 토대로 거래의 가격, 구조, 조건 등을 조정하는 것입니다.

Q Letter of Intent(LOI)는 무엇이며, 보통 어떤 내용이 담기나요?

Letter of Intent LOI 는 거래 조건의 주요 내용을 담은 비구속적 문서로, 인수자의 공식적인 관심을 표현하는 자료입니다. 보통 제안 가격, 거래 구조(현금, 주식, 언아웃 등), 실사 및 마감 등의 예상 타임라인, 자금조달 계획, 인수 후 통합 계획 등을 포함합니다. 대부분의 LOI 조항은 법적 구속력이 없지만, 독점협상권, 기밀유지, 정보접근권 같은 일부 조항은 법적 효력을 가집니다. 경쟁 입찰에서는 여러 인수자가 LOI를 제출하고, 매도자는 이를 가격, 거래의 확실성, 전략적 적합성 등을 기준으로 평가해 최종 후보를 선정합니다. LOI는 양측의 이해를 사전에 일치시켜 향후 실사 및 최종 계약서 협상에서 오해를 줄이는 역할을 합니다.

Q 공정성평가(Fairness Opinion)란 무엇이며, 거래 중에 왜 발행되나요?

공정성평가 Fairness Opinion 는 투자은행이 특정 이해관계자(주주나 이사회 등)에게 거래의 재무적 조건이 공정한지 여부를 평가해 발행하는 전문가 의견입니다. 일반적으로 자문사가 아닌 독립적인 제3의 기관에서 수행하는 것이 원칙입니다. 주로 매각자문이나 특수관계 거래에서 활용되며, 이사회가 충실의무 ^Fiduciary Duty 를 다하도록 지원합니다. 이 평가는 할인현금흐름법 ^DCF, 유사기업비교법, 유사거래사례 등을 기반으로 수행됩니다. 공정성평가는 거래의 진행 여부를 권고하는 것은 아니지만, 재무적 적정성을 보증해 법적 리스크를 완화하고 이해관계자의 의사결정을 지원하는 역할을 합니다. 일반적으로 서명이나 마감 직전에 발행됩니다.

04 Deal Structure

Q M&A 거래에서 사용되는 두 가지 주요 경매 형식은 무엇인가요?

M&A 거래에서 사용되는 두 가지 주요 경매 구조는 Broad Auction과 Targeted Auction입니다. Broad Auction은 매도자가 전략적 및 재무적 잠재 인수자들을 대규모로 접촉하여 경쟁 구도를 극대화하는 것을 목표로 합니다. 이를 통해 높은 가격을 이끌어 낼 수 있지만, 정보 유출 및 프로세스 피로도가 증가할 위험도 있습니다. 반면, Targeted Auction은 소수의 사전 자격을 갖춘 잠재 인수자들에게만 접근하여 기밀성과 거래 확실성을 우선시합니다. 경매 방식의 선택은 매도자의 우선순위, 시장 상황, 그리고 매각 대상 자산의 특성에 따라 달라집니다.

Q M&A 맥락에서 협상매각(Negotiated Sale)이란 무엇인가요?

협상매각 ^Negotiated Sale 은 매도자와 단일 인수자 간의 일대일 협의를 통해 거래 조건을 협상하고 마무리하는 방식으로, 공식적인 경매 절차를 거치지 않습니다. 매도자가 인수자와 기존 관계가 있거나, 가격 극대화보다는 거래 속도와 기밀성을 중시할 때 흔히 활용됩니다. 이 방식은 더 원활한 프로세스를 제공할 수 있지만, 경쟁 압력이 없어 매도자 입장에서 거래 가치를 놓칠 위험이 있습니다. 투자은행들은 종종 매도자에게 다른 사례들을 벤치마킹하는 등, 협상력을 유지할 수 있도록 조언합니다. 협상매각은 보통 독점 거래나 복잡한 사업부 매각 ^Carve-out 상황에서 많이 나타납니다.

Q M&A 계약에서 "No-Shop" 조항이란 무엇이며, 왜 중요한가요?

No-Shop 조항은 매도자가 확정계약서 서명 이후 다른 잠재 인수자와의 협상을 요청하거나 이에 응답하는 것을 제한합니다. 이를 통해 인수자가 실사, 자금조달 및 승인절차를 방해받지 않고 진행할 수 있도록 보장합니다. 경우에 따라, 주주 의무를 다하기 위해 우수한 제안을 고려할 수 있도록 하는 'Fiduciary Out(수탁자 의무상 예외)' 조항이 포함되기도 합니다. No-Shop 조항은 공기업 및 비상장 기업 M&A에서 공통적으로 사용되며, 인수자가 상당한 초기 비용을 부담하는 경우 특히 중요합니다.

Q 사업부 매각(Divestiture)이란 무엇이며, 보통 어떤 상황에서 활용되나요?

사업부 매각 ^{Divestiture} 은 기업이 사업부, 자산 또는 자회사를 매각 또는 분할 ^{Spin-Off} 하는 것을 의미합니다. 보통 전략적 집중도를 높이거나 자본을 조달하기 위해 진행됩니다. 기업들은 운영 효율화, 비핵심 또는 부진 부문에서의 철수, 부채 축소, 주주가치 제고 등을 목적으로 사업부 매각을 추진합니다. 자산매각, 지분 분할상장 ^{Equity Carve-Out}, 인적분할 ^{Spin-Off}, 합작투자 ^{Joint Venture} 등의 방식이 일반적으로 활용됩니다. 투자은행은 자산의 가치평가, 잠재 인수자 발굴, 거래 구조화 등에서 중요한 역할을 수행합니다. 효과적으로 실행될 경우, 사업부 매각은 운영 효율성 제고, 기업 구조 단순화, 장기적 성과 개선에 기여합니다.

Q 지분분할상장(Equity Carve-Out)은 일반적인
사업부 매각(Divestiture)과 어떤 점에서 다른가요?

지분분할상장 ^{Equity Carve-Out} 은 자회사의 일부 지분을 IPO를 통해 매각하는 방식으로, 모회사가 경영권을 유지하면서도 자본을 조달하고 숨은 가치를 실현할 수 있게 합니다. 반면, 일반적인 사업부 매각 ^{Divestiture} 은 사업부, 자산 또는 자회사를 외부 매수자에게 전량 매각하여 운영 효율화나 부채 축소를 추구합니다. 분할상장 ^{Carve-Out} 은 규제 제출과 공모시장 참여로 인해 더 복잡하지만, 모회사가 완전 분할을 준비하는 전략적 단계로도 활용됩니다. 반면, 사업부 매각 ^Divestiture 은 절차가 더 빠르게 진행될 수 있지만, 통제권과 소유권을 더 구체적으로 협상해야 합니다. 결과적으로, 기업의 유동성, 통제권에 대한 필요도, 장기적 전략 목표 등에 따라 각 구조가 선택됩니다.

Q 기업인적분할(Corporate Spin-Off)이란 무엇이며, 기업들이 이를 추진하는 전략적 이유는 무엇인가요?

인적분할 ^Spin-off 은 모회사가 기존 주주들에게 자회사 주식을 배분하여 자회사를 별도의 상장사로 만드는 방식입니다. 이 구조는 가치 실현, 전략적 집중도 강화, 그리고 각 기업이 독립적 전략을 추구할 수 있도록 지원하기 위해 사용됩니다. Divestiture나 Carve-out과 달리, Spin-Off는 현금 거래가 없고 주주들은 모회사와 신설 회사 모두의 주식을 보유하게 됩니다. Spin-Off는 세제상 효율적이며, 자회사의 성장성, 리스크 수준 또는 비즈니스 모델이 모회사와 크게 다를 때 효과적입니다. 이를 통해 투자자에게 더 명확한 기업 구조를 제공할 수 있고, 결과적으로, 복합기업할인 ^Conglomerate ^Discount 을 줄일 수 있습니다.

Q 역합병(Reverse Merger)란 무엇이며, 인수자 또는 합병 당사자에게 주는 이점은 무엇입니까?

역합병 ^Reverse^Merger 은 비상장사가 상장된 쉘컴퍼니 ^Shell^Company 와 합병해 전통적인 IPO 절차 없이 상장 과정을 간소화하는 방식입니다. 전통적 IPO보다 빠르게 공모 자본시장에 접근할 수 있어, 규모가 작거나 급성장하는 기업들이 신속한 상장을 원할 때 선호됩니다. 역합병은 비용과 속도 측면에서 이점을 제공하지만, 비상장사가 강력한 펀더멘털을 갖추지 않으면 초기 투자자들의 관심부족이나 평판 리스크가 따를 수 있습니다. 궁극적으로, 즉각적인 상장, 자본 조달 및 시장 인지도 상승 등의 이점은 합병 이후의 퍼포먼스에 달려 있습니다.

05 Takeovers & Defense Tactics

Q 우호적 인수(Friendly Acquisition)와 적대적 인수(Hostile Takeover)는 어떻게 다른가요?

우호적 인수는 대상 회사의 이사회와 경영진이 거래를 지지하고 인수자와 협력적으로 진행하는 방식으로, 상호 실사, 협의된 조건, 원활한 사후 통합이 특징입니다. 반면, 적대적 인수는 대상 회사의 동의 없이 진행되며, 때로는 적극적인 반대에도 불구하고 인수자가 경영진을 우회해 공개매수 Tender Offer 제안 또는 위임장 경쟁 Proxy Fight 과 같은 방법으로 주주에게 직접 접근하는 방식을 사용합니다. 적대적 인수는 대상 회사의 방어 전략을 촉발하고, 거래의 실행 리스크를 높이며, 거래를 보다 대립적이고 장기화된 프로세스로 만듭니다. 근본적인 차이는 대상 회사의 동의 및 협력 수준에 있습니다.

Q 적대적 인수(Hostile Takeover)에서 사용되는 일반적인 전략에는 무엇이 있나요?

적대적 인수 Hostile Takeover 에서 사용되는 주요 전술은 공개매수 제안 Tender Offer 과 위임장 경쟁 Proxy Fight 입니다. 공개매수 제안은 인수자가 경영진을 우회해 주주들에게 프리미엄 가격으로 직접 주식을 매수하겠다고 공개 제안하는 방식입니다. 위임장 경쟁은 인수자가 새로운 이사를 선출하도록 주주들을 설득해 대상 회사의 이사회를 교체하려는 시도입니다. 이 두 가지 모두 규제 보고 의무를 수반하며, 주주들의 강력한 지지가 필요한 전략입니다.

Q 적대적 인수 시도(Hostile Takeover Attempt)를 막기 위한 사전적 방어 조치에는 무엇이 있나요?

적대적 인수를 막기 위한 사전적 방어 조치에는 포이즌 필 Poison Pill , 시차이사회 Staggered Board , 차등의결권 주식 Dual-Class Share Structure , 그리고 특별결의규정 Supermajority Provisions 등이 있으며, 예상치 못한 매수 시도에 대응해 인수 비용이나 복잡도를 높이는 데 목적이 있습니다. 예를 들어, 포이즌 필은 인수자의 지분을 희석시키고 인수 비용을 증가시키며, 시차이사회는 이사진을 신속히 교체하기 어렵게 합니다. 차등의결권 주식은 내부인의 의결권을 강화해 회사에 대한 통제권을 유지하게 합니다. 이러한 장치들은 매수자의 우호적인 접근을 유도하며, 매도자의 협상력은 강화됩니다.

상세 설명

기업은 적대적 인수를 사전에 억제하기 위해 특정 기업지배 구조를 도입할 수 있습니다. 이러한 장치들이 적대적 인수를 완전히 막을 수는 없지만, 인수자가 경영진 및 이사회와 우호적으로 접근하도록 유도합니다.

- **포이즌 필** Poison Pill : 특정 주주가 정해진 지분율을 초과하면 기존 주주(인수자 제외)가 할인된 가격으로 주식을 추가 매입할 수 있도록 해, 인수자의 지분을 희석시키고 인수 비용을 높입니다. 이를 통해 이사회가 다른 방어책을 모색하거나 더 나은 조건을 협상할 수 있는 시간을 확보합니다.
- **시차이사회제도** Staggered Board : 시차이사회 구조에서는 매년 이사회의 일부(보통 3분의 1)만 선출되므로, 인수자가 한 번의 위임장 경쟁으로 이사회를 장악할 수 없습니다. 이를 통해 적대적 인수 과정을 지연시키고 대안을 모색할 시간을 확보합니다.
- **차등의결권 주식** Dual-Class Share Structure : 창업자나 내부자에게 높은 의결권을 부여하는 주식을 발행해, 경제적 지분은 적더라도 의결권을 많이 확보해서, 경영권을 유지할 수 있게 만듭니다. 창업자가 장기 비전을 지키려는 회사에서 자주 활용됩니다.
- **사전통지 및 특별결의 규정** Advance Notice and Supermajority Provisions : 이 규정은 주주가 이사 후보나 중대한 기업행동을 제안할 때 사전통지를 요구하거나, 특정 결정을 의결할 때 슈퍼과반수(예: 66%) 승인을 필요로 하게 만드는 방법입니다. 이를 통해 무분별한 인수 시도를 절차상으로 억제할 수 있습니다.

Q 적대적 인수(Hostile Takeover) 제안이 개시된 이후, 기업이 사용할 수 있는 적극적 방어 전략에는 무엇이 있나요?

적극적 방어 전략은 적대적 인수가 개시된 후 기업이 인수자의 시도를 저지하거나 지연시키기 위해 사용하는 대응책입니다. 대표적으로 백기사 White Knight 확보, 소송 제기 Litigation, 레버리지 리캡 Leveraged Recapitalization 실행, 자사주 매입 Share Repurchase 등을 들 수 있습니다.

상세 설명

적대적 인수 제안이 공개되면, 기업은 주주가치를 보호하거나 거래를 더 유리하게 이끌기 위해 다양한 대응 전략을 사용합니다.

- **백기사 White Knight** : 백기사는 대상 회사의 이사회 및 경영진에 더 우호적인 제3의 인수자로, 적대적 인수자와 경쟁하는 우호적 제안을 제시합니다. 이 방식은 전략적 일치를 보존하며, 기업이 매각을 원하지만 현재 인수자에게는 팔고 싶지 않을 때 주로 사용됩니다.
- **소송 Litigation** : 대상 회사는 증권법 위반, 독점규제 위반, 절차적 결함 등을 근거로 인수자를 상대로 소송을 제기할 수도 있습니다. 소송의 목적은 승소 자체가 아니라, 거래를 지연시키고 불확실성을 초래해 인수자가 철회하거나 조건을 재협상하도록 압박하는 것입니다.
- **레버리지 리캡 Leveraged Recapitalization** : 대상 회사가 부채를 대규모로 조달해 특별 배당금을 지급하거나 자사주를 매입하는 방식으로, 현금 보유고를 줄이고 재무적 위험을 증가시켜 인수 매력을 낮춥니다. 다만, 이 방식은 자체 위험도 있으므로 신중히 실행해야 합니다.
- **자사주 매입 Share Repurchase Programs** : 시장에서 자사주를 매입해 유통주식수를 줄여, 적대적 인수자의 영향력을 낮추고 인수 비용을 높입니다. 동시에 회사가치에 대한 자신감을 시장에 전달할 수 있습니다.

Q 시차이사회(Staggered Board)란 무엇이며, 적대적 인수를 방어하는 데 어떤 도움이 되나요?

시차이사회 Staggered Board 는 이사회를 여러 개의 임기 그룹으로 나누어, 보통 3년 주기로 매년 이사진의 3분의 1씩만 선출할 수 있도록 하는 방어적 기업지배 구조입니다. 이 구조는 적대적 인수자가 단일 위임장 경쟁으로 이사회를 완전히 장악할 수 없게 하여, 이사진 과반수 교체를 위해 최소 2번의 선거 주기를 거치도록 만듭니다. 이를 통해 대상 회사는 대안 모색, 추가 방어 조치 실행, 또는 주주 설득을 위한 시간을 벌 수 있습니다. 일부에서는 이것이 과도한 경영진 보호 장치라는 비판도 있지만, 여전히 적대적 인수 방어를 위해 널리 사용됩니다.

Q M&A 거래에서 홀드백(Holdback)이란 무엇이며, M&A 구조상 어떻게 사용되나요?

M&A에서 홀드백 Holdback 은 매수자가 거래 종료 후 일부 대금을 보류하는 것을 의미하며, 보통 사후 발생 가능한 채무나 손해배상 청구를 충당하기 위해 사용됩니다. 이 금액은 보통 12~24개월 정도 에스크로(제3자 예치) 계좌에 보관되며, 청구가 없을 경우 이후 매도자에게 지급됩니다. 홀드백은 비상장 기업 거래에서 주로 활용되며, 운전자본 차이, 법적 소송, 진술·보증 위반 등 예상치 못한 문제로부터 매수자를 보호합니다. 매수자와 매도자는 거래계약에서 홀드백 금액과 기간을 협상해, 분쟁을 예방하고 위험을 균형 있게 분담할 수 있습니다.

06 Payment Structure

Q 인수 거래에서 현금 매수(Cash Offer)란 무엇인가요?

인수 거래에서 현금 매수 Cash Offer 는 인수자가 대상 회사의 주식을 주당 고정된 금액으로 현금을 지급하여 매입하는 방식입니다. 이 방식은 대상 회사 주주에게 즉각적인 유동성을 제공하며, 단순성과 확실성 측면에서 선호됩니다. 이때, 인수자는 현금 매수를 위해 내부 현금 보유고, 부채, 혹은 외부 자금을 활용할 수 있습니다. 현금 거래는 실행 리스크를 줄이고 더 간단하게 진행될 수 있지만, 인수자의 재무적 리스크를 높이고 레버리지 비율에 영향을 줄 수 있습니다. 한편, 대상 회사의 입장에서는 현금 매수를 수락하면 (주식 교환 방식과 달리) 인수자의 주가 상승 등 향후 잠재적 이익 기회를 포기하게 되는데, 이는 기업들의 성장성이 높은 상황에서 중요한 고려사항이 됩니다.

Q 합병 또는 인수 거래에서 주식 교환(Stock Swap)은 무엇인가요?

주식 교환 Stock Swap 은 인수자가 현금 대신 자사 주식을 사용하여 대상 회사를 인수하는 방식입니다. 이 구조에서 대상 회사 주주는 사전에 협의된 교환비율에 따라 인수자의 주식을 받습니다. 주식 교환은 인수자 입장에서는 현금을 아끼고 추가 부채를 피할 수 있게 해 주며, 인수자의 주가가 높이 평가될 때 특히 매력적일 수 있습니다. 그러나 거래액이 주식시장의 변동성에 따라 달라질 수 있어, 가치 산정 및 희석 Dilution 에 대한 리스크가 발생합니다. 이러한 거래는 종종 주주 승인을 필요로 하며, 양사의 장기적 이해관계를 일치시키기 위해 사용되기도 합니다.

Q 매도자 관점에서, 매수 대금으로 현금 혹은 주식을 지급받을 때의 장단점은 무엇인가요?

매도자 관점에서 주식을 받으면 미래 이익 가능성과 세금 이연 효과를 기대할 수 있지만, 시장 변동성에 대한 리스크와 지분 희석이 따릅니다. 반면, 현금은 즉각적인 유동성과 확실성을 제공하지만, 즉시 세금 부담이 발생하고 합병 후 인수기업의 주가 상승으로 인한 잠재적 이익을 포기하는 결과를 초래할 수 있습니다.

상세 설명

M&A 거래에서 주식 거래의 장단점은 아래와 같습니다(매도자 입장).
- **주식 거래의 장점**
    - ✓ **미래 업사이드 참여**: 주식을 받으면 합병 후 회사의 성장과 성과에 참여할 수

있어, 회사가 잘 운영될 경우 더 높은 수익을 얻을 가능성이 있습니다.
- ✓ **세금 이연**: 주식 거래는 매도자가 받은 주식을 매도할 때까지 양도소득세를 이연할 수 있어, 세금 계획 측면의 이점을 줍니다.
- ✓ **인수자의 성과와 연계**: 주식을 받으면 매도자의 이해관계가 인수자와 맞춰져, 합병 후 성공에 함께 기여할 유인을 제공합니다.

• **주식 거래의 단점**
- ✓ **시장 변동성 리스크**: 수령한 주식의 가치는 시장 상황에 따라 변동하므로, 거래를 통해서 실제로 실현될 가치가 불확실해집니다.
- ✓ **즉각적인 유동성 부족**: 현금과 달리, 주식은 즉시 자금화할 수 없어 유동성이 필요한 매도자에게는 단점이 될 수 있습니다.

Q 모든 조건이 동일하다면, 매수자는 현금, 주식, 부채 중 어떤 지급 방식을 선호하나요?

모든 조건이 같다면, 대부분의 인수자는 희석을 방지하고 재무 건전성을 강조할 수 있는 현금 지급을 선호합니다. 현금 지급은 인수자의 자금 조달비용(또는 부채비용)이 대상 기업의 수익률보다 낮을 때 수익성 Accretion 이 발생합니다. 또한 현금 거래는 인수자의 기업가치를 높게 평가하고 있다는 신호를 줄 수 있고, 거래를 더 명확하게 만드는 장점도 있습니다. 다만, 현금 보유액이 부족하거나 조달비용이 높으면 주식 지급이 더 유리할 수도 있습니다. 세금, 신용등급, 재무제표에의 영향 등도 지급 방식의 선호에 영향을 미칩니다. 최종적으로, 매수자는 위험을 최소화하면서 주주가치를 극대화할 수 있는 지급 방식을 찾고자 합니다.

Q M&A 거래에서 주식 지급과 현금 지급 중 어떤 것이 더 흔히 사용되며, 그 이유는 무엇인가요?

M&A 거래에서 주식과 현금의 비율은 거래 규모, 시장 상황, 전략적 목표에 따라 다릅니다. 대규모 전략적 합병의 경우, 인수자가 현금을 보존하거나 공동 소유를 통한 장

기적 이해관계 일치를 원할 때 주식이 자주 사용됩니다. 주가가 높이 평가되는 시기에도 주식을 활용하는 경향이 있습니다. 반면, 소규모 거래나 경쟁이 치열한 거래에서는, 특히 확실성과 속도를 중시하는 사모펀드와 같은 재무적 투자자들의 경우 현금 지급을 선호합니다.

Q M&A 맥락에서 Exchange Ratio(교환비율)이란 무엇이며, 어떻게 사용되나요?

교환비율은 주식 교환 거래에서 대상 회사 주식 1주당 인수자가 지급할 주식의 수를 정의하며, 합병 후 소유권 분배를 결정합니다. 이는 양사 가치평가를 기반으로 산정되며, 주식수를 고정하는 고정형 Fixed Exchange Ratio 또는 가치를 유지하도록 조정되는 변동형 Floating Exchange Ratio 으로 나뉩니다. 교환비율은 지분율 희석, 의결권, 거래의 공정성에 영향을 주게 되며, 거래의 시너지, 리스크, 미래 성과에 대한 양측의 협의 결과를 반영합니다. 이를 명확히 소통하는 것은 주주들의 동의를 얻어 내고 M&A에 대한 반대 의견을 최소화하는 데 필수적입니다.

Q 인수자가 현금, 부채, 주식의 최적 비율을 결정할 때 어떤 요소를 고려해야 하나요?

인수자가 인수 구조를 설계할 때 현금, 부채, 주식의 최적 비율은 자본 구조, 시장 환경, 자금 조달비용, 전략적 목표에 따라 달라집니다. 우선 인수자는 가용 현금, 차입 여력, 자사주가 평가를 검토하여 비용 효율적인 접근 방식을 도출합니다. 현금은 유동성이 충분하거나 희석을 최소화하고자 할 때 선호됩니다. 부채는 이자보상능력이 유지되며 레버리지가 감내 가능한 수준일 때 활용됩니다. 주식은 인수자의 주가가 높게 평가되거나, 매도자와의 이해관계 정렬이 중요할 때 매력적입니다. 최종 비율은 세금, 신용등급 영향, 이해관계자 반응까지 고려하여, 재무적 안정과 장기적 가치 창출 간 균형을 추구합니다.

H

Private Equity & LBO

H   Private Equity & LBO

01 Private Equity Overview

Q 전형적인 사모펀드(Private Equity) 산업의 작동 방식은 어떠한가요?

사모펀드 ^{PE}는 투자 운용사인 General Partner ^{GP}가 기관투자자인 Limited Partner ^{LP}로부터 자금을 조달하여 비상장 회사를 인수 및 성장시키는 구조입니다. PE 운용사는 공모시장 투자자들과 달리 기업의 과반 지분을 확보하고, 보유 기간(통상 3~7년) 동안 운영 개선을 추진합니다. 이후 IPO 또는 매각을 통해 기업가치를 높인 후 자금을 회수하며, 이 수익은 투자자와 운용사 간에 분배됩니다.

추가 설명

사모펀드 ^{PE}는 투자자들의 자금을 모아 비상장 기업을 인수하고 성장시키는 것을 목적으로 하는 사모펀드를 의미합니다. 이는 다수 투자자에게 개방된 공모형 뮤추얼펀드와 달리, **소수의 기관투자자로부터** 자금을 유치하여 비공개 방식으로 운용됩니다. 사모펀드는 장기 투자 전략을 목표로 설계되며, 대상 기업의 지분을 직접 인수하거나 경영권에 개입하는 방식으로 운용됩니다. 이러한 비공개적이고 소수의 참여자들만 참여하는 특성으로 인해 '**사모펀드** $^{Private\ Equity}$'라 불립니다.

- **주요 참여자**: 사모펀드는 기관투자자인 Limited Partner ^{LP}로부터 자금을 유치합니다. LP에는 연기금, 보험사, 대학교 기금, 국부펀드 등 대규모 자금을 운용하는 기관이 포함됩니다. 이들은 자체적으로 모든 자산을 관리하기에는 규모가 방대하므로, 외부 운용사인 PE 운용사에 일부 자산을 위탁합니다. 이때, 사모펀드처럼 직접 자금을 운용하고 투자 의사결정을 내리는 주체들을 우리는 General Partner ^{GP}라 부르며, 대표적으로 KKR, Carlyle, Blackstone 등이 있습니다.
- **투자 접근 방식 및 지배력 확보**: 자금 모집 후 GP는 성장 가능성이 높은 기업 또

는 운영 효율성 개선이 가능한 **기업에 집중적으로 투자**합니다. 헤지펀드나 공모시장 투자자들이 소수 지분만을 취득하는 것과 달리, PE는 경영권 확보를 위한 **과반수 이상 지분을 인수**하는 경우가 많습니다. 일부 사례에서는 소수 지분으로도 이사회 참여 또는 주주 간 계약을 통해 **실질적인 영향력을 행사**합니다. 이처럼 **비공개적으로 협상**되고 종결 시까지 외부에 공개되지 않기에 '**사모** Private'라는 용어가 붙습니다.

- **가치 제고** Value Creation **및 Exit**: 인수 이후 **3~7년간** 기업을 보유하며 **전략, 재무, 운영 측면**의 개선 작업을 통해 가치 제고를 추진합니다. 이후 IPO, 전략적 매각, 또는 다른 투자자에게 매각하는 방식으로 Exit를 진행합니다. 목표는 기업을 더 높은 가치로 매각하여 **수익을 실현**하는 것이며, 이는 LP와 GP 간의 수익 배분 구조에 따라 분배되며, GP는 **성과보수** 형태로 일부를 보상받습니다.

Q LP(Limited Partner)는 왜 사모펀드(Private Equity)에 자금을 배분하나요?

연기금, 보험사, 기금 등과 같은 Limited Partner LP 는 공모시장 대비 **높은 장기 수익률을 기대**하며 Private Equity에 자금을 배분합니다. 사모펀드는 **유동성은 낮지만, 적극적 경영 참여와 운영 개선, 금융 구조 재편을 통해 고성장 기회**를 제공하기 때문입니다. 또한 PE는 주식이나 채권과의 상관관계가 낮아 **포트폴리오 분산 효과**가 있습니다. 장기 투자와 높은 리스크를 수반하지만, **일관된 초과수익 가능성**으로 인해 장기 투자자에게 매력적인 투자처입니다.

Q 사모펀드(Private Equity)에서 말하는 "2 and 20" 보수 구조란 무엇인가요?

"2 and 20" 구조는 투자 시 발생하는, 연 2%의 운용보수 Management Fee 와 수익 발생 시의 성과보수인 20%의 Carried Interest를 의미합니다. 예를 들어, 5억 달러 규모의 펀드를 운용하는 경우 연간 1천만 달러의 운용 수수료를 받고, 1억 5천만 달러의 수익이 발생할 경우 그중 20%인 3천만 달러를 GP가 성과보수로 수령합니다. 이는 펀드 규모, 성과, 투자자 간 합의에 따라 일부 조정될 수 있습니다.

추가 설명

- Private Equity의 수익 구조는 운용보수 Management Fee 와 성과보수 Carried Interest 로 구성됩니다.
- **운용보수 Management Fee "2"**: 펀드 약정액의 약 2%를 매년 고정 수수료로 GP가 수령합니다. 이는 펀드의 성과와 무관하게 발생합니다.
  - ✓ 예시: 5억 달러 펀드 → 연간 1천만 달러 수수료, 5년간 총 5천만 달러 수령
- **성과보수 Carried Interest "20"**: 펀드가 수익을 창출할 경우, 수익의 80%는 LP에게 배분되며, 나머지 20%는 GP에게 성공적인 성과에 대한 보상으로 지급됩니다.
  - ✓ 예시: 3억 달러로 인수한 기업을 4.5억 달러에 매각 → 수익 1.5억 달러 → 1.2억 달러는 LP, 3천만 달러는 GP에게 배분
- GP는 이처럼 고정 수수료와 성과보수를 모두 수령하며, 이는 펀드 실적에 따라 수천만 달러에 이를 수 있습니다.
- "2 and 20"은 글로벌 표준이지만, 펀드 규모, 시장 환경, 투자자 협상에 따라 수수료율은 다르게 설정될 수 있습니다.

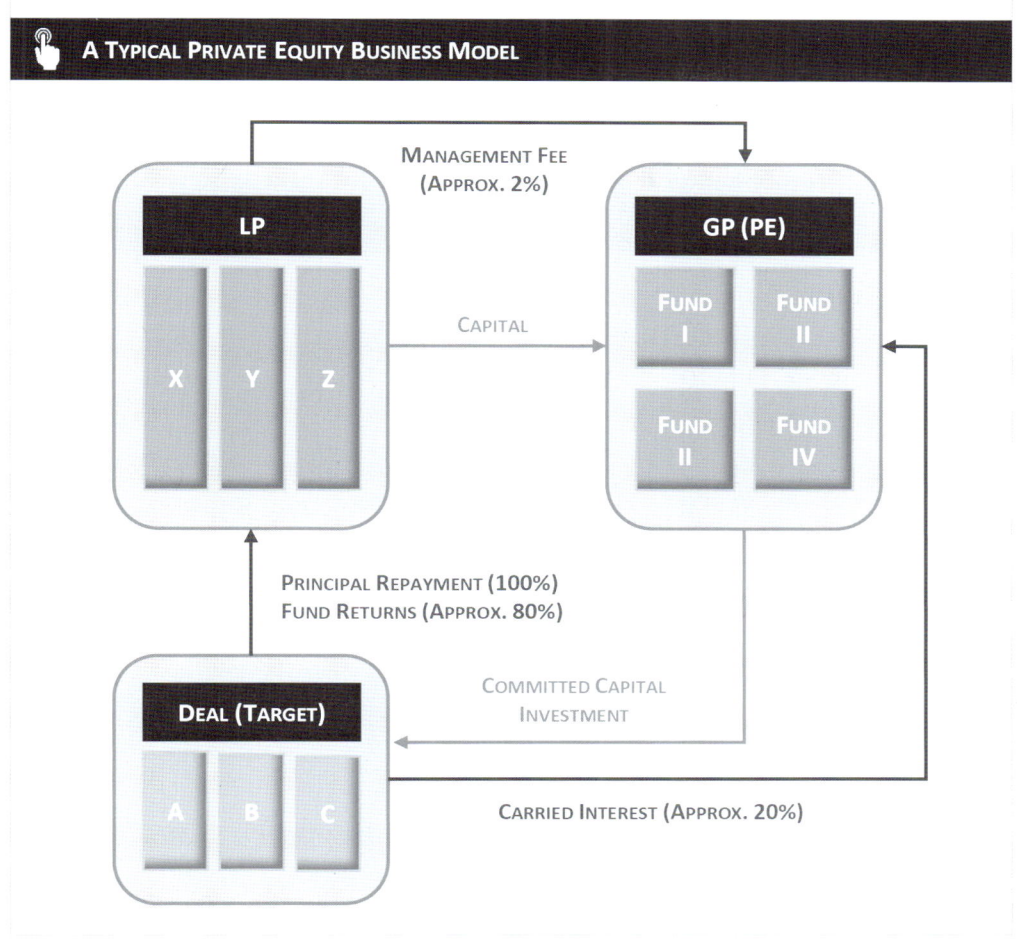

Q GP와 LP 외에 LBO(Leveraged Buyout) 거래에는 어떤 주요 참여자가 있나요?

LBO ^Leveraged Buyout^ 거래에는 GP와 LP 외에도 투자은행 ^Investment Bank^, 회계법인 ^Accounting Firm^, 법무법인 ^Law Firm^, 전략 컨설팅사 ^Consulting Firm^, 대출기관 ^Lender^, 피인수기업의 경영진 등이 참여합니다. 이들은 각자의 전문성을 바탕으로 자금 조달, 실사, 계약 검토, 시장 분석, 인수 후 개선 전략 수립 등 다양한 역할을 수행합니다. 특히 경영진은 거래 이후에도 잔류하며 GP와 공동 투자 ^Co-invest^ 를 진행하는 경우도 많습니다.

> **추가 설명**

GP 및 LP 외에도 일반적인 LBO 구조에는 아래와 같은 주요 외부 자문기관 및 이해관계자가 참여합니다.

- **투자은행** Investment Banks : **딜 소싱** Deal Sourcing, **밸류에이션, 협상, 그리고 인수 자금을 위한 대출**(예: Term Loan, Bond 등) 조달 역할을 수행합니다. *(예시: Goldman Sachs, Morgan Stanley, Jefferies)*
- **회계법인** Accounting Firms : **재무 실사** FDD (예: Quality of Earnings(QoE) 분석), 운전자본 분석, 잠재 리스크 식별, 재무모델 검증 등의 역할을 담당합니다. *(예시: Deloitte, PwC, EY)*
- **법무법인** Law Firms : **계약서 작성 및 검토, 법률 실사** LDD, **규제 검토 및 세무 구조 자문** 등을 통해 법적·세무적 구조화를 지원합니다. *(예시: 김앤장, 광장, 태평양)*
- **컨설팅펌** Consulting Firms : **상업적 실사** CDD, **시장 내 포지셔닝 분석, 인수 후 Value-Up 전략 수립** 등을 수행합니다. *(예시: Bain & Company, McKinsey & Company, LEK)*
- **대출기관** Lenders : LBO에서 자본 구조의 상당 부분이 부채로 조달되기 때문에 **은행, 신용 펀드 또는 기관 부채 공급자는 레버리지 제공** 및 자금 조달 조건 협상에서 핵심적인 역할을 합니다. *(예: NH투자증권, 신한은행 등)*
- **피인수 기업의 경영진**: 실사 단계에서부터 적극적으로 참여하며, **거래 이후 잔류하여 PE의 가치 제고** Value Creation **전략 실행**에 중요한 역할을 합니다. 경우에 따라 GP와 **공동투자** Co-invest 도 진행합니다.

이들은 각자의 전문성을 바탕으로 거래의 위험을 분석하고, 구조를 설계하며, 인수 후 기업의 성장 기반을 마련하는 데 기여합니다.

02 LBO Concepts

Q LBO(Leveraged Buyout)란 무엇이며, 어떻게 작동하나요?

LBO ^{Leveraged Buyout} 는 인수 대상 기업의 자산이나 현금흐름을 담보로 하여 전체 인수 대금의 약 50~80%를 차입금으로 조달하고, 나머지만 자본금으로 투자하는 구조입니다. 이는 마치 부동산을 담보로 모기지(주택담보대출)를 활용해 투자하는 것과 유사하며, 자산 가치가 상승할 경우 **자기자본 수익률** ^{ROE} **이 크게 확대되는 효과**가 있습니다. 반면, 성과가 부진하거나 자산 가치가 하락할 경우 고정적인 이자와 원금 상환 부담으로 인해 **손실이 확대되는 위험**도 존재합니다.

추가 설명

- **정의 및 구조**: LBO는 기업을 인수하기 위해 상당량의 **차입 자본**을 활용하는 투자 전략으로, 대상 기업의 자체 **자산, 현금흐름**, 또는 **지분**이 담보로 사용되는 경우가 많습니다. 일반적으로 **50%에서 80%**의 인수 가격은 부채를 통해 조달되며, 나머지 금액은 사모펀드 투자자가 자금으로 제공합니다. 예를 들어, 사모펀드 ^{PE} 회사가 **$500만**에 기업을 인수할 경우, 자체 자본으로 **$100~200만**만을 투자하고 나머지는 대출로 조달해 인수 후 대상 기업에 높은 레버리지를 적용하게 됩니다.

- **활용목적**: LBO는 **대형 기업이나 자본 집약적인 자산**을 상대적으로 적은 자본금으로 인수할 수 있는 효과적인 구조입니다. 이를 통해 사모펀드는 자본을 절약하고 여러 건의 거래에 분산 투자할 수 있습니다. LBO 구조는 전사 인수뿐 아니라 **사업부 인수** ^{Carve-out} 나 부동산, 인프라 등 **실물자산** 인수에도 활용됩니다.

- **레버리지를 통한 수익률 확대**: 부동산 사례와 유사하게, 같은 자산 가치 상승이더라도 **초기 투자 자본이 적을수록 자기자본 수익률은 더 크게 상승**합니다. 예를 들어, **$200만**의 부동산을 전액 현금으로 구입해 **$400만**에 매각하면 수익률은 100%이지만, $100만를 투자하고 나머지를 차입한 경우 수익률은 **200%**에 달할 수 있습니다. 레버리지 ^{Leverage} 는 투자자가 동일한 초기 투자액으로 수익을 **증가시**

킬 수 있도록 합니다. 특히 투자자가 다중 자산을 취득할 경우 더욱 강력한 효과를 발휘합니다.
- **리스크**: 레버리지는 수익을 확대하지만, 동시에 리스크도 키웁니다. 실적이 부진하거나 시장이 하락할 경우에도 고정적인 이자 지급과 원금 상환이 필요하므로, 유동성 압박과 손실 확대의 위험이 존재합니다. 따라서 LBO 성공을 위해서는 철저한 실사, 보수적인 딜 구조화 Deal Structuring, 그리고 정확한 현금흐름 예측이 필수적입니다.

Q LBO에서 가치 창출(Value Creation)의 세 가지 핵심 요소는 무엇인가요?

LBO에서는 주로 세 가지 핵심 가치 창출 요소를 통해 수익을 극대화합니다. 1) EBITDA 확대, 2) 밸류에이션 배수 Valuation Multiple 상승, 3) 부채 상환 Debt Paydown 입니다. EBITDA가 증가하면 기업가치가 상승하고, 밸류에이션 배수가 개선되면 동일한 실적에도 더 높은 가격으로 매각이 가능합니다. 또한, 기업가치가 일정하더라도 부채가 줄어들면 자연스럽게 자기자본 비중이 증가하여 수익률이 상승합니다.

추가 설명

LBO에서는 **세 가지 주요 레버**를 통해 가치가 창출됩니다. EBITDA 확대, 멀티플 확대, 그리고 부채 상환. 모든 투자에서 사업 성장은 중요하지만, LBO는 **재무 레버리지**를 활용하는 점에서 독특하며, 이는 수익을 크게 증폭시킬 수 있습니다. 세 가지 레버 모두 달성되지 않더라도, 한두 가지에서 우수한 성과를 내면 매력적인 내부 수익률 IRR 을 창출할 수 있습니다.

- **EBITDA 확대** EBITDA Expansion : 가장 직접적이고 통제 가능한 가치 창출 요소입니다. **운영 개선, 비용 절감, 또는 매출 증대**를 통해 수익을 증가시키는 것입니다. EBITDA가 증가하면 기업가치 EV 도 증가하며, 평가 배수가 동일하다고 가정하더라도 마찬가지입니다. 예를 들어, 동일한 Exit 배수에서 EBITDA를 $50M에서 $80M으로 증가시키면 Exit 평가가치가 높아집니다.

- **멀티플 상승** Multiple Expansion : 이는 **투자 회수 시점의 EV/EBITDA 멀티플이 투자 진입 시점보다 높을 경우 발생**하며, 회사의 실적이 그대로 유지되더라도 기업가치가 상승하게 됩니다. 이러한 멀티플 확대는 시장 심리 개선, 경쟁력 강화, 매수자 관심 증가 등의 요인에 의해 발생할 수 있습니다. 매우 효과적인 수단이지만, **시장 중심적 요소**에 의해 좌우되므로 예측이 어렵습니다.
- **차입금 상환** Financial Deleveraging : LBO는 회사의 현금흐름을 활용하여 차입금을 **점진적으로 상환**함으로써, 기업가치 Enterprise Value 가 동일하더라도 주주가치 Equity Value 를 증가시키는 구조입니다. 예를 들어, 한 기업이 50%의 차입금 비중으로 시작해 대부분을 상환하게 되면 자연스럽게 지분가치가 상승하게 되며, 이는 LBO 구조의 고유한 장점인 **레버리지 효과** Leverage Effect 라 할 수 있습니다.

이 세 가지 밸류에이션 레버는 종종 함께 작동합니다. 이 중, **EBITDA 성장**이 일반적으로 가장 신뢰할 수 있는 수단이며, **멀티플 상승**은 기회적인 수단, **차입금 상환**은 구조적인 수익을 제공합니다. 이들은 레버리지 Leverage 를 사용하는 리스크와 더불어 LBO 수익률의 기반을 형성합니다.

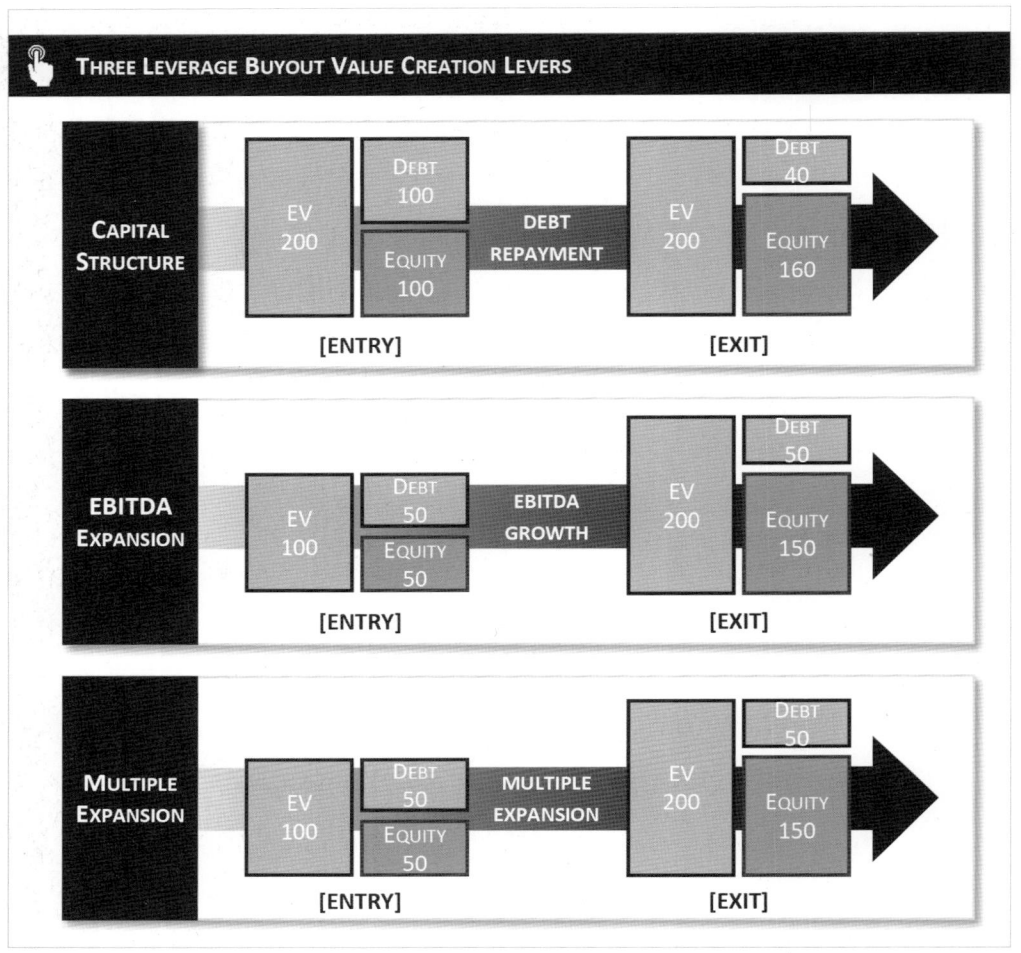

Q LBO(Leveraged Buyout)는 어떻게 이자비용 공제를 통해 세제 혜택을 창출하나요?

LBO는 인수 자금을 차입금으로 조달하므로, **이자비용** Interest Expense **을 세금 공제 항목으로 활용**할 수 있습니다. 이자비용은 세전이익 Pre-Tax Profit 에서 차감되어 **과세소득**을 감소시키고, 결과적으로 세금 부담을 줄이는 'Tax Shield' **효과**를 발생시킵니다. 이는 현금흐름을 개선시켜 부채 상환 속도를 높이고, 자기자본 수익률도 증가시킵니다. 차입 비중이 높을수록 절세 효과 또한 크게 나타납니다.

Q LBO(Leveraged Buyout) 구조의 주요 장점과 잠재적 단점은 무엇입니까?

LBO $^{Leveraged\ Buyout}$ 구조의 장점으로는 적은 자본으로 대형 인수가 가능하다는 점, 경영진과 투자자의 이해관계 일치, 이자비용 공제를 통한 절세 효과 등이 있습니다. 반면, 고정적인 부채 상환에 따른 유동성 부담, Exit 시점에 대한 불확실성, 시장 변동성에 취약한 기업에 대한 부적합성, 규제 및 채권자 감시 증가 등의 리스크도 존재합니다.

추가 설명

- **주요 장점**
    - ✓ **낮은 자기자본 투입** $^{Low\ Equity\ Requirement}$: LBO는 구조상 전체 인수가격의 약 20~30% 수준의 자기자본 ^{Equity} 만으로도 대형 기업 인수가 가능하도록 하여, 대규모 딜에 대한 접근성과 자본 효율성을 높여 줍니다.
    - ✓ **경영진과 투자자의 이해관계 일치** $^{High\ Alignment\ and\ Operational\ Focus}$: 사모펀드와 경영진 모두 성과에 따라 보상이 결정되므로, 재무성과 및 기업가치 제고에 강한 동기 ^{Incentive} 를 가지게 됩니다. 관련하여, 사모펀드는 거래 초기부터 자체 전략과 합의된 경영진을 구성하는 경우가 많습니다.
    - ✓ **이자 비용에 따른 절세 효과** $^{Tax\ Shield\ from\ Interest\ Deduction}$: LBO에서 발생하는 이자 비용은 세금 공제가 가능하여 과세 소득이 감소하고, 이에 따라 현금흐름 개선이 발생합니다. 이는 자본비용 $^{Cost\ of\ Capital}$ 을 실질적으로 낮추고, 투자수익률 향상에 기여합니다.

- **잠재적 단점**
    - ✓ **높은 재무 리스크**: 레버리지는 수익과 손실 모두를 증폭시킵니다. 회사 실적이 부진할 경우, 차입금 상환 의무는 그대로 유지되는 반면 지분 보유자는 불균형적으로 손실을 입게 되어 재무적 어려움 $^{Financial\ Distress}$ 위험이 증가합니다.
    - ✓ **현금흐름 압박**: 이자 및 원금 상환 부담이 클 경우, 특히 EBITDA가 기대치를 하회하면 유동성에 압박이 가해져 재투자나 성장을 위한 여력이 제한됩니다.
    - ✓ **회수 시점의 불확실성**: 거래 회수 시점의 시장 상황은 예측이 어렵습니다.

2020년 COVID-19와 같은 외부 충격은 회수 시점을 지연시키거나 기업가치를 하락시켜 수익률에 부정적인 영향을 줄 수 있습니다.

✓ **스타트업 및 변동성 높은 기업에는 부적합**: 초기 단계 또는 불안정한 기업은 높은 레버리지를 감당할 수 있는 현금흐름 또는 담보가 부족하기 때문에, LBO 구조는 비현실적이며 높은 리스크를 수반합니다.

✓ **외부 규제 및 제약**: LBO 거래는 규모가 크고 리스크가 높은 특성상, 규제 기관의 심사 Regulatory Attention 와 대출기관의 약정조항 Covenant 을 수반할 수 있으며, 이는 거래의 복잡성을 높이고 운영상의 유연성을 제한할 수 있습니다.

Q 전형적인 사모펀드(Private Equity)의 투자 프로세스를 설명해 주세요.

사모펀드 Private Equity 의 투자 프로세스는 크게 딜 소싱 Deal Sourcing, 예비검토 Initial Screening, LBO 모델링 및 기업가치평가, 예비실사 Preliminary Due Diligence, 인수의향서 LOI 제출, 본 실사 Full Due Diligence, 투자위원회 Investment Committee 승인, 그리고 종결 Closing 등으로 구성됩니다. 이 과정 전반에 걸쳐 영업, 재무, 법률 등의 요인들이 통합적으로 검토되며, 종결 후에는 Value Creation Plan이 실행됩니다.

추가 설명

1. **딜 소싱** Deal Sourcing : 인적 네트워크, 자문사의 제안, 자체 발굴 등 다양한 채널을 통해 투자 기회를 확보합니다. 딜 소싱은 크게 경쟁 입찰과 같은 인바운드 Inbound 방식 또는 타깃 기업을 직접 접촉하거나 자문사를 통해 접촉하는 아웃바운드 Outbound 방식이 있습니다.

2. **예비검토** Initial Screening & Evaluation : 사모펀드는 타깃 기업의 재무상태, 성장 잠재력, 시장 지위, 펀드 전략과의 적합성 등을 기반으로 고차원적 수준에서 검토를 진행합니다. 매력적이라고 판단될 경우, 예비 인수의향서 IOI, Indication of Interest 를 제출하거나 추가 자료를 요청하며 다음 단계로 진입할 수 있습니다.

3. **예비 밸류에이션 및 재무 모델링** Preliminary Valuation & Financial Modeling : 초기 분석 단계에

서는 딜 팀이 예비 LBO 모델 ^(Preliminary LBO Model) 을 구축하여 다양한 시나리오에서의 수익성을 평가합니다. 모델에는 EBITDA 성장률, 레버리지 비율, 이자율, Exit Multiple 등의 가정을 포함하며, 이를 통해 내부수익률 ^(IRR) 및 현금수익률 ^(Cash-on-Cash) 을 추정합니다. 이 단계는 적정 인수가격과 추가적인 업사이드 가능성을 판단하는 데 핵심적인 역할을 합니다.

4. **예비 실사 및 인수의향서 제출** ^(Preliminary Due Diligence & LOI Submission) : 초기 분석 이후에는 예비실사 ^(Preliminary Due Diligence) 를 진행하며, 인수의향서 ^(LOI, Letter of Intent) 또는 예비입찰가 ^(Indicative Bid) 를 제출합니다. 해당 제안서에는 예상 밸류에이션 범위, 거래 구조, 예상 일정 등이 포함되며, 독점 협상권 ^(Exclusivity) 확보 또는 다음 단계로의 진입 기반을 마련합니다.

5. **본실사** ^(Full Due Diligence) : 다음 단계로 진입하게 되면, 외부 자문기관과 함께 본실사에 착수합니다. 이 과정은 앞서 사용된 가정의 타당성을 검증하고, 딜 브레이커 ^(Deal Breaker) 나 **가격 협상 포인트**를 식별하는 데 결정적인 역할을 합니다. 주요 범주는 다음과 같습니다.
    - ✓ 재무 실사 ^(Financial Due Diligence) : 수익의 질 ^(Quality of Earnings) , 운전자본 분석 등
    - ✓ 상업 실사 ^(Commercial Due Diligence) : 산업 성장성, 경쟁 구도, 고객 이탈률 등
    - ✓ 법률/세무/규제 실사 ^(Legal, Tax & Regulatory Review)
    - ✓ 운영 및 ESG 실사 ^(Operational and ESG Analysis)

6. **투자위원회 승인, 딜 구조화 및 계약 체결** ^(Final IC Approval, Structuring, and Signing) : 실사 결과를 반영한 모델로 투자위원회 ^(Investment Committee) 의 승인을 받고, Senior Debt, Mezzanine, Preferred Equity 등 자본구조를 확정합니다.

7. **딜 종결 및 자금 이전** ^(Closing & Funds Flow) : 규제 승인, 자금 조달 등 선행조건이 충족되면 최종 계약이 체결되고, 자금이 이전되며 인수 절차가 마무리됩니다. 이후 사모펀드는 Value-Up 전략을 실행합니다.

Q Proprietary Deal과 Intermediated Deal의 차이는 무엇입니까?

Proprietary Deal은 사모펀드가 개인적인 인맥, 업계 내의 네트워크 또는 타깃 기업과의 직접 접촉을 통해 특별한 경쟁 없이 확보한 투자기회를 말합니다. 경쟁이 적어 실사 및 협상 여지가 크고, 가격 및 조건 측면에서 유리한 경우가 많습니다. 반면, Intermediated Deal은 투자은행 또는 자문사가 주관하는 공개 입찰 구조로, 다수의 경쟁자가 참여하며 기업 밸류에이션이 높아지고 타임라인이 압축되는 경향이 있습니다. 일반적으로 대형 또는 전략적 타깃의 경우 Intermediated Deal이 더 일반적입니다.

03 LBO Candidates

Q 매력적인 LBO(Leveraged Buyout) 대상 기업의 주요 특징은 무엇인가요?

매력적인 LBO 대상 기업은 안정적이면서도 성장성이 있는 산업에 속하며, 강력한 시장 지위를 갖추고 있으며, 영업의 개선 여지가 명확한 기업입니다. 이러한 기업은 지속적인 잉여현금흐름 Free Cash Flow 을 창출하고, 유능하고 인센티브가 부여된 경영진, 그리고 저위험, 고자산 기반의 비즈니스 모델을 보유하고 있어 부채 조달에 유리합니다. 또한 매력적인 진입 밸류에이션과 M&A 환경 등 우호적인 거래 여건이 결합될 경우 투자 매력도가 더욱 높아집니다.

추가 설명

이상적인 LBO 대상 기업은 다음의 **8가지 핵심 특징**을 갖추고 있으며, 이는 투자 실행 가능성과 수익성 확보 측면에서 매우 중요합니다.

1. **매력적인 산업 및 시장 전망**: 기업은 **안정적이면서도 성장 가능한 산업**에 속해 있어야 하며, **수요 예측이 가능**하고 장기적인 확장 가능성이 존재해야 합니다. LBO 투자자는 안정적인 현금흐름과 낮은 기술 파괴 위험이 존재하는 산업을 선호하되, **적정 수준의 성장 여력**도 함께 고려합니다. 이는 **운영 규모 확대** Operational Scaling

또는 **전략적 Add-on 인수** 실행의 기반이 됩니다.

2. **우호적인 경쟁 지위**: LBO 투자자는 **가격 결정력** Pricing Power 과 **마진 방어력**을 갖춘 강력한 경쟁 지위를 중시합니다. 브랜드 인지도, 원가 우위, 고객 충성도, 규제 장벽 등이 경쟁 우위 요소로 작용하며, 이를 기반으로 **안정적인 현금흐름 창출**이 가능해야 합니다. 투자자는 KSF Key Success Factors 나 경쟁사 비교 분석 등을 통해 해당 기업의 시장 내 위치를 분석합니다.

3. **명확한 영업 개선 여지**: 이상적인 대상 기업은 **비용 절감, 가격 전략 개선, 운영 효율화, 전략 재포지셔닝** 등 명확한 EBITDA 개선 여지를 보유해야 합니다. LBO 구조상 매출 증가 없이도 EBITDA 성장이 가능한 기업이 더욱 선호됩니다.

4. **지속적이고 예측 가능한 잉여현금흐름**: LBO는 높은 수준의 부채를 수반하므로, 이자 지급 및 부채 상환을 위한 안정적인 Free Cash Flow가 필수적입니다. 자본집약적 산업이나 현금흐름이 불규칙한 스타트업, R&D 중심 기업은 일반적으로 부적합합니다.

5. **우수한 경영진**: 실적 개선과 전략 실행을 담당할 **역량 있는 경영진**은 매우 중요합니다. 많은 경우 사모펀드는 경영진에게 **지분 인센티브, 보너스** 또는 MBO Management Buyout 기회를 제공하며, 중장기 기간(3~5년) 내에서 성과 창출을 유도합니다.

6. **Low Risk 비즈니스 모델**: 레버리지가 높은 구조 특성상, LBO 투자자는 **성숙하고 변동성이 낮은 사업 구조**를 선호합니다. 외부 충격이나 운영 불확실성에 민감한 비즈니스 모델은 하방 리스크가 커 Exit 시 어려움을 겪을 수 있다는 단점이 있습니다.

7. **풍부한 담보 자산**: 부동산, 설비 등 유형자산이 풍부한 기업은 해당 자산을 담보로 부채 조달이 가능하며, 이는 LBO 실행 시 **자본 조달 비용 절감**에 기여합니다.

8. **우호적인 거래 환경**: LBO 진입 시점의 M&A 및 금융 시장 여건도 중요합니다. 밸류에이션이 합리적이고 경쟁이 낮은 'Buyer's Market'에서는 좋은 진입 기회가 되며, 반대로 Exit 시점에 'Seller's Market'이 형성되면 **경쟁 입찰 및 높은 밸류에이션의 실현**이 가능해져 수익률 향상에 도움이 됩니다.

Q   LBO 투자를 하는 사모펀드들은 일반적으로 어떤 산업을 선호하나요?

소프트웨어 ^SaaS, 소비재 ^Consumer Staples, 산업재 ^Industrials, 외식업 ^Franchised Restaurants, 교육 ^Education 등은 LBO에 적합한 산업으로 간주됩니다. 이들 산업은 안정적인 현금흐름과 낮은 자본집약도 ^Capital Intensity, 반복적인 수익 구조, 그리고 수익성 향상을 위한 운영 개선 여지를 갖추고 있습니다. 특히 LBO의 핵심인 고정적인 부채 상환을 감당할 수 있는 안정적인 잉여현금흐름 ^Free Cash Flow 창출 능력이 중요합니다.

Q   LBO 투자에 부적합한 산업은 무엇인가요?

바이오텍 ^Biotech, 항공 ^Airlines, 호텔·레저 ^Hospitality, 광산업 ^Mining, 방산업 ^Defense 과 같은 산업 등은 일반적으로 LBO에 적합하지 않은 산업으로 분류됩니다. 이들 산업은 실적 변동성이 크거나 자본집약도가 높고, 규제 환경이 불확실하여 차입 여력이 낮으며, 현금흐름이 불안정한 경우가 많아 레버리지를 기반으로 한 투자 구조에 부적합합니다.

Q   초기 단계의 스타트업(Startup)은 왜 LBO에 적합하지 않나요?

스타트업 ^Startup 은 일반적으로 예측 가능한 현금흐름이 부족하고, 현재의 수익성보다는 미래 성장에 의존하기 때문에 LBO 구조에 적합하지 않습니다. LBO는 고정적인 이자 및 원금 상환을 위한 안정적인 현금흐름이 필수적인데, 스타트업은 수익을 재투자해야 하거나 적자를 기록하는 경우가 많으며, 운영 이력도 짧아 차입과 같은 부담을 감당하기 어렵습니다. 이들은 벤처 캐피탈 ^Venture Capital 또는 그로스에쿼티 ^Growth Equity 투자에 더 적합합니다.

Q   바이오텍(Biotech)처럼 기술집약적인 산업도 LBO 대상으로 적합할 수 있나요?

바이오텍 ^Biotech 과 같은 기술집약 산업은 일반적으로 높은 리스크와 긴 R&D 주기로 인해 LBO에 적합하지 않습니다. 그러나 R&D 의존도가 낮고, 이미 상업화된 제품과 안정적인 수익원(예: 라이선스 수익, 로열티 등)을 보유한 기업이라면 예외적으로 LBO가 가능할 수 있습니다. 다만, 해당 산업의 전문성과 불확실성으로 인해 일반적인 사모펀드보다는 섹터 전문성이 있는 투자자의 접근이 요구됩니다.

Q LBO 대상을 검토할 때 투자자가 주의해야 할 리스크 요인은 무엇입니까?

실적 변동성, 자본집약도, 고객 집중도, 규제 노출도, 비용절감 여력 부족 등이 주요 리스크 요인입니다. 이러한 요소는 현금흐름의 예측 가능성을 낮추고, 외부 충격에 대한 민감도를 높이며, 인수 이후 가치 창출 여지를 제한할 수 있습니다. 충분한 안정성과 마진 확보가 어려운 경우, 부채 상환 부담으로 인해 채무불이행 위험이 증가하고 투자 매력도가 낮아집니다.

04 LBO Structure / Entry

Q 사모펀드(Private Equity)는 LBO 거래에서 적정 인수가격을 어떻게 산정합니까?

사모펀드 Private Equity 는 LBO 모델을 활용하여 목표 내부수익률(IRR, 보통 20~25%)을 달성할 수 있는 최대 인수가격을 역산 Back-solve 합니다. 이때 레버리지 수준, 현금흐름, Exit Value 등의 가정이 반영됩니다. 추가로 유사기업 비교법 Comparable Company Analysis, 유사거래 분석 Precedent Transactions, DCF Discounted Cash Flow 등도 보조적으로 활용됩니다. 최종 인수가격은 경쟁구도, 셀러 기대치 등 협상에 따라 조정됩니다.

추가 설명

사모펀드 회사들은 주로 LBO 모델을 사용하여 목표 수익률(일반적으로 IRR 20~25%)을 달성하면서 지불할 수 있는 최대 구매 가격을 결정합니다. 이 모델은 다양한 진입 가격과 자본 구조를 시뮬레이션하여 투자 기간 내에 적절한 부채 상환, 현금흐름 창출, 성공적인 Exit Multiple 시나리오를 충족시키는 가장 높은 기업가치를 역산합니다.

이 가격 범위를 지원하고 검증하기 위해 기업들은 시장 기반 평가 방법, 예를 들어 유사 기업 분석과 선행 거래 사례를 활용하며, 종종 EV/EBITDA 배수를 사용합니다. 또한 목표 기업의 내재 가치와 장기 현금 창출 능력을 평가하기 위해 DCF 분석을 사용할 수도 있습니다.

마지막으로, 결과는 경매 Auction 의 경쟁 수준, 판매자의 기대치, 전략적 위치 등의 협상 동력에 의해 완성됩니다. 목표는 투자금이 수익률 기준에 따라 재무적으로 타당한 동시에, 경쟁이 치열한 입찰 과정에서 거래를 확보할 수 있을 만큼의 경쟁력 있는 금액을 확보하는 것입니다.

Q LBO의 전형적인 거래 구조는 어떻게 구성되어 있나요?

일반적인 LBO 거래 구조는 60~80%의 부채와 20~40%의 자본으로 구성되며, 선순위 담보 부채 Secured Senior Debt, 중간 부채 Subordinated or Mezzanine Debt, 우선주 Preferred Equity, 보통주 Common Equity 등 여러 자금 조달 계층을 포함합니다. 각층은 리스크와 기대수익률, 상환 우선순위가 다릅니다. 예를 들어, 선순위 채권은 비용이 낮지만 안전성이 높고, 보통주 자본은 가장 높은 위험을 부담하지만 높은 수익률(일반적으로 20~25% + IRR)을 목표로 합니다. 자본 구조는 재무 효율성을 극대화하면서 사모펀드 투자자가 운영 개선과 채무 상환을 통해 수익을 향상시킬 수 있도록 설계됩니다.

추가 설명

사모펀드 투자자는 일반적으로 구매 가격의 **20~40%**를 지분으로 출자하며, 나머지 **60~80%**는 다층 구조의 부채 및 하이브리드 금융상품을 통해 조달됩니다. 각 계층은 **리스크 및 기대 수익률, 상환 우선순위** 등이 다릅니다. 대표적인 자본 구조는 다음과 같을 수 있습니다.

- **선순위 담보 부채** Senior Secured Debt : Term Loan A/B, 당좌차월 Revolver 등이 여기에 해당됩니다. 회사의 자산으로 담보되며 상환 우선순위가 가장 높은 이 부채는 자

본 구조에서 가장 일반적이고 위험이 낮은 부분입니다. 당좌차월 ^{Revolver} 은 유연한 운영 자금 지원을 제공하며, 거래 종료 시에는 보통 전액 상환된 상태입니다.

✓ **자금 비중**: ~30~50%

✓ **예상 수익률**: ~4~8%

- **메자닌 또는 후순위 부채** $^{Mezzanine\ or\ Subordinated\ Debt}$: 선순위 채권 아래에 위치하는 무담보 채권으로, 수익률을 높이기 위해 현물이자 $^{PIK\ Interest}$ 나 신주인수권 ^{Warrant} 을 포함하는 경우도 많습니다. 이런 종류의 채권은 선순위 채권에서 조달한 자본의 총액과 거래액 사이의 격차를 메웁니다.

  ✓ **자금 비중**: ~15~30%

  ✓ **예상 수익률**: ~10~15%+

- **우선주 또는 전환사채** $^{Preferred\ Equity\ or\ Convertible\ Bonds}$: 자본구조상 부채와 보통주 사이에 위치하는 그룹입니다. 해당 수단들은 고정 배당 $^{Fixed\ Dividends}$, 전환권 $^{Conversion\ Features}$, 청산우선권 $^{Liquidation\ Preference}$ 등을 제공하여 투자자 리스크를 조절하고 투자자 ^{Sponsor} 및 경영진 간의 인센티브 정렬에 유리합니다.

  ✓ **자금 비중**: ~5~10%

  ✓ **예상 수익률**: ~8~12%

- **보통주** $^{Sponsor\ Equity\ Contribution}$: Private Equity Sponsor가 실제로 투자하는 자본으로, 가장 높은 리스크를 부담하는 대신 잔여 수익 전체를 확보할 수 있는 구조입니다. 경영진 ^{Management} 은 종종 공동 투자 $^{Co-investment}$ 하거나 주식 기반의 인센티브를 부여받아 기업가치 제고 $^{Value\ Creation}$ 에 대한 동기를 부여받습니다.

  ✓ **자금 비중**: ~20~30%

  ✓ **예상 수익률**: ~20~25% + IRR

A Typical Private Equity Business Model

Type	Sub-Type	% of LBO	Risk	Cost
Bank Debt (Senior)	Revolver Term Loan A Term Loan B Secured Bond	30-50%	L	4-8% Floating Rate (in most cases)
Sub-ordinated Debt	Senior Unsecured Bonds Subordinated Bonds	15-25%	M	8-12% Fixed Rate (in most cases)
Mezzanine Debt	Mezzanine Debt Warrants Preferred Equity	5-15%	H	15-20% Including Equity Conversion Costs
Common Equity	Sponsor Equity	10-50%	H	20-30% Varies based on investment risk

Q LBO에서 일반적으로 어느 정도의 레버리지가 사용되며, 적절한 부채 수준에 영향을 미치는 요소는 무엇인가요?

대부분의 LBO 거래에서는 전체 인수금액 중 약 60~80%가 부채로 조달되며, 이는 보통 EBITDA 기준 4.0배에서 6.5배 수준입니다. 다만, 이는 거래 구조 및 시장 상황에 따라 달라질 수 있습니다. 레버리지 수준은 EBITDA의 안정성, 업종별 관행, 신용 환경 등 다양한 요소에 따라 결정되며, 자본집약도가 낮고 현금흐름이 안정적인 기업일수록 우호적인 차입 환경에서 더 높은 레버리지가 가능할 수 있습니다. 궁극적으로는 채무불이행 위험이나 재무적 리스크를 초래하지 않으면서도 투자자 수익을 극대화할 수 있도록 구조를 설계하는 것이 목적입니다.

추가 설명

일반적으로 LBO에서는 총부채가 EBITDA의 4.0배에서 6.5배 수준으로 설정되며, 이는 시장 상황, 업종 특성, 그리고 대상 기업의 리스크 프로파일 Risk Profile 에 따라 달라질 수 있습니다. General Partner GP 는 보통 인수가격의 20~40%를 자기자본 Equity 으로 조달하고, 나머지 60~80%는 부채로 조달합니다. 보수적인 시장 환경이나 리스크가 높은 기업의 경우 레버리지는 3.0~4.0배로 설정되는 반면, 시장이 적극적이고 신용이 풍부한 환경에서는 6.5~7.0배 또는 그 이상도 적용될 수 있습니다. 특히 안정적인 현금흐름을 창출하는 고품질의 기업이 이에 해당합니다.

레버리지 수준은 궁극적으로 회사가 안정적이고 지속적인 현금흐름을 창출하여 차입금을 상환할 수 있는 능력에 기반해 결정됩니다. 주요 고려 요소는 다음과 같습니다.

- **EBITDA의 안정성 및 예측 가능성**: 매출액 및 이익률의 수준이 일정하고 경기 변동에 영향을 덜 받는 기업은 더 높은 레버리지를 감당할 수 있습니다.
- **산업 특성**: 산업에 따라 허용되는 레버리지 수준이 다를 수 있으며, 자본집약도가 낮은 업종일수록 더 많은 부채를 감당할 수 있습니다.
- **시장 환경**: 우호적인 시장 상황인 경우, 대출기관은 보다 유리한 조건으로 자금을 제공하며, 이는 레버리지 증가로 이어질 수 있습니다.
- **약정조항 Covenant 의 이행**: 사모펀드는 재무 비율 등 주요 약정조항 Covenant 을 위반하지 않기 위해 부채 사용을 일정 수준으로 제한하는 경우가 많습니다. 이는 투자 기간 동안 부채 구조를 무리 없이 유지하면서도 자본 구조 Capital Structure 를 최적화해 지분 수익률을 극대화하기 위한 전략입니다.

Q 어떤 경우에 사모펀드(Private Equity)가 낮은 레버리지 수준을 선택하나요?

LBO에서 항상 최대한도의 레버리지를 사용하는 것이 최적은 아닙니다. 과도한 레버리지는 재무 리스크를 증가시키고 유연성을 저해할 수 있기 때문입니다. 사모펀드는 금리가 높거나, 실적 변동성이 크거나, 성장 재투자가 필요한 경우 등에서 의도적으로 보수적인 레버리지를 선택할 수 있습니다. 또한, 향후 인수합병 Add-on Acquisition 을 위한 추가 차입 여력을 확보하거나 더 나은 자금 조달 환경이 기대되는 경우에도 낮은 레버리지를 설정합니다.

추가 설명

최대 수준의 레버리지를 활용하는 것이 항상 바람직한 것은 아닙니다. 레버리지는 수익률 IRR 을 높이는 효과가 있으나, 동시에 재무 리스크도 증가시킵니다. 따라서 GP General Partner 는 상황에 따라 보수적인 레버리지 수준을 택할 수도 있으며, 특히 다음과 같은 경우에 낮은 레버리지를 선호합니다.

- **고금리 환경**: 차입 비용이 높을 경우, 과도한 부채는 오히려 수익을 갉아먹게 됩니다. 이럴 때는 보수적인 레버리지를 통해 유연성을 확보하고, 거시경제 불확실성에 대비합니다.
- **향후 금리 하락 예상 시**: 추후 금리가 하락할 것으로 예상되는 경우, 지금 당장의 차입을 최소화하고, 더 나은 조건으로 후속 차입을 진행하려는 전략이 있을 수 있습니다.
- **Add-on acquisition 전략**: 초기 인수 시 레버리지를 낮게 설정하면, 이후 추가 인수 시점에 추가 차입 여력을 확보할 수 있습니다.
- **변동성 높은 실적 구조**: 실적이 경기 사이클에 민감한 기업은 현금흐름의 가변성이 크므로, 과도한 부채는 채무약정 Covenant 위반 또는 부도 위험을 높입니다.
- **성장 투자 필요성**: 기업이 R&D나 신규 사업 확장 등에 자본을 재투자해야 하는 상황에서는, 레버리지를 낮게 유지함으로써 현금흐름의 활용 가능성을 넓힐 수 있습니다.

Q 총레버리지 비율(Total Leverage Ratio)과 이자보상배율 (Interest Coverage Ratio)은 무엇을 의미하며, 왜 중요한가요?

총레버리지 비율 Total Leverage Ratio 은 총차입금 Total Debt 을 EBITDA로 나눈 값으로, 기업이 모든 부채를 상환하는 데 몇 년 치 EBITDA가 필요한지를 나타냅니다. 이자보상배율 Interest Coverage Ratio 은 EBITDA를 이자비용으로 나눈 값으로, 기업이 이자 비용을 얼마나 원활히 감당할 수 있는지를 보여 줍니다. LBO 초기에는 높은 부채 수준으로 인해 두 비율 모두 공격적인 수준을 보이지만, 시간이 지나며 기업이 부채를 상환하고 실적이 개선됨에 따라 점진적으로 개선됩니다. 이는 재무적 안정성 확보 및 투자 리스크 감소를 의미합니다.

추가 설명

총레버리지 비율 Total Leverage Ratio 은 총차입금 Total Debt 을 EBITDA로 나눈 값으로, 기업이 현재의 수익 수준을 유지할 경우 부채 전액을 상환하는 데 걸리는 시간을 나타냅니다. 비율이 높을수록 재무 리스크가 크고, 레버리지 의존도가 높다는 것을 의미합니다.

- Total Leverage Ratio = 총차입금 / EBITDA

  이자보상배율 Interest Coverage Ratio 은 EBITDA를 이자비용으로 나눈 값으로, 기업이 이자지급 능력을 얼마나 갖추었는지를 평가합니다. 비율이 높을수록 부도 위험이 낮고, 채무상환 능력이 양호하다는 의미입니다.

- Interest Coverage Ratio = EBITDA / 이자비용

  이러한 지표는 차입기관 Lender, 신용평가사 Credit Analyst, 그리고 사모펀드 투자자 들이 기업의 재무건전성을 평가하고, 채무약정 Covenant 준수 여부를 모니터링하는 데 활용합니다. 일반적인 LBO 구조에서는 거래 초기에 대규모 차입이 반영되어 총레버리지가 가장 높게 나타나며, 이후 기업이 EBITDA를 성장시키고 부채를 상환함에 따라 점진적으로 감소합니다. 동시에 이자보상배율은 이자비용 감소 및 실적 개선으로 인해 시간이 지나며 상승하게 되어, 재무구조의 개선과 함께 Exit 시점에서의 가치를 높이는 지표로 작용합니다.

Q 왜 선순위 부채(Senior Bank Debt)는 일반적으로 후순위 부채(Subordinated Debt)보다 자본조달비용이 더 낮은가요?

선순위 부채 Senior Bank Debt 는 일반적으로 담보로 뒷받침되며, 자본구조상에서 우선순위가 가장 높기 때문에 대출기관 입장에서 투자 리스크가 상대적으로 낮습니다. 반면, 후순위 부채 Subordinated Debt 는 무담보이며 상환 우선순위가 낮아 리스크가 크므로 금리가 더 높습니다.

Q 메자닌 금융(Mezzanine Financing)의 일반적인 형태는 무엇이며, 어떤 상황에서 사용되나요?

메자닌 금융 Mezzanine Financing 에는 PIK 채권 Payment-in-Kind Notes, 전환사채 Convertible Bond 등과 같은 다양한 수단이 있습니다. 메자닌은 선순위 및 후순위 부채와 전체 인수금액 간의 자금 공백을 메우는 역할을 하며, 전통적인 방법의 부채 조달만으로는 부족한 경우, 유연한 구조를 제공합니다. 리스크가 높아 자금 비용은 높지만, 초기 자기자본 비중을 줄이거나 선순위 및 후순위 대출 한도에 제한이 있는 경우, 혹은 현금흐름 제약이 있는 기업에 적합한 전략적 자금 조달 수단으로 활용됩니다.

추가 설명

메자닌 금융에는 PIK 채권 Payment-in-Kind Notes, 전환사채 Convertible Debt, 워런트가 부여된 부채 Debt with Equity Warrants 등이 포함됩니다. 이는 LBO Leveraged Buyout 구조 내에서 시니어 대출 Senior Debt 한도와 전체 인수가격 간의 자금 공백을 메우기 위해 사용됩니다. 자본구조상 비중은 상대적으로 작지만, 거래별 필요에 맞춘 **유연하고 맞춤형 자금 조달 수단**을 제공함으로써 중요한 역할을 수행합니다. 후순위에 위치하고 리스크가 높기 때문에, 메자닌 부채는 일반적으로 선순위 부채보다 자금 비용이 더 높습니다.

메자닌 금융은 다음과 같은 상황에서 자주 활용됩니다.
- **선순위 대출기관**이 전체 자금 조달을 제공하지 못하는 경우
- GP General Partner 가 초기 자기자본 투입을 최소화하면서도 필요한 인수가격을 달성

하고자 할 경우
- 현금흐름 제약이 있는 상황에서, 현물이자 $^{PIK\ Interest}$ 와 같이 이자지급을 유예할 수 있는 구조가 필요한 경우

비용은 높지만, 메자닌 자본은 지분 참여 $^{Equity\ Participation}$ 또는 성과 연동형 구조 $^{Performance\text{-}linked\ Features}$ 를 통해 대출자와 사모펀드 간의 이해관계를 정렬할 수 있도록 전략적으로 설계될 수 있습니다. 이러한 점에서 LBO 거래에서 유용한 자본 조달 도구로 활용됩니다.

Q LBO 자본구조에서 당좌차월(Revolver)의 역할은 무엇인가요?

당좌차월 ^{Revolver} 은 단기 유동성 확보를 위한 유연한 신용한도 $^{Credit\ Line}$ 로, 일반적으로 EBITDA의 0.5~1.0배 수준으로 설정됩니다. LBO에서 리볼버는 운전자본 변동, 일시적인 현금 부족, 채무약정 준수 등을 위한 유동성 확보 수단입니다. 대부분 거래 종료 시점에서는 미사용 상태로 유지되며, 필요시 수시로 인출 및 상환이 가능하고, 일반적으로 변동금리 구조를 가집니다. 상환 우선순위상 최상단에 위치하여 GP에게 운영상 유연성과 안정성을 제공합니다.

추가 설명

Revolver는 기업이 운전자본 변동성 대응이나 일시적인 현금흐름 부족 상황에 대비할 수 있도록 설계된 확약된 신용한도 $^{Committed\ Line\ of\ Credit}$ 입니다. 일반적인 Term Loan(장기 대출)과 달리, Revolver는 마치 기업용 신용카드처럼 필요시 인출하고, Surplus(여유자금) 발생 시 상환할 수 있는 구조입니다.

LBO 구조에서 리볼버는 다음과 같은 특성을 가집니다.
- **규모**: 보통 EBITDA의 0.5~1.0배 수준으로 설정되며, 대상 기업의 운전자본 변동성이나 계절성을 고려해 결정됩니다.
- **상환 우선순위**: 자본구조상 최우선순위 $^{Senior\text{-}most\ Position}$ 에 위치하여, 잉여현금흐름

Free Cash Flow 이 발생할 경우 가장 먼저 상환됩니다.
- **금리 구조**: 변동금리 Floating Rate 를 기반으로 하며, 즉시 인출 가능한 유동성 제공의 대가로 다소 높은 금리가 적용되기도 합니다.

일반적 사용처
- 계절성 Seasonality 에 따른 운전자본 Working Capital 수요 충당
- 일시적인 현금흐름 부족 대응
- 채무약정 위반 위험 방지용 일시 유동성 확보
- 선순위 차입금 이자 또는 원금 상환

Revolver의 존재는 운용사에게 자금 운용의 유연성을 제공하며, 동시에 고비용의 자본을 상시로 조달하지 않아도 된다는 점에서 자본 효율성 측면에서도 유리한 구조입니다.

Q 최소 현금 보유액(Minimum Cash Balance)의 목적은 무엇이며, 적정 수준은 어떻게 정하나요?

최소 현금 보유액 Minimum Cash Balance 은 기업 운영에 필수적인 기본 현금 수준으로, 운전자본 변동성과 유동성 리스크를 완화하고, 채무약정 위반을 방지하는 역할을 합니다. LBO 모델에서는 초과현금 계산 시, 과대 추정을 방지하기 위해서도 해당 금액을 설정하며, 이는 과거 현금흐름 추이, 계절성, 산업 특성 등을 기반으로 결정됩니다.

추가 설명

최소 현금 보유액 Minimum Cash Balance 은 기업이 운영상 필수적으로 유지해야 하는 최저한도의 현금 수준을 의미합니다. 이는 단순히 일시적인 유보금이 아니라 지속적인 운영 안정성 확보와 재무 건전성 유지를 위한 전략적 현금 보유 기준입니다.

LBO 모델에서 최소 현금 보유액은 다음과 같은 목적을 가집니다.

- **운영 자금 확보**: 인건비, 공급업체 대금, 기타 필수 지출을 안정적으로 집행하기 위한 기본 유동성입니다.
- **운전자본 변동 대응**: 매출채권 회수 지연, 재고 증가 등으로 발생할 수 있는 현금흐름 타이밍의 불일치에 대비합니다.
- **채무약정 위반 방지**: 일정 수준 이상의 현금을 보유함으로써, 채무약정에 대한 위반 가능성을 줄이고 채무불이행 Default 리스크도 완화합니다.

적정 보유 수준의 결정 기준은 다음과 같습니다.
- 과거 현금 보유 추이 분석
- 운전자본 계절성 및 변동성 분석
- 업종별 평균 현금 보유 관행

이러한 기준을 통해 모델 내 사용 가능한 잉여현금 Excess Cash 을 보다 현실적으로 추정할 수 있으며, 부채 상환 Debt Repayment 가능 금액을 과대평가하는 것을 방지하게 됩니다.

05 Holding Period

Q Exit Multiple은 어떤 경우에 Entry Multiple과 달라지고, 그 변화에 영향을 주는 요인은 무엇이 있을 수 있나요?

Exit Multiple은 보유 기간 중 **거시경제 환경, 산업 구조, 기업 실적** 등에 따라 Entry Multiple보다 높거나 낮을 수 있습니다. 주요 영향 요인으로는 **금리 수준, 시장 심리, 업종 성장성, 전략적 포지셔닝**, 그리고 **Bolt-on 인수**나 **마진율 개선**과 같은 가치 창출 활동이 있습니다.

추가 설명

Exit Multiple은 보유 기간 중 다음과 같은 요인들에 따라 Entry Multiple과 차이를 보일 수 있습니다. 이는 시장 주도 요인 Market-driven, 기업 고유 요인 Company-specific, 가치 창출 요인 Enhancement factors 으로 구분할 수 있습니다.

- **거시경제 및 시장 환경** Macroeconomic and Market Conditions
  - ✓ **금리** Interest Rates : 금리가 낮을수록 밸류에이션 배수는 높아지는 경향이 있으며, 반대로 금리가 상승하면 밸류에이션이 낮아질 수 있습니다.
  - ✓ **공모시장 밸류에이션** Public Market Valuations : Exit Multiple은 전체 주식시장의 밸류에이션 흐름과 특정 산업에 대한 투자 심리를 반영합니다.
  - ✓ **자본 유동성** Capital Availability : 사모펀드들의 드라이파우더 Dry Powder 가 많거나, 매수 경쟁이 치열할 경우 Exit Multiple이 상승할 수 있습니다.

- **산업 및 경쟁 환경** Industry and Competitive Dynamics
  - ✓ **산업 성장 전망** Sector Growth Outlook : 디지털 전환 Digital Transformation 이나 클린에너지 Clean Energy 등 산업에 대한 기대감이 높아질 경우, Multiple Expansion이 발생할 수 있습니다.
  - ✓ **M&A 활동**: 산업 내 통합 Consolidation 트렌드나 전략적 매수자들의 관심이 높아지면, 더 높은 Multiple을 지불하려는 유인이 생깁니다.

- **기업 개별 실적** Company-Specific Performance
  - ✓ **마진 개선 및 전략적 포지셔닝** Margin Expansion or Strategic Repositioning : EBITDA 마진 개선, 반복 매출 Recurring Revenue 모델 도입, 또는 고부가가치 제품군으로의 전환이 Premium Multiple을 정당화할 수 있습니다.
  - ✓ **리스크 프로파일 개선** Improved Risk Profile : 지배구조 Governance 강화, 수익원 다변화 Diversified Revenue , 고객 집중도 완화 등은 기업의 질적 평가를 높일 수 있습니다.

- **보유 기간 중 가치 창출 활동** Holding Period Enhancements
  - ✓ Bolt-on 인수를 통한 Multiple Arbitrage
  - ✓ 규모 확장, 지배구조 개선, IPO 준비 등을 통한 재평가 Re-rating

Q 투자 기간 중 Multiple Expansion을 달성하기 위한 전략은 무엇인가요?

Multiple Expansion은 기업의 리스크가 감소하고 성장성이 강화될 때 달성됩니다. 사모펀드는 반복 매출 모델 도입, 마진 구조 개선, 지배구조 투명성 강화, 성장 시장 진출 등을 통해 기업을 보다 매력적이고 확장 가능한 구조로 전환함으로써 Exit 시 더 높은 Multiple을 실현할 수 있습니다. 전략적 인수자나 IPO를 통한 Exit에서는 이러한 효과가 특히 크게 나타납니다.

Q 보유 기간 중 EBITDA 성장과 Multiple Expansion 중 무엇이 더 바람직하며, 그 이유는 무엇인가요?

EBITDA 성장은 Multiple Expansion보다 통제 가능성이 높고, 지속 가능하며, 투자자들의 직접적인 영향하에 달성될 수 있습니다. 운영 개선, 비용 절감, 매출 확대 등을 통해 EBITDA를 성장시키는 것은 상대적으로 예측 가능하고, 동시에 부채 상환 능력도 높여 재무 리스크를 줄입니다. 반면 Multiple Expansion은 외부 시장 요인에 크게 의존하여 예측이 어렵기 때문에 대부분의 사모펀드들은 EBITDA 성장에 기반해 투자를 구조화하며 Multiple Expansion은 추가적 수익 요소로 간주합니다.

Q 보유 기간 중 의무상환(Mandatory Repayment)과 임의상환(Optional Repayment)의 차이는 무엇이며, 이는 현금흐름에 어떤 영향을 주나요?

의무상환 Mandatory Repayment 은 대출 계약상 반드시 수행해야 하는 원금상환으로, 재무 성과와 무관하게 일정에 따라 이행되어야 하며 미이행 시 채무불이행 Default 로 간주될 수 있습니다. 반면 임의상환 Optional Repayment 은 회사의 초과 현금흐름이 있을 경우 선택적으로 이루어지는 상환으로, 재무 유연성을 확보하며 운용사는 이를 활용해 조기 부채 상환 및 이자 비용 절감을 도모합니다. 이들의 구조는 현금흐름 전략 및 재무 안정성에 큰 영향을 미치게 됩니다.

Q Bolt-on Acquisition이란 무엇이며, 이는 투자 수익에 어떻게 기여합니까?

Bolt-on Acquisition이란 사모펀드가 투자한 기업이 보유 기간 중 시너지 효과가 있는 다른 소규모 회사를 추가적으로 인수하는 전략입니다. 제품 라인업 확대, 지리적 확장, 고객 기반 확대 등을 통해 성장 속도를 가속화하며, 일반적으로 낮은 Valuation Multiple로 인수하여 기존 기업에 통합할 경우 Multiple Arbitrage 효과도 기대할 수 있습니다. 또한 운영, 공급망, 관리 간접비 등을 통합함으로써 비용 시너지도 실현할 수 있습니다.

Q Consolidation 혹은 Roll-up 전략이란 무엇이며, 이는 어떤 방식으로 가치 창출에 기여합니까?

Consolidation 또는 Roll-up 전략은 분산된 산업 내 복수의 소규모 기업을 인수·통합하여 하나의 플랫폼 기업으로 성장시키는 전략입니다. 이를 통해 규모의 경제 실현, 운영 효율성 향상, 가격 결정력 확보 등이 가능해지며, 통합된 기업은 더 높은 Valuation Multiple을 적용받을 수 있습니다. 또한 시너지 기반 EBITDA 성장과 Multiple Arbitrage를 동시에 실현할 수 있어 Exit 시 더 넓은 매수자층에게 매력적인 매물로 평가됩니다.

06 Exit Strategy

Q LBO(Leveraged Buyout)에서 일반적인 Exit 전략은 무엇입니까?

LBO에서 대표적인 Exit 전략은 1) 전략적 또는 재무적 매각 ^{Sale}, 2) 기업공개 ^{IPO}, 3) 배당 리캡 $^{Dividend\ Recapitalization}$ 입니다. 가장 일반적인 방식은 매각으로, 빠른 유동화가 가능하며 공모시장에 적합하지 않은 기업에도 적용할 수 있습니다. IPO는 높은 밸류에이션을 기대할 수 있으나 절차가 복잡하고 일정이 길며, 일부 우수 기업에만 적합합니다. 배당 리캡은 현금흐름이 안정적인 기업에 대해 중간 수익 실현 수단으로 사용되며, 재무 리스크를 수반하는 구조입니다.

추가 설명

LBO ^{Leveraged Buyout} 에서 가장 일반적인 Exit 전략은 다음의 세 가지입니다.

- **전략적 또는 재무적 매각** ^{Acquisition Exit} 은 가장 널리 사용되는 방식입니다. 특히 기업의 성과가 양호하지만 공모시장 진입 요건(규모나 안정성 등)이 충족되지 않는 경우에 적합합니다. 전략적 투자자 ^{Strategic Buyer} 는 시너지 기대에 따라 프리미엄을 지불할 수 있으며, 사모펀드들과 같은 재무적 투자자 ^{Financial Buyer} 는 세컨더리 바이아웃 ^{Secondary Buyout} 을 추진하기도 합니다. 이 방식은 빠르고 명확한 유동화를 가능케 하며, 특히 산업 통합 ^{Industry Consolidation} 이 활발한 성숙 산업에서 자주 활용됩니다.

- **기업공개** ^{IPO} 는 포트폴리오 회사가 일정 수준 이상의 규모, 성장성, 운영 안정성을 확보하였고, 공모시장 내 높은 관심을 받는 산업에 속해 있을 경우 선택됩니다. 특히 Bull Market(강세장)에서는 높은 밸류에이션을 기대할 수 있으며, Exit을 하는 주체가 IPO 이후 일정 기간 동안 기업에 계속 관여하는 데 열려 있을 경우 유리합니다. 다만, IPO는 준비 기간이 길고 규제 부담이 크며, 유동성 확보 역시 점진적으로 이루어진다는 점에서 한계가 있습니다.

- **배당 리캡** ^{Dividend Recapitalization} 은 현금 창출력이 안정적인 기업에 대해 Exit 주체자가 완전한 Exit 없이도 조기 수익을 회수하고자 할 때 사용됩니다. 이 방식은 저금리 환경이나, 매각 또는 IPO를 진행하기에 적절하지 않은 시장 상황에서 특히 매력적입니다. 단기 유동성을 높일 수 있으나, 레버리지 증가 및 재무 리스크 확대라는 단점도 동반하므로 현금흐름의 예측 가능성이 높고 경기 민감도가 낮은 기업에 한정하여 사용됩니다.

이 세 가지 전략 중 전략적 또는 재무적 매각은 그 단순성, 속도, 완전한 유동화 가능성 덕분에 LBO에서 가장 일반적인 Exit 경로로 사용됩니다. IPO는 빈도는 낮지만 시장 상황이 우호적이고 기업의 성장성이 뛰어날 경우 유력한 선택지가 될 수 있습니다. 반면, 배당 리캡은 중간 유동성 확보 수단으로서의 성격이 강하며, 최종 Exit 전략이라기보다는 보완적 전략으로 활용됩니다.

Q 세컨더리 바이아웃(Secondary Buyout)이란 무엇이며, 어떤 상황에서 Exit 전략으로 사용됩니까?

세컨더리 바이아웃은 한 사모펀드가 보유한 포트폴리오 회사를 다른 PE 운용사에 매각하는 것을 의미합니다. 이는 전략적 매수자 Strategic Buyer 가 부재하더라도 회사의 성장 가능성이 여전히 존재하는 경우 흔히 사용되는 Exit 전략입니다. 종종 기존의 인수자가 펀드 만기 등의 사유로 회사를 Exit해야 할 필요가 있으며, 이는 회사의 성장가능성이 아직 남아 있더라도 마찬가지입니다. 또한 이러한 거래는 리스크 선호도, 운용 역량의 차이 등에 의해서도 발생하며, 매수 측 사모펀드는 추가 성장 전략, Bolt-on 인수, 운영 효율화 등을 통해 가치를 높이고자 할 것입니다. 일각에서는 이러한 거래를 단순한 지분 이동으로 보기도 하지만, 자본 재투입 Fresh Capital , 전략적 재포지셔닝, 경영진 연속성을 바탕으로 잘 구조화된 세컨더리 바이아웃은 매도자에게는 유동성을, 회사에는 성장의 새로운 원동력을 제공할 수 있습니다.

Q IPO(기업공개)를 통해 투자에서 Exit할 때의 장단점은 무엇인가요?

IPO는 Sponsor가 공모 시장 밸류에이션을 활용할 수 있게 해 주며, 이는 사적 거래에 비해 더 높은 가격으로 Exit할 수 있는 가능성을 제공합니다. 또한, 향후 유동성 확보 및 회사의 대외 인지도 제고 측면에서도 유리합니다. 그러나 IPO는 절차가 복잡하고 시간이 많이 소요되며, 시장 변동성에 취약하여 Sponsor의 완전한 Exit가 지연될 수 있습니다. 더불어, 회계감사 및 규제 준수, 투자자 커뮤니케이션 등도 필수 요건입니다. 대부분의 경우 Sponsor는 락업 Lock-up 기간 동안 즉시 매도할 수 없으며, 점진적인 방식으로 Exit해야 합니다. 마지막으로, 시장 분위기가 나쁠 경우 IPO가 연기되거나 예상보다 낮은 밸류에이션을 받을 수 있어, 수익과 거래 확실성이 저하됩니다. 이러한 이유로 IPO는 상대적으로 적게 사용되는 Exit 전략입니다.

Q 배당 리캡(Dividend Recapitalization)은 어떻게 작동하며, LBO에서 어떤 목적으로 사용되나요?

배당 리캡은 투자자가 신규 부채를 조달하여 이를 현금배당 형태로 회수하면서도 기업의 소유권은 그대로 유지하는 전략입니다. 해당 전략은 보유 기간 중 일정 수준 이상의 부채를 상환하고, 안정적인 현금흐름 기반으로 추가 차입이 가능한 기업에서 주로 사용됩니다. 이는 초기 유동성 확보 및 IRR 제고에 기여하지만, 동시에 재무 리스크도 증가시키므로 현금 창출력이 높은 성숙 기업에 적합합니다.

추가 설명

배당 리캡은 PE Sponsor가 전체 Exit 없이도 일정 수익을 선제적으로 회수하기 위해 사용하는 금융 전략입니다. 소유권 변동이나 매각 없이 신규 부채를 조달하여 배당금을 지급하는 구조입니다. 일반적인 절차는 다음과 같습니다.

1. **안정적인 현금흐름 확보**: 회사가 지속적이고 예측 가능한 Cash Flow를 실현하며, 신용도가 개선되어 추가 차입 여력을 확보합니다.
2. **보유 기간 중 부채 상환**: Excess Cash Flow를 통해 초기 LBO 차입금을 일정 부분 상환함으로써 레버리지를 낮추고 재무상태를 개선합니다.
3. **신규 부채 조달**: 재무구조가 강화된 상태에서 선순위 부채 등을 통해 신규 자금을 조달합니다.
4. **배당금 지급**: 조달된 자금을 GP(및 경우에 따라 경영진)에게 현금배당으로 지급합니다.
5. **레버리지 증가, 소유권 유지**: 부채는 다시 증가하지만 소유권은 그대로 유지되며, Exit는 추후 시점으로 이연됩니다.

LBO에서 배당 리캡은 특히 전면 매각이 어려운 상황에서 IRR 향상이나 투자자 자금 회수를 목적으로 사용되며, 현금흐름이 풍부하고 부채 상환력이 입증된 기업에 적합한 전략입니다. 다만, 재무 위험이 다시 증가하므로, 기업의 자본 지출 및 Covenant 여력 등을 감안해 신중하게 구조화해야 합니다.